Drug Research Series
禁毒研究丛书

国家出版基金项目
NATIONAL PUBLICATION FOUNDATION

高　巍　著

中国禁毒三十年

以刑事规制为主线

修订版

上海社会科学院出版社
SHANGHAI ACADEMY OF SOCIAL SCIENCES PRESS

修订版序

应上海社会科学院出版社之邀，拙著《中国禁毒三十年——以刑事规制为主线》被纳入“禁毒研究丛书”修订再版。借此机会，对书中内容进行了局部的修订，主要增加了2015年颁布的《武汉会议纪要》及2016年颁布的毒品犯罪相关司法解释，并对纪要和解释中部分问题进行了梳理和商榷。自《中国禁毒三十年——以刑事规制为主线》2011年初版，迄于今已五载有余。书名所称的中国禁毒三十年，原本想勾勒改革开放以来三十年间我国禁毒刑事领域中的变迁，到今天，改革开放已接近四十年。因此，书名中的三十年只能从实数变成虚数，其范围涵盖改革开放以来我国禁毒领域中的重要立法、司法和刑事政策等问题。

三十多年间，我国禁毒斗争悲喜交加，可歌可泣；三十多年间，我国禁毒研究日新月异，华章频现。还记得2006年我在博士论文中将贩卖毒品罪定性为抽象危险犯时的忐忑不安，因为当时国内几乎没有文献承认抽象危险犯的存在，更没有学者支持将贩卖毒品罪定义为抽象危险犯的观点。十年过后，毒品犯罪作为典型的抽象危险犯已在中国刑法学界成为共识。司法层面，对于毒品犯罪的死刑适用逐步减少，并形成了严格限制死刑适用的共识。越来越多的声音在支持这样一个观点：理性对待毒品，慎重适用刑罚。从某种意义上说，我国的禁毒研究和禁毒实践都随着时代的变迁而变得理性，公民的权利和尊严在禁毒领域不断受到重视，刑事规制毒品的正当性和边界问题正成为热点研究领域。

PREFACE

天下无毒是一种英雄主义的情怀。减少毒品对社会的危害才是一种现实主义的审慎进路。从刑事规制出发,必须权衡毒品对社会的危害与不正确的禁毒政策对社会的危害,必须正视狂歌猛进式的运动禁毒与刑事法治之间的冲突,必须坚持罪刑法定原则对刑事司法活动的限制,必须警惕特殊侦查方式对公民权利的侵害。禁毒在路上,禁毒研究也在路上,是为序。

高　巍

2016 年 9 月 29 日

目 录

CONTENTS

目 录

第一章 从神话到现实

——禁毒宏观战略的嬗变

1838年9月,林则徐上书道光皇帝,不无忧患地指出:“当鸦片未盛行之时,吸食者不过害及其身……迨流毒于天下,则为害甚巨,法当从严。若犹泄泄视之,实是数十年后,中原几无可以御敌之兵,且无可以充饷之银。兴思至此,能无股栗。”①历史的吊诡之处在于,36年后的1874年2月,林则徐却一改慷慨激昂之辞,表示:“鄙意亦以内地栽种罂粟,于事无妨。所恨者,内地之民嗜洋烟而不嗜土烟。”②当鸦片战争的硝烟散尽,当历史的车轮风雨不惊走过,留下的只是林则徐在1838年所言的那句“中原几无可以御敌之兵,且无可以充饷之银”,淡忘的却是英雄迟暮时的徘徊、犹豫、踌躇。这种踌躇和徘徊正是清末禁毒战略从激越归于困顿的苍凉写实。

两次鸦片战争均惨遭败绩的清朝政府,放弃了全面禁毒的宏观战略,转而弛禁鸦片,鼓励、刺激鸦片的国产化,期望“以土制洋”,用国产鸦片的种植和销售减少、压制进口鸦片在中国的销售。英国议员拉瑟福德·阿尔柯克1871年在下议院的演讲中曾不无忧虑地指出:“中国的罂粟种植正在迅速增长,中国政府也在认真考虑——如果他们无法对付或左右英国政府的话——在中国大规模种植,以更低廉的价格制造鸦片。”③自19世纪70年代清朝政府默许、容忍鸦片的国产化以来,全国范围内罂粟种植面积迅速扩大,逐渐取代了进口鸦片。到20世纪初期,中国生产的鸦片已达2.2万多吨,超过了1895年世界非法产量的4倍。吸食鸦片的中国人约1 500万人,消耗量占全球的95%,地区之间的鸦片贸易价值超过稻米和食盐。④ 这种弛禁、宽容的禁毒政策是内忧外患、风雨飘摇的晚清政府无法选择且必须接受的,一方面因为无法抗拒英国坚船利炮高压下的“自由化贸易”要求,另一方面也是出于减少白银外流、增加财政收入的考虑。

尽管鸦片的国产化有效地遏制了以英国为代表的殖民者向中国倾销鸦片的

---

① (清)林则徐:《林文忠公政书》,中国书店1991年版,第104页。

② 杨国桢:《林则徐传》,人民出版社1981年版,第433页。

③ [美]特拉维斯·黑尼斯三世、弗兰克·萨奈罗:《鸦片战争——一个帝国的沉迷和另一个帝国的堕落》,周辉荣译,三联书店2005年版,第328页。

④ [法]蒲吉兰:《犯罪致富——毒品走私、洗钱与冷战后的金融危机》,李玉平等译,社会科学文献出版社2002年版,第15页。

行为，减少了白银的外流，并通过对鸦片生产、销售课税增加了财政收入，充实了岌岌可危的国库，但是，却使鸦片的价格伴随产量的大幅增加而迅速下滑，为更多的人吸食鸦片提供了更为方便和宽松的条件，使吸食者大量增加，从宏观上造成了人民健康更大程度、更大范围的受损。因此，在某种意义上，“清廷实施的‘以土抵洋’的鸦片政策，无疑是饮鸩止渴的政策，是以鸦片烟毒害更多百姓的涸泽而渔的政策，其危害相当大。”[①]此后，我国禁毒战略一直处于变化和调整中，时宽时严，时而暴风骤雨，时而波澜不惊，但鸦片战争情结和毒品亡国论却一直萦绕在大多数中国人的心头。

100 多年后的 21 世纪初，我国台湾地区“司法院”大法官在释宪理由中仍强调和延续了林则徐 1838 年的振聋发聩思想，指出毒品犯罪重罚的依据为：“烟毒之遗害我国，计自清末以迄民国，垂百之年，一经吸染，萎痹终身，其因此失业亡家者，触目皆是……萃全国有用之国民，日沉湎于鸩毒之乡而不悔，其戕害国计民生……是其非一身一家之害，直社会、国家之巨蠹，自不得不严于其法。”[②]因此，自虎门销烟迄于今，或禁或弛，或激进或宽缓，或悲愤或淡定，我国的禁毒战略总是以林则徐“流毒于天下，则为害甚巨，法当从严”的言论为理论原点和情绪基础的。但是，直至 1949 年中华人民共和国成立前，各种禁毒战略并未能实现中国大地上毒品的根绝，反而呈现出愈演愈烈的趋势。中华人民共和国成立后，通过三年运动式禁毒人民战争，实现了毒品禁绝的神话，并基本持续到“文革”结束。随着改革开放的开始，毒品又开始出现在华夏大地，并呈逐渐扩大之势，无论是从吸毒人员的数量，还是毒品犯罪行为的普遍化趋势来看，毒品与毒品犯罪已成为改革开放 30 年来挥之不去的隐痛。

第一节　禁绝毒品的神话

一、建国初期的毒品形势

中华人民共和国成立之初，我国毒品形势非常严峻。有学者初步统计，其时全国吸食鸦片等毒品的烟民大致有 2 000 万人，占全国人口总数的 4.4%。[③] 以鸦片的主产区西南地区为例，仅云南省罂粟种植面积即占可耕地的 20%—

① 冼波：《烟毒的历史》，中国文史出版社 2005 年版，第 61 页。
② 王皇玉：《论贩卖毒品罪》，载《政大法学评论》第 84 期，第 230 页。
③ 凌青、邵秦：《从虎门销烟到当代中国禁毒》，四川人民出版社 1997 年版，第 103 页。

30%，云南省的吸毒人员超过 200 万人，占全省总人口的 12.5%。其中，省会昆明市烟馆林立，约有 1 670 家，烟贩 6 968 人，吸毒者 5 万余人。贵州省吸食鸦片者达 300 多万人，占全省总人口的 21%。省会贵阳有烟馆 1 000 余家，遵义也有 400 多家。人口仅万余人的贵州省镇远县有毒贩 700 余人，其中贩运大烟一百两左右者 571 人，百两至千两者 200 余人，万两以上者也有 20 余人。[①] 有学者考证，当时仅重庆一地的烟膏毒品厂就有 400 余家，涪陵一县有 60 余家，川西有 367 家。1950—1952 年，叙永县马相如等四个鸦片制贩集团即制造鸦片 2.5 万两，吗啡 500 余两，定期运输至泸州、永州、重庆等地贩卖。盘山县城半边街的烟市，每逢赶集天均有上千人进行鸦片交易，成交量超过 3 000 两。[②] 概括言之，中华人民共和国成立之初的毒品形势具有以下几个显著特征：

（一）罂粟种植遍布全国，从业人员众多

1949 年，全国范围内种植罂粟的农民约 1 000 万人，从事毒品贩运、交易的从业人员高达 50 万人。[③] 因为耽于战乱和军阀割据，国民党中央政府对于禁毒的控制力和执行力非常微弱，尽管制定了严格明确的禁毒法律和政策，但在事实上却无法有效执行。因此，至中华人民共和国成立之初，几乎每个省份均有罂粟种植，全国罂粟种植面积达 100 多万公顷。其中，罂粟种植、鸦片生产最重要的地区除了西南地区外，还有西北地区，其他省份也存在面积不一的罂粟种植。有学者统计，到 1950 年 6 月止，西北地区的甘肃省皋兰县、永靖县等十三县种植罂粟达 123 135 亩，仅皋兰一地即种植 61 341 亩。广西省西北地区三十个县的罂粟种植面积为 20 万亩。[④] 事实上，自清朝末年被迫推行、容许鸦片国产化以来，至新中国成立初期，我国罂粟的种植面积一直未能够大幅减少，尽管有所反复，但在宏观上罂粟种植的面积和范围长期处于高位。

当时，我国罂粟种植的长期存在和扩大，一方面与政府的控制力减弱有关，另一方面也与罂粟种植的高获利性有关。因为，自清朝政府瓦解，中国大地上军阀割据、各种势力风起云涌，对于禁止罂粟种植的驱动力被扩大势力、夺取政权的野心和现实需要所压制。如有学者指出："中国的改革人士虽然在 1920、1930 年代断断续续发起反对抽鸦片、种鸦片的运动，却都没有成效。企图控制中国的各方势力都知道，鸦片带来的财源太重要了。毛泽东的名言是'枪杆子里出政

① 邵雍：《中国近代贩毒史》，福建人民出版社 2004 年版，第 295 页。

② 王金香：《中国禁毒史》，上海人民出版社 2005 年版，第 291 页。

③ ［法］蒲吉兰：《犯罪致富——毒品走私、洗钱与冷战后的金融危机》，李玉平等译，社会科学文献出版社 2002 年版，第 15 页。

④ 王金香：《中国禁毒史》，上海人民出版社 2005 年版，第 292 页。

权’,但先决条件是需要有钱来买枪杆子,而且有钱付给挥舞枪杆子的那些人。凡是有私人军队、有地区性冲突、有外国势力挑起战争、政府软弱无能的地方,鸦片走私都非常猖獗。近几十年的金三角地区和阿富汗是如此,1949 年前的中国也是如此。”[①]出于巩固政权、增加财政收入的考虑,旧中国时期一些地方政府还主动组织、参与罂粟种植、鸦片生产、销售。1941 年年初,四川、西康地区鸦片价格大幅上涨,云南省主席龙云即决定从统运处储存的生土中提出 2 000 箱,运往便于进川的昭通存储,并由其次子、驻军旅长龙绳祖主持销售。在进行实际的销售时通常委托一个商号名义办理,每人每次交易都以一箱起价,每箱 1 120 两,每箱价格在国币 5 000—8 000 元,此外还需要另加保管费 100 元。这种烟土买卖一直持续到龙云离职之时。[②] 正是地方政府的积极参与、组织,在事实上鼓励和促进了罂粟的大面积种植。

(二) 对于毒品危害性的认识比较淡漠,缺乏强有力的道德共识

由于旧中国未能实现政府与人民、中央与地方之间对于鸦片危害性的统一认识,使鸦片吸食、罂粟种植的危害性处于社会舆论的模糊地带,缺乏道德上的可谴责性。中华人民共和国成立之前,毒品吸食已成为一种社会文化现象。社会大众与精英阶层对于毒品吸食的危害性均存在认识不足的问题,兼之毒品吸食已成为很多地区、很多群体重要的生活方式,很难形成遏制毒品的社会舆论环境。据记载,1930 年春,上海大亨杜月笙筹资 50 万银元在浦东高桥兴建“杜家祠堂”,祠堂于 1931 年落成。为庆贺祠堂落成,杜月笙举行了盛大的典礼,向社会贤达发出请柬。蒋介石、徐世昌、段祺瑞、曹锟、吴佩孚、张宗昌等人馈赠贺匾。中外来宾逾万人前往祝贺。在临时搭起的席棚内,除了两千多桌酒席,还有几十张烟榻,并从烟馆内调来 28 名钎子手专门伺候客人吸食鸦片。庆典首日即吸食掉 5 000 余两大烟膏,三天共计吸食大烟膏 8 000 余两。[③] 因此,在这样一种社会文化和心理氛围中,鸦片的吸食已成为一种道德上比较中性的生活方式。

尽管国民党政府在执政后期修订《肃清烟毒办法》、《禁烟禁毒治罪条例》,对于毒品的种植、运输、销售、制造、藏匿、吸食行为同时断禁,并提高了对吸食毒品行为人的惩罚标准,强调凡是国民政府“所控制地区,绝不容烟毒继续存在,仍当排除万难,决心禁绝”。并要求发动社会力量,造成广泛的拒毒运动,使毒品犯罪行为人置于法律和道德的双重制裁下,进而自知羞愧,心惧严刑,最终弃恶从善。

---

① [美] 戴维·考特莱特:《上瘾五百年——瘾品与现代世界的形成》,薛绚译,上海人民出版社 2005 年版,第 188 页。

② 邵雍:《中国近代贩毒史》,福建人民出版社 2004 年版,第 242 页。

③ 冼波:《烟毒的历史》,中国文史出版社 2005 年版,第 198 页。

但是,社会力量的薄弱和地方政府的失控使拒绝毒品的道德共识无法达成。在某些地区,鸦片吸食已成为一种常见的交际方式和文化现象,特别是上层社会普遍吸食鸦片的现状使毒品危害性和反伦理性在舆论上逐渐式微。以旧中国时期的山东省济宁市为例,“济宁的官僚豪绅,阔商大贾,朱门广厦中别辟烟室,罗汉榻上枕衾锦绣,烟具罗列,件件考究。主要有紫檀木大盘,内放白铜刻花点翠小盘,正中放置烟灯。烟灯主要有两种,一是太古灯,用紫铜制成承座、灯身,全高约 14—15 公分,灯座直径 10 公分,精雕细刻着各式花纹,外套玻璃罩,通体呈宝塔型。二是胶州灯,高约 10 公分,以白铜制成,形制与太古灯相似,但八角玻璃短罩,外有雕花栏栅套住,其花纹有字等。烟枪则由嗆口、枪身、花子、抓、斗等五部分组成,全长约 66 公分,粗 3 公分。枪身为紫竹、湘妃竹、象牙制成,嵌以翠、玉、玛瑙、犀角、象牙质料的嗆口(即烟枪嘴)。在枪身的五分之四外开口,覆以白铜钻花长条,名曰花子。上面留口,装上翠、玉、水晶之类做成的‘抓’上安烟斗。烟头以安徽寿州陶斗最为知名,有八角、六角、四方和圆形,上面嵌有银线。枪的末端则有象牙、牛角、翠、玉之类的包头。烟钎以‘张判钎子’为名品,以 14 号钢丝制成,长约 18 公分。”[①]诸如此类的毒品吸食工具和方式的精细化趋向也折射出毒品文化的强势和毒品危害性认识逐渐淡漠的现实。

(三) 毒品吸食人数居高不下,毒品贩运规模空前

正因为国民党政府对于毒品的控制不力,新中国成立前夕毒品吸食人数居高不下。以四川省为例,在四川省北部地区,一些县家家都有烟灯,有的家庭有两、三盏烟灯。川东涪陵一县吸食毒品者即高达 10 万人,叙永县则有吸食、贩卖、制造鸦片者 6 000 余人,占全县总人口的 20%以上。凉山地区的毒品吸食人数占总人口的 50%—60%,个别地方达到 80%—90%。由于吸毒所致的社会问题也非常突出。如川东涪陵县敦仁镇的第五、八、十二这三个保中,因父母、家属或本人吸毒沦为娼妓的有 21 人,因为吸毒而倾家荡产的 29 户,因吸毒沦为盗匪小偷的 30 多人。[②] 从全国范围来看,至 1949 年解放前夕,全国罂粟种植面积达到 2 000 万亩,吸食鸦片人数 2 000 万人,种植罂粟的烟农为 1 000 万人,贩运毒品及制售吸毒工具者超过 60 万人。[③]

由于存在庞大的毒品吸食群体和较为宽松的社会舆论环境,新中国成立前夕的毒品贩运现象非常猖獗,行为方式多样,贩运规模空前。据国民党中央政府

---

① 冼波:《烟毒的历史》,中国文史出版社 2005 年版,第 183—184 页。

② 王金香:《中国禁毒史》,上海人民出版社 2005 年版,第 291—292 页。

③ 赵翔等:《毒品问题研究——从全球视角看贵州毒品问题》,中国人民公安大学出版社 2005 年版,第 99 页。

内政部1948年上半年度的禁烟工作报告显示，自从抗战胜利后，“烟毒之查缉愈密，偷运之方法愈巧，是以利用飞机、邮政变相夹带之贩运随之而生。……其最著者，关于飞机方面，则有上海查获包括将级军官、政党中委、大学讲师……立法委员王者宾之挟带烟土案……关于邮政方面，则有陕西、贵州等省查获邮包一次寄递烟土22斤案，暨邮寄烟毒煮过白布棉花以图逃避检查案与利用邮车携带吗啡8斤、眼膏烟土60余斤案。”[①]直至建国初期，仍有部分地区毒品贩运形势严峻。陕西省西安市大毒贩苗绍温即于1950年6月至1952年4月间多次贩毒毒品，其为了应对查缉，专门组织肛门队与阴户队20人为其贩运毒品，两年期间累计贩运鸦片约2 400两。湖南省龙山地区的刘永祥贩毒集团勾结匪首，于1950年后在常德设立大地土产贸易组、公大油行、河北旅社、何记油行，在天津设两湖旅社等，作为毒品中转站和销售点。1950年至1952年间，制造吗啡4 500两，贩卖鸦片23.96万两，吗啡2 861两。[②]

尽管政府的控制力比较微弱，但是当时的法律也明令禁止毒品贩运，兼之执法随意性导致的选择性执法对毒品贩运行为人同样存在威慑，因此，中华人民共和国成立前夕的毒品贩运在方式、手法上普遍具有隐蔽性、多样性、武装性的特征。据学者考证，当时常见的毒品走私、贩运方式包括以下几种：(1) 书籍运毒法。即以大部头的书籍为掩饰，掏空书籍中间，填以毒品，或通过邮局传递，或伪装成学生随身携带贩运。(2) 糖包运毒法。以糖包作为掩护，上下两层皆为没有烟土的糖包，中间夹入有烟土的糖包，因检查人员一般只检查上下两层的糖包，故能躲过检查。(3) 饼干盒运毒法。该法与糖包运毒法类似。(4) 酒瓶运毒法。将鸦片浆装于酒瓶，混入真实的酒中贩运。(5) 大白菜运毒法。将鸦片膏置于大白菜之内，混入其他大白菜中进行贩运。(6) 油篓运毒法。购买猪油若干篓，将鸦片烟土用质量好、不透油的油纸包好密封后放入油篓中进行贩运。(7) 冒充五倍子运毒法。用铁皮制成五倍子形状，外面抹以五倍子的颜色，将烟土填入五倍子之中，与真五倍子混合包装运输。(8) 汽车运毒法。将鸦片藏匿于汽车的水箱、油箱、后备箱、前盖、轮胎中进行运输。(9) 灵柩运毒法。(10) 人体运毒法。将毒品藏匿于人体的肛门、女阴、胃里进行运输。(11) 勾结、雇佣军队、土匪武装运毒。由于建国前政局混乱，军阀、土匪在高额利益驱动下也参与毒品贩运。如1931年云南军阀龙云、卢汉带兵攻打广西，即顺便保护马仲衡、包文彩为首的烟帮到广西东兴，收取保护费10多万银元。该烟帮规模庞大，共计

① 马模祯：《中国禁毒史资料》，天津人民出版社1998年版，第1483页。
② 王金香：《中国禁毒史》，上海人民出版社2005年版，第292—293页。

有骡马 1 000 余匹，携带烟土近 200 万两。[①]

此外，在中华人民共和国成立初期，某些地区的毒品贩运活动还与反革命破坏活动相联系。一些反动组织和旧势力的残余为筹措反革命经费组织贩运毒品，试图颠覆、破坏新生政权。据统计，在东北、华北、中南三大区域抓获的 3 万多名毒贩中，具有敌伪军、军人、警察、宪兵、特务身份的占到了 2 万多名。[②] 1949 年 12 月，国民党特务陈荣辉潜来南京，组织“苏鲁皖人民反共救国军第五纵队”，连续三次由安徽明光贩卖烟土来宁出售，充作反革命活动的经费。又如，南京的反革命首犯肖明山于 1950 年 3 月，串通一些原国民党的警察、特务，策划组织反革命武装，妄图响应“国军登陆”。同年 5 月，肖指派其同伙去江北贩运鸦片和海洛因来宁卖出，所获巨款作为这批特务匪徒的活动费用。[③] 更有甚者，毒品贩运也逐渐向新生政权内部侵蚀，部分毒贩拉拢、勾结、腐蚀新政权中的党政干部，削弱了新生政权的执政基础。如震惊一时的刘青山、张子善贪污案件即与毒品的侵蚀有着密切的联系。刘青山早年参加革命，于 1933 年 10 月加入中国共产党，曾于 1932 年组织、参加高阳、蠡县的农民暴动，被捕后遭到严刑逼供也未屈服。但解放后却醉心享乐腐化，并开始吸食海洛因，张子善还将公安机关收缴的毒品提供给刘青山吸食。自从沾染海洛因后，刘青山借口生病长期休养，不思政务。经医生检查确认无病后，刘青山仍执迷不悟，继续休养在家吸食毒品，直至东窗事发后走上刑场。[④]

二、三年禁绝毒品运动始末

(一) 号角吹响

正是基于巩固政权、禁绝毒品的迫切需要，1950 年 2 月 24 日，中央人民政府政务院发布《关于严禁鸦片烟毒的通令》(以下简称《通令》)，旗帜鲜明地提出全面禁毒的政策和措施。《通令》从毒品严重的危害性和严峻的毒品形势入手，指出：“自帝国主义侵略我国，强迫输入鸦片，危害我国已百有余年。由于买办的官僚军阀的反动统治，与其荒淫无耻的腐烂生活，对于烟毒，不但不禁止反而强迫种植，尤其在日本帝国主义侵略下，曾有计划地实行毒化中国，因此戕杀人民生命，损耗人民财产，不可胜数。”[⑤]以此为基础，《通令》规定了几个方面的具体

---

① 冼波：《烟毒的历史》，中国文史出版社 2005 年版，第 122—136 页。

② 崔敏：《毒品犯罪发展趋势与遏制对策》，警官教育出版社 1999 年版，第 222 页。

③ 马模贞、鞠志刚：《新中国建国初期的禁毒斗争》，《中共党史研究》1991 年第 6 期。

④ 《刘青山、张子善盗窃国家资财的罪行》，《人民日报》1951 年 12 月 30 日。

⑤ 王金香：《中国禁毒史》，上海人民出版社 2005 年版，第 354 页。

禁毒措施：

1. 设立禁毒专门机构、调动全民参与禁毒

《通令》第一条规定，各级人民政府应协同人民团体，做广泛的禁烟禁毒宣传，动员人民起来一致行动。第二条规定，由各级人民政府设立禁烟禁毒委员会，该委员会由民政、公安部门、相关人民团体派员组成，民政部门负责具体组织。

2. 从严打击毒品种植、贩运、制造、售卖行为

《通令》第三条至第五条规定，自 1950 年起，在已解放的地区全面禁绝罂粟种植，未解放的地区一旦战争结束立即禁绝种植罂粟。另外，自《通令》颁布之日起，对于烟土毒品的贩运、制造、售卖行为一律从严定罪，并没收烟土毒品。对于散存于民间的烟土毒品，规定必须限期收缴。按期缴出毒品者，可酌情进行补偿，逾期仍未缴出毒品者，则按其情节严重程度分别定罪处罚。

3. 惩办与矫治结合解决吸毒问题

《通令》第六条至第七条规定，吸毒人员必须限期向政府相关部门登记并定期戒除，对于拒绝登记和逾期不戒除者进行处罚。同时，由各级政府卫生部门配置戒毒药品、宣传戒毒戒烟药方，并对贫苦吸毒者免费或减价治疗。在毒品比较猖獗的城市，由政府设立戒烟所进行戒毒治疗。

4. 禁毒宣传与禁毒立法双管齐下

《通令》第八条规定，各大行政区人民政府和中央直辖省、市人民政府可根据本地区情况，结合《通令》精神和方针，制定更为详细具体的查禁办法和明确的禁绝种、吸日期。同时，进一步加大禁毒宣传和《通令》宣传。

在《通令》发布后，全国各地禁毒运动全面、高效展开，深入贯彻全面禁毒的战略，并从以下两个方面推进：

其一，各大行政区人民政府结合本地区情况相继颁布了具体的禁毒条例或办法。如 1950 年 7 月西南军政委员会制定《西南区禁绝鸦片烟毒实施办法》，具体规定了西南区禁绝毒品的措施。这些措施主要包括：政府不采取低价收购或抵缴税赋的办法，不为种烟户寻找出路；政府明令封闭烟馆，没收其房屋及烟具、毒品，如查有秘密烟馆，则予以严惩，最高可处以死刑；与剿匪结合，严禁运输毒品；因人数甚巨，对于吸毒者暂不实行强制戒毒、拘捕、监禁，而主要采用劝其自动禁绝的方法；对于种植罂粟面积过大而形成灾荒的地区，可酌情采取生产救灾方法，适当贷予粮食，保证新收归还。① 该实施办法全面具体地规定了从种植到

① 王金香：《中国禁毒史》，上海人民出版社 2005 年版，第 299 页。

吸食各个环节的禁绝措施，但是对于定罪量刑的标准并未明确，在刑罚的适用上还存在不尽一致的情形。因此，1950 年 12 月，西南军政委员会修正了《西南区禁绝鸦片烟毒实施办法》，并颁布《西南区禁绝鸦片烟毒治罪暂行条例》，明确规定了毒品相关行为的定罪量刑标准。对查禁毒品犯罪中存在的执法人员徇私舞弊行为、情节严重的毒品贩运、制造行为等规定了最高为死刑的刑罚。

其二，通过《通令》的深入持续宣传和从严从快的惩罚机制，查办了一大批重大毒品案件，有效压制了毒品犯罪猖獗的势头。至 1952 年上半年止，查禁毒品运动效果明显。据对华北、东北、华东、西北四大行政区的不完全统计，缴获的各种毒品折合鸦片计 2 447 万余两，除边疆少数民族地区和部分内地的偏僻地区有零星罂粟种植外，全国范围内的罂粟种植基本消失。① 以四川省为例，1950 年年底，已查获烟毒案中，重庆 4 343 件、川东 1 740 件、川南 5 616 件、川西 456 件、川北 230 件、西康 334 件，从缴获烟毒的数量来看，重庆有 3 828 包、合计 28 256 两，川东 330 包、合计 10 298 两，川南 231 913 两，川西 28 933 两，川北 7 550 两，查获制毒者 799 人，判处徒刑以上的烟毒犯有 1 641 人，处以死刑的烟毒犯有 20 人。涪陵县 1951 年破获烟毒案 574 件，收缴鸦片 787 两，吗啡 138 两，并予以公开销毁。成都市 1950 年逮捕烟毒犯 2 552 人，查获鸦片 11 445 两，吗啡 75 两，砒子 30 两，判处李春藩、杨临棠 2 人死刑并当众焚毁鸦片 5 380 两、吗啡 2 000 多包、烟具 1 万多件。茂县 1950 年公安机关缉获武装贩毒犯 11 人，制造贩运毒品集团 4 个，查获政府机关人员贩毒集团 2 个，缴获鸦片 15 086 两及其他毒品和武器。1951 年又查封了 18 家烟馆，没收烟土 3 675 两。② 通过两年的禁毒运动，毒品贩运、制造、吸食、售卖行为得到有效的控制，毒品种植几乎销声匿迹。

（二）决战来临

经过两年的全面禁毒斗争，已使毒品泛滥的状况有了根本性的改观，但 1950 年开始至 1952 年年初的禁毒斗争并没有实现根绝毒品的目标。因为，开国之初，百废待兴，有限财力、人力和物力主要用于肃清国民党残余力量和夯实执政基础，不可能举全国之力根绝毒品。在某些地方政权控制比较薄弱或比较偏远的地区，毒品吸食、贩运行为仍时有发生。有学者总结了 1952 年后残存贩毒行为的特点：其一，毒品主要来源于国外走私或历史遗留下来的存货，不易被发现；其二，罪犯多为重要罪犯和惯犯，包括部分流氓、地痞、敌伪军、警、地主恶霸、反动帮会成员等，仅四川泸州市查获的 1 505 名毒贩中，上述人员即占到了

① 崔敏：《毒品犯罪发展趋势与遏制对策》，警官教育出版社 1999 年版，第 225 页。
② 罗兰英：《建国初期四川的禁毒运动》，四川师范大学硕士论文，2002 年，第 33 页。

97.7%;其三,毒品罪犯活动诡秘,有专人交接,往往使用暗语暗号,不易查获。其四,部分地区吸食毒品人员数字仍处于高位,到1952年春止,西北地区还有32万人吸食毒品,云南省昆明一市也还有7 901人吸毒。[①]

正因为毒品的全面禁绝尚未实现,兼之一些贩毒集团试图拉拢腐蚀国家干部作掩护,编织地下贩毒网络继续毒品贩运,为从根本上禁绝毒品,实现国家的长治久安,切实保护人民健康,防止毒患死灰复燃,1952年4月15日,中共中央发布《关于肃清毒品流行的指示》,强调要在全国范围内进行一次集中的、彻底的扫除毒患的运动,务必将一切毒贩肃清。《关于肃清毒品流行的指示》明确指出这次运动的基本指导方针为:严厉惩办与教育改造相结合,打击惩办少数,教育改造多数。具体政策是对制造者、集体大量贩毒者从严,个别少量贩毒者从宽;主犯从严,从犯从宽,惯犯从严,偶犯从宽;拒不坦白者从严,彻底坦白者从宽;今后从严,过去从宽,对于情节不是特别严重的,只要彻底坦白、诚心悔过、检举立功者,可减轻或免予处分。强调必须依靠广大群众的觉悟程度和斗争的积极性进行这场禁毒运动。[②] 1952年7月30日,中共中央批准了公安部提交的《关于开展全国规模的禁毒运动的报告》,决定分三个阶段开展此次禁毒运动:第一期为"大破案"阶段,集中力量先逮捕、审讯一批证据充分、意义重大的毒品罪犯;第二期为"继续深入和铺开其他重点"阶段,主要是乘胜追击,深挖线索,扩大战果;第三期为"追捕漏网毒犯和处理结束工作"阶段,主要是歼灭残余的毒贩。1952年8月10日,全国1 202个禁毒重点部门和区域同时进入大破案阶段,在近50天的时间里,查获毒犯近37万人。其中,判处刑罚33 786人,释放3 534人,缴获毒品近400万两。三个阶段的禁毒运动持续半年左右,至1952年年底全面结束。据时任公安部长的罗瑞卿向中共中央提交的《关于全国禁毒运动的总结报告》记载:"在禁毒重点地区共发现制造、贩卖、运送毒品的罪犯369 705名,超过了原来估计的数字。共逮捕了82 056名,占毒犯总数的22%。据不完全统计,已处理了51 627名,其中判处各种徒刑(包括死刑、无期徒刑)33 786名,劳改的2 138名,管制的6 843名,释放了3 534名,未报分类统计的4 337名。现在已处决了其中成分坏、罪恶和民愤极大的毒犯880名,占逮捕数的1%。共缴获毒品(折合鸦片3 996 056两,制毒机235部又15 716套),各种贩、运、藏毒工具263 459件,并缴获六〇炮两门,机枪5挺,长短枪877枝,子弹80 296粒,手榴弹167颗,炸弹16个,发报机6部。"[③]经此次半年的全面、深入整肃,我国大陆几

① 王金香:《中国禁毒史》,上海人民出版社2005年版,第303—304页。
② 罗兰英:《建国初期四川的禁毒运动》,四川师范大学硕士论文,2002年,第39页。
③ 董玉整等:《毒祸论——毒品问题的社会透视》,中南工业大学出版社1999年版,第83页。

无毒品贩运、制造等问题，为三十年的无毒国奇迹写下了浓墨重彩的一笔。

在全国范围内基本禁绝毒品制造、贩运之后，1952 年 12 月 12 日，中央人民政府又发布了《关于推行戒烟、禁种鸦片和收缴农村存毒的指示》，把禁毒重点从打击城市贩运转向对吸毒者的改造和矫治，以期从根源上巩固禁毒成果。中央政府决定拨出专款 100 亿元，用于救济特别贫困的吸毒者，另拨 290 亿元作为研制戒毒药品的专门经费。对吸毒的人，规定限期自动戒绝与强制戒毒相结合。能够在家里自行戒除的，限期自行戒除；少数烟瘾大、年老有病的，可以送往医院进行戒治；家庭经济困难的，可以由政府免费提供戒毒治疗。如四川省即有针对性地采取了多种戒治措施：(1) 在家自戒者，由亲邻、街道积极分子负责监督限期戒绝，并根据吸食烟毒者的分布情况组织戒烟小组定期汇报，以免放任自流。(2) 在群众自愿的基础上成立小型戒烟所。戒烟所的房屋设备由群众自行解决，吸食烟毒者在施戒期间自带伙食，这种群众互助型的戒烟组织易被吸食者所接受。(3) 大中城市或吸毒人数过多的小城市可根据需要与条件由政府组织示范戒烟所，吸收少数毒瘾严重的贫困者或自戒不能奏效的吸毒者，进行集中施戒，农村中的戒烟工作则通过春耕前的生产动员、组织生产、人口调查等工作，发动群众进行教育改造，帮助吸食者断瘾，并对已戒除者加强监督教育以巩固戒烟效果。[①] 在毒源基本切断后，通过三年的戒毒专项工作，全国 2 000 多万名吸毒者成功戒除了吸毒的恶习。

三、禁绝毒品的基本经验与实现路径

据西方学者考证，人类所认识的第一种毒品为鸦片。大约在公元前 1600 年前后，新石器时代居住在瑞士陆岬与其毗邻地区的人在野生的草本植物中发现了罂粟。他们发现，罂粟子可以食用、可以榨油，还有刺激精神的作用。[②] 因此，引起了早期人类社会的重视而进入社会生活之中，并逐渐传播到地中海沿岸诸国，如埃及、希腊等国家，并于公元 8 世纪时由阿拉伯商人传入中国。自此以后，鸦片在中国社会的发展过程中发挥着或明或暗的作用，一直未曾根绝。特别是进入 19 世纪以来，中国吸食鸦片的习惯已从富庶人家进入到下层社会，并逐渐扩大，呈愈演愈烈之势，尽管历代统治者禁毒政策频出，或严峻或宽缓，但始终无法从根本上禁绝毒品在中国大地的蔓延。从这个意义上，新中国三年禁绝毒品是一个神话和奇迹，而神话和奇迹的炼成则与下列因素有关：

---

① 罗兰英：《建国初期四川的禁毒运动》，四川师范大学硕士论文，2002 年，第 45 页。

② [美] 戴维·考特莱特：《上瘾五百年——瘾品与现代世界的形成》，薛绚译，上海人民出版社 2005 年版，第 27 页。

(一) 特殊历史条件下的闭关锁国政策杜绝了毒品的境外输入

自英国侵略者的坚船利炮洞开了古老中国故步自封的国门，中国社会长期处于政府控制力衰微或割据分裂的状态，无法实现进出口贸易的有效管制，特别是中央政府对于边疆地区缺乏强大的控制力，这就在事实上导致了边境地区的无政府状态或地方政府割据状态。因此，对于国外的毒品输入并不能通过严格的边境管理和对走私行为的打击予以控制。新中国成立于复杂险峻的国际形势之中，外有强敌虎视眈眈，内有敌对势力蠢蠢欲动，相邻诸国或摇旗不定，或有虎狼之心。在此种险恶的国内、国际形势下，新中国选择了事实上的闭关锁国政策，奉行亲苏的单边主义，抵制与资本主义国家的交往，坚持独立自主的建设和发展之路。无论是国家层面的国际交流，还是个体、社会组织层面的国际交往，均在很大程度上受到严格的限制。

就个体和社会组织的国际交流来看，新中国成立之初几乎陷于停顿。其一，通过社会主义改造实现了工商业的国有化，同时也取消了多种经济组织形式，使个体参与国际经济贸易的基础性条件不再具备，自然不存在个人参与国际贸易、国际交往的必要性。其二，社会组织或企业通过公有制改造后事实上受国家的控制和支配，在单边主义的政策导向下，并无独立自主追求利益最大化、参与国际竞争的可能性。其三，新中国成立之初，毗邻中国的最大境外毒源地——金三角地区也因为有国民党残部进入而成为重要的军事斗争前沿，西南边境地区也因此处于军事封锁状态。正如有学者所言："1950 年 4 月国民党残部进入缅甸，控制了缅甸掸邦北部和泰缅边境地区，组建了'云南反共救国军游击总指挥部'，不断对我国云南边境地区进行袭扰、破坏，云南省西南边境地区成了对敌斗争的前线。为了更好地开展对敌斗争，所有通往境外的通道都有重兵把守，而且村民也被组织起来，日夜巡逻、站岗、放哨，边境处于军事封锁状态，这在客观上也切断了毒品流入我国的通道。"①因此，个人和社会组织参与国际交往可能性和必要性的缺失，事实上为堵截毒品输入提供了重要的政策支撑，也使边境管制的有效运行具有可行性，兼之对最大境外毒源地毗邻地区的军事封锁，从根本上阻击和遏制了境外输入毒品行为的发生。

(二) 严刑峻罚与确定不移的禁毒政策

1. 严厉的惩罚措施

建国之初，出于稳定政局和军事斗争的需要，我国事实上采取了军管政策，对待毒品犯罪行为实施"零容忍"的从重、从快惩罚模式。如 1950 年的《关于严

---

① 董玉整等:《毒祸论——毒品问题的社会透视》，中南工业大学出版社 1999 年版，第 85—86 页。

禁鸦片烟毒的通令》即强调，在禁令颁布之日起，对于全国范围内贩运、制造、售卖烟土等毒品的行为，除没收烟土毒品外，还必须从严治罪。在中央关于禁毒的通令发布后，各地政府根据具体情况制定了严峻的毒品犯罪惩罚标准。如东北人民政府在 1950 年 10 月 13 日颁发《东北区禁烟禁毒贯彻实施办法》，明确规定："各地现有存藏、运输、贩卖或制造烟毒品者各级人民政府应一律严厉查案，并没收烟毒用具及烟毒，将人犯送法院惩办。"1952 年 2 月 9 日又发出《关于严禁鸦片烟毒及其他毒品的命令》，进一步强调严厉打击毒品犯罪，指出："各地关卡及军政公安人员，应严密检查烟贩毒贩，各界人民应积极检举揭发，如查获、检举有据者，不论贩运者为何人，一律送交人民法院，严惩不贷。"①

以福建省为例，仅 1952 年 9 月 21 日至 10 月 15 日近一个月的时间，即处理毒品犯罪人员 5 656 人，逮捕了其中的大犯、主犯、惯犯、现行犯 1 659 人，占毒犯总数的 29.3%，先后召开公审大会 11 场、宣判会多场进行全面处理。其中判处死刑 27 人，占逮捕总数的 1.62%，判处有期徒刑 996 人(其中 10 年以上 51 人，5 至10 年 225 人，3 至 5 年 334 人，3 年以下 3 人)，占逮捕总数的 60.03%，管制 298 人，教育释放 245 人，其他处理 93 人。并在公审会上当场烧毁鸦片 200 两，副品 19 000 两。② 在四川地区，有的地方法院甚至把偶尔吸食的人员、逾期不戒的吸毒人员、零售少数散存烟土的农民判处一年以上有期徒刑，部分人员吸食或零售毒品少至几厘乃至 1 厘者也受到严厉的惩罚。③ 这种严厉的惩罚有效地遏制了毒品犯罪的高发态势。

2. 注重毒品犯罪惩罚的确定性与及时性

遏制犯罪行为的发生一方面与刑罚的严厉性有关，另一方面也与刑罚的及时性与确定性有关。但是在法制健全的时期，严厉性、及时性和确定性往往是一种紧张甚至是对立的状态。在中华人民共和国成立初期，执政基础尚不稳定，兼之法律虚无主义的盛行，无法在短时间内制定刑法、刑事诉讼法等法律，从某种意义上说，这个时期的严刑峻罚与从快从重是特定历史时期的特殊手段。尽管无法在严格意义上依据刑法、刑事诉讼法进行依法打击毒品犯罪，但是却为打击毒品犯罪、禁绝毒品提供了更大的刑罚发动和选择空间，提高了刑罚适用的效率，通过从快、从重的运动式执法路径，有助于迅速遏制毒品泛滥的严峻形势。另外，为了避免部分地区存在的"以罚代刑"现象，1950 年 11 月，最高人民法院明确下达指示，要求处理毒贩时必须废止专科或并科罚金的方法，对于毒品犯罪

① 邵雍：《中国近代贩毒史》，福建人民出版社 2004 年版，第 307 页。
② 林辉：《建国初期福建禁烟禁毒斗争研究》，福建师范大学硕士论文，2001 年，第 26 页。
③ 罗兰英：《建国初期四川的禁毒运动》，四川师范大学硕士论文，2002 年，第 34 页。

行为人不得以罚代刑。这就在刑罚适用上保证了适用的平等性与高效性，避免了刑罚适用随意性带来的司法不公和禁毒的不彻底性，确保严厉禁毒政策能够落到实处。

此外，中华人民共和国成立初期，为确保禁毒斗争的深入和有效，注重刑罚适用的确定性，坚决抵制毒品犯罪对于执法人员和党政干部的侵蚀，在制度上保障禁毒政策能够得到切实的执行。如1951年2月6日，政务院总理周恩来签发《重申禁毒命令》规定："（一）所有机关、部队、团体，均不得在国内外买卖毒品，违者受国家法律处分。（二）所有机关、部队、团体旧存毒品，一律无价交由当地财委转送中央财政部保管（或由大行政区财政部暂代保管，听候处理），不得隐瞒不交，违者受国家纪律处分。部队旧存毒品可交军委总后勤部转送中央财政部处理。"①同时，结合"三反"、"五反"运动的开展，从严惩处为毒品犯罪人员提供便利、帮助的党政干部。如时任公安部长的罗瑞卿曾针对执法人员参与、庇护毒贩的现象批示："不管是禁烟局的还是公安局的均应送法院分别判罪。"②1952年一年间，全国机关内共发现参与、帮助毒贩的工作人员12 958人，均受到严厉的惩罚。从这个意义上来说，由于新中国政权对于自身的严格约束，使贩毒人员无法通过腐蚀和拉拢党政干部获取贩运毒品的便利，最终减少和遏制了毒品犯罪行为的发生。

（三）全民参与、全国动员禁毒

在建国之初，因为建国前历届政府控制力有限以及毒品亚文化的深入人心，社会大众对于禁绝毒品的必要性和可行性尚未形成明确的共识，表现在对于毒品的危害性认识不够、对于中央政府禁毒的决心持怀疑态度、对于毒品犯罪分子持同情态度等。针对上述分歧性的认识，新中国采取了全民参与、全国动员的宣传、揭发、参与式禁毒模式，通过宣传统一禁毒的认识，通过揭发贩毒行为纵深推进禁毒运动，通过积极组织人民的多种方式参与建立禁绝毒品的长效机制。具体而言：

1. 普遍而持久的禁毒宣传

禁毒宣传是发动群众和统一禁毒思想的重要基础，在中央的号召和组织下，各级政府组织大量的干部深入群众，围绕禁毒的必要性和毒品的危害性进行深入而持久的宣传。如组织报告会、宣传会、宣传车、宣传队进行口头宣传，召开群众会、毒犯家属会、老年会、公审宣判大会等多种形式讲解国家的禁毒政策和禁

---

① 邵雍：《中国近代贩毒史》，福建人民出版社2004年版，第324页。
② 黄瑞、张明哲：《罗瑞卿传》，当代出版社1996年版，第257页。

毒决心，纠正社会上对毒品和禁毒的不正确认识，形成对于毒犯、吸毒者的强大的负面舆论压力。以西南地区为例，首先，人民政府和禁毒委员会利用召开农代会、各族代表会、群众大会等机会宣传政务院、西南军政委员会及各地区制定的禁毒法令，焚毁收缴毒品，处决首要贩毒分子。其次，让戒绝毒品者现身说法宣讲毒品的危害，使干部和群众明白禁毒的意义。再次，利用报纸、刊物、广播电台作公开的文字宣传，兼采漫画、标语、宣传画、黑板报、口号、幻灯、展览会、文艺演出等形式进行禁毒宣传。最后，鼓励毒贩家属检举毒贩，召开毒贩家属座谈会，支持家属劝导吸毒者自戒、贩毒者自首的行动。[①] 据文献记载，在 1952 年，全国范围内一共召开各种禁毒宣传会 765 428 次，受教育群众 74 595 181 人。其中，沈阳市召开宣传会 21 425 次，直接受教育者 1 171 648 人；广州市召开宣传会 11 046 次，受教育群众 1 239 283 人。[②]

关于禁毒宣传的重点和内容，可从 1952 年 8 月 9 日《华东局宣传部、华东公安部关于禁毒宣传工作中应注意事项的指示》中大致了解，该《指示》指出，禁毒的最重要意义为："毒品流行，是帝国主义侵略中国的毒化政策的结果。目前美帝国主义正与国民党残余匪帮勾结一起，继续推行这一恶毒政策，进行破坏活动。因此，开展禁毒运动，就是对美帝国主义侵略阴谋的打击，就是维护中国人民利益的爱国主义运动。"毒品的危害性包括三个方面："(1) 破坏社会治安。多数毒犯是不务正业、为非作歹的坏分子，其中很多出身流氓地痞、地主恶霸，有的勾结盗匪或为反革命分子所利用，有的本身就是盗匪或反革命分子。他们是社会的害虫，帝国主义和反动派的爪牙，只有彻底加以清除才能确保社会安宁。(2) 损害人民健康，败坏风俗道德。毒品为最凶猛之麻醉剂，毒性极烈，一成嗜好，即骨瘦如柴，成为废人。对个人则断送前途；对家庭则加重负担，甚至倾家荡产，妻离子散。而一切卑鄙下流的活动，败坏风俗道德的事情，也往往从此发生。(3) 影响生产、危害国防。由于毒品流传，损害国民体质，消糜人民意志，必然使国家在生产建设和国防建设上，受到严重损害。"[③]通过大规模而持久的禁毒宣传，使社会大众在鸦片战争的国耻与毒品泛滥之间建立起了深刻的联系，也使全社会对于禁毒的正当性和毒品的巨大危害性有了统一的认识，形成了有利于禁毒的大众心理和群体意识。

2. 全民参与禁毒

在禁毒宣传的基础上，为鼓励全民参与禁毒和揭发毒品犯罪行为，新中国各

① 罗兰英：《建国初期四川的禁毒运动》，四川师范大学硕士论文，2002 年，第 23—24 页。
② 邵雍：《中国近代贩毒史》，福建人民出版社 2004 年版，第 322 页。
③ 《上海解放初期的禁毒运动》(下)，《档案与史学》1999 年第 4 期。

级政府根据具体情况制订了切实可行的举报激励机制。如 1950 年 8 月，四川省川西区颁布了《川西区缉获烟毒给奖暂行办法》，规定处罚烟毒犯的罚金除一部分上交县以上政府外，余下部分以 1%作为对罚金案件的奖金，其余作为司法罚金上缴。尽管同年 9 月内务部指示一律停止烟毒缉私提奖办法，但为鼓励群众检举起见，同时又规定各地可斟酌实际情况拟定对群众的罚金与奖励办法。[①] 在精神鼓励和物质刺激之下，全国范围内掀起了检举、揭发毒品犯罪行为与吸毒行为的高潮。据不完全统计，在 1952 年的禁毒运动中，全国共收到检举信 1 312 535 封，共检举毒犯 220 806 名。其中，北京一地在全面开始禁毒宣传后十日内，即收到检举信 38 645 件，有一名女孩在参加了派出所组织的毒犯控诉会后当场举报自己的母亲和其他亲属共计 6 名现行毒犯。[②] 此外，在部分农村地区，农协会等基层自治性组织也广泛参与禁毒，或者为执法机关提供线索，或者亲自查办毒品犯罪行为，或者发动村民组成禁毒机构，如四川省巫溪县凤凰乡鸡头坝村农协会不仅进行日常查毒，还成立禁烟所，对全村 35 名吸毒人员集中戒毒，由农协武装监督管理，白天组织吸毒者筑路劳动改造，晚上则进行禁毒教育。[③] 随着禁毒宣传的不断深入，社会大众参与禁毒的自觉性和积极性不断提升，也使禁毒政策和共识的触角覆盖了中国领土的每一个角落，夯实了根绝毒品目标的群众基础。

第二节　复制神话的尝试

在新中国成立初期三年禁绝毒品的运动结束后，我国基本实现了“无毒国”的目标，一直到 20 世纪 70 年代末期，我国大陆全境的毒品犯罪、毒品吸食现象几乎处于销声匿迹的状态，只是在边疆地区偶有种植和吸食现象发生，但并未成为一种普遍性的社会问题。因此，在 1979 年制定的刑法典中，对于毒品犯罪规定了较轻的法定刑，没有死刑的设置。但是，当历史的车轮进入 20 世纪 80 年代，伴随着改革开放的步伐，毒品犯罪在我国又开始出现并逐渐扩大。沉浸在“无毒国”光环中的中国政府和中国社会对卷土重来的毒品犯罪现象有些措手不及，从不愿面对到冷静应对，从简单复制建国之初三年禁绝毒品模式到理智思考

① 罗兰英：《建国初期四川的禁毒运动》，四川师范大学硕士论文，2002 年，第 30 页。

② 诸羽：《割除毒瘤——共和国首次禁毒禁娼述实》，中央文献出版社 1999 年版，第 50、131—132 页。

③ 王金香：《中国禁毒史》，上海人民出版社 2005 年版，第 314 页。

禁毒政策,改革开放后的禁毒宏观战略一直处于变动和争议之中。

一、卷土重来

邓小平同志曾经指出:"开放以后,一些腐朽的东西也跟着来了,中国的一些地方也出现了丑恶的现象,要注意很好地抓,坚决取缔和打击,不能任其发展。"[①]改革开放的本质是对于人的解放,与新中国成立初期不同,改革开放强调人的创造和发展,重视国际交往和内部经济行为的参与和竞争,这就使社会处于大变革、大流动的状态。同样,人的思想也得到解放,人的个体性和个人价值逐渐体现,在思想上也出现了价值多元、文化分野的特点。但是,这种社会经济活动的复杂性和社会思想的多元性也为毒品犯罪的卷土重来埋下了伏笔。

20 世纪 80 年代初,在我国云南边境地区,毒品贩运过境的现象日趋增多,毒品吸食现象也逐渐增加。1981 年 10 月 21 日,云南省昆明市戒烟领导小组对辖区内发现的 61 名吸毒者举办了第一期集中戒烟学习班,通过抽调干部和专业人员有针对性地对吸毒者集中戒烟。[②] 这表明,云南地区在这个时期毒品吸食现象已不再是个别现象,与毒品吸食关联的其他毒品违法犯罪行为也不断上升。据统计,1982 年至 1989 年,云南省共查获贩毒案件 20 845 件,抓获贩毒人员 33 294 名。到 1990 年,全年云南省抓获毒品犯罪分子 3 000 多人,1991 年前三个季度即破获贩毒案件 2 818 起,抓获贩毒分子 4 317 人,缴获鸦片 876 公斤,海洛因 1 280 公斤。[③] 在全国范围来看,1991 年破获毒品犯罪案件 8 395 起,缴获鸦片 1 980 公斤,缴获海洛因 1 919 公斤,缴获冰毒 351 公斤,到 1998 年,破获毒品犯罪案件数已达到 184 216 件,为 1991 年的 22 倍,缴获鸦片 1 215 公斤,缴获海洛因 7 358 公斤,缴获冰毒 1 608 公斤,缴获大麻 5 079 公斤。[④] 据国家禁毒委员会办公室公布的《2010 中国禁毒报告》显示,2009 年全国公安机关共破获毒品犯罪案件 7.7 万起,同比上升 25.8%,抓获毒品犯罪嫌疑人 9.1 万名,同比上升 25%,缴获海洛因 5.8 吨、鸦片 1.3 吨、冰毒 6.6 吨、氯胺酮 5.3 吨、摇头丸 106.2 万粒、大麻 8.7 吨。全国有 28 个省、自治区、直辖市破案数上升,其中 16 个增幅超过 20%。[⑤] 从上述数据不难看出,自 20 世纪 80 年代我国的毒品问题卷土重来,近三十年的时间一直处于高发状态,在海洛因等传统毒品数量基本稳定的同

---

① 姚志辉等:《禁毒大视角》,中国人民公安大学出版社 2004 年版,第 251—252 页。
② 成荫:《白色幽灵——中国毒品内幕》,光明日报出版社 1993 年版,第 105 页。
③ 崔庆森、陈宝树:《中外毒品犯罪透视》,社会科学文献出版社 1993 年版,第 64 页。
④ 崔敏:《毒品犯罪发展趋势与遏制对策》,警官教育出版社 1999 年版,第 225 页。
⑤ 《2010 中国禁毒报告》,见 http://www.fjncc.org/showinfo.asp?infoid=26936(2010 年 4 月 6 日)。

时，氯胺酮、冰毒、摇头丸等新型毒品数量迅速增加，毒品案件数量急剧上升，并未实现真正意义上的毒品犯罪遏制和毒品的禁绝。在新中国禁绝毒品近三十年后，毒品重返我国并迅猛发展，大致有以下几个原因：

（一）国际毒品消费市场不断增长凸显了“中国通道”的重要性

20世纪70年代末到80年代初，以欧洲和美国为首的西方国家进入了毒品消费的高峰时期，特别是对海洛因的需求大幅增加。作为最重要的海洛因产地——金三角地区与金新月地区迅速扩大了罂粟种植面积，并通过技术改良提升了鸦片和海洛因的产量。20世纪70年代，“金三角”地区的鸦片产量从60年代的200多吨增加到了700吨，到20世纪80年代末期已接近3 000吨。① 而“金三角”地区的毒品消费地则最主要集中在美国等北美国家，传统的贩运路线包括经泰国、缅甸仰光、新加坡、马来西亚、中国香港、越南等国家或地区中转后通过海运进入北美市场。但到了20世纪80年代初，随着上述中转国家或地区政局的稳定和禁毒法律的严格执行，传统运输、中转路线不再能够满足贩毒集团迅速、及时向北美地区大量输入毒品的迫切需要，刺激了贩毒集团打开“中国通道”过境输出毒品的冲动。对于贩毒集团而言，打开“中国通道”能够实现快捷中转、输出毒品的目标，也有利于培育潜在的毒品消费市场，而改革开放之初的中国刑法对于毒品犯罪规定了较低的法定刑，也使贩毒集团通过“中国通道”输出毒品只需要很低的犯罪成本。

（二）我国西南地区毗邻“金三角”地区的区位特点则使毒品的输入具有了空间上的便利性

我国西南地区毗邻世界上最重要的毒品种植、生产基地之一——“金三角”地区，特别是云南省有8个地州、27个市县与缅甸、老挝、越南接壤，边境线全长达4 060公里，其中部分县市就与金三角地区山水相连，某些边境地区与境外村村相通，阡陌相连，语言相通，文化相似，并保留着互市、通婚、过耕等习俗。正如有学者所指出的：“在（云南）边境一线有国家级口岸7个，省级口岸12个，边贸通道有很多条，各种便道不计其数。这种历史的、民族的、地缘的因素是堵截毒品非法流入比较困难的原因之一。”②正因为这种特殊的地理区位特点，自改革开放以来，云南省一直是我国最重要的毒品输入通道。

（三）改革开放后制度和文化的变迁也影响着毒品的供应和消费长期存在

毒品问题的实质是一种对物质的依赖，这种依赖形成对毒品的需求，需求又

---

① 蒋和平：《毒品问题研究》，四川大学出版社2005年版，第160—161页。
② 姚志辉等：《禁毒大视角》，中国人民公安大学出版社2004年版，第253页。

因为供给的充分与否会扩大或减少，而供给则与利益驱动有着内在的联系。改革开放后，中国经济逐步融入世界，形式多样的经济交往和人员交流使毒品的供应成为一个全球性的问题，并不局限于中国境内毒品的种植、生产。因此，融入全球化的中国无法凭借一己之力实现毒品生产和供应的禁绝，更不可能因噎废食而重回到闭关锁国的状态。因为，改革开放、融入世界市场、参与世界秩序的建立，是提高生产力，解放思想，实现社会、个体发展的必经之途，从长远利益和宏观利益上看，开放的中国尽管无法像闭关锁国的中国那样能有效杜绝毒品的供应，但是却获得了更大的社会利益和经济利益。具体而言，制度和文化的变迁对于改革开放后毒品问题的重现有着下列影响：

第一，改革开放后，我国开始从计划经济逐步走向市场经济，发挥市场对于资源配置的基础性地位，并鼓励社会、个体参与市场竞争。与此相配套的是国家对于个体经济行为、自主生活的管制日趋淡化，人口的迁徙、流动出于完善市场竞争机制的需要而成为一种正当性的权利，个体不仅拥有了比较充分的经济权利，也拥有了更为充分的政治权利。这就使毒品这种管制品具有了交易的可能性，而且这种交易的可能性会随着市场机制的充分程度而不断增加。在人口流动频繁、交易行为多元的条件下，毒品的交易和流动也就具有了更多的可能性。

第二，随着社会主义法制的不断健全，依法禁毒已形成社会、国家、人民的共识。由于1979年刑法典的立法者对于我国毒品形势的发展缺乏正确的预期，在刑法中并未规定科学、明确的毒品犯罪定罪量刑规范。如1979年刑法只规定了走私、制造、贩卖、运输毒品的行为，对走私行为的最高法定刑为十年有期徒刑，对制造、贩卖、运输毒品行为的最高法定刑为十五年。对于其他毒品犯罪行为并未规定，且已规定的毒品犯罪行为所配置的法定刑并不合理。这就使改革开放初的毒品犯罪行为无法得到有效的刑罚惩罚和威慑，无法真正阻击毒品问题的深化和扩大。

第三，文化的多元化催生了一个庞大的吸毒群体，这使毒品不再停留于单纯的过境层面，而使我国也逐渐成为一个毒品消费大国。因为毒品频繁过境现象的存在，使得处于我国领土内的毒品数量大量增加，也使毒品的获得具有了更大的可能性。同时，改革开放后各种思想和文化逐渐多元，伴随着个体自主性的提高，个体的思想分歧和经济落差也相应出现。美国学者韦尔认为，每个人与生俱来都有一种想要转换自己正常意识的冲动。易言之，消除以自我为中心的意识是人类固有的欲望，而实现这种转换的化学捷径即为毒品。忘却自我、实现自我转换的具体路径为毒品与服用者的心态、服用者的实际环境与社会环境交互作用。这种冲动源于人的本能，但冲动的强弱则与社会环境有关。[①] 因此，在改革开放、思想解放的背景下，一方面人的自由度增加，另一方面这种思想和文化的转型也会带来某种程度的社会焦虑，而焦虑和落差则容易刺激自我忘却的冲动，兼之毒品大量过境所带来的毒品获取便利性就使毒品吸食现象慢慢成了一种亚文化现象。从 20 世纪 80 年代初的零星吸毒现象，到 21 世纪初登记在册吸毒人员人数突破百万，我国仅用了 20 年。从某种意义上说，吸毒现象已深深融入中国社会的肌肤，并与文化、环境相互作用，成为现代社会挥之不去的顽疾。

二、硝烟再起

（一）全国人大常委会《关于禁毒的决定》前的禁毒战略

20 世纪 80 年代，当毒品浪潮重返我国并开始蔓延和扩散之际，我国的禁毒战略处于被动和犹豫状态。因为，近三十年“无毒国”的光环和新中国三年禁毒运动的荣耀，使很多人无法接受毒品成为我国必须面临的重大社会问题的现实。有学者指出：“最初，大部分同志还认为毒品在我国早已禁绝，如今又卷土重来，只要我们采取类似 20 世纪 50 年代那种严格查禁的办法，就可将其拒于国门之外，以为新的毒潮在我国绝不可能形成气候。至于对禁毒的宣传，则更是采取了‘只做不说，多做少说’的态度，主要是担心‘影响社会主义国家的形象’。”[②]因此，在 20 世纪 80 年代初期，出于对毒品迅速扩散的缺乏预见和禁绝毒品历史的自信，我国基本沿袭了三年禁绝毒品时期的禁毒战略和禁毒政策，但未考虑到此时的国际国内形势与 20 世纪 50 年代相比已发生了巨大的变化，因此，禁毒措施和战略不免存在针对性不强的缺陷，未能有效阻击毒品扩散的趋势。

1981 年 8 月 27 日，国务院发布《关于重申严禁鸦片烟毒的通知》，其中规定：“坚决打击制造、贩卖、偷运鸦片等毒品的犯罪活动。公安部门要加强对制造、贩卖和偷运鸦片等毒品案件的侦破工作。边境地区的公安、海关、边防和工商行政管理部门，要在当地人民政府统一领导下，加强对偷运鸦片等毒品的查缉工作，发现鸦片等毒品，一律没收。对制造、贩卖和偷运鸦片等毒品的犯罪分子必须依法严惩。发现开设的地下烟馆，必须立即取缔。对于鸦片等毒品的吸食者，应当由公安、民政、卫生等部门组织强制戒除。”1982 年 7 月 16 日，中共中央、国务院联合发布《关于禁绝鸦片烟毒的紧急指示》，首先明确指出：“在我国，一切私种罂粟、贩毒、吸毒都是犯罪行为，必须严加禁绝。”并具体规定，“严禁吸

---

① ［美］戴维·考特莱特：《上瘾五百年——瘾品与现代世界的形成》，薛绚译，上海人民出版社 2005 年版，第 90 页。

② 蒋和平：《毒品问题研究》，四川大学出版社 2005 年版，第 182 页。

食毒品，取缔地下烟馆。吸食毒品的人，要加强教育，令其到政府登记，限期戒除”，“隐瞒或拒不登记，又逾期不戒除的，强制收容戒除，并给予必要的惩处”。[①]这两个通知和指示基本延续了20世纪50年代三年禁绝毒品运动的战略和路线，坚持了彻底禁绝毒品的决心，但未结合其时的具体情况，缺乏对改革开放背景下毒品形势的新特点的调查，也没有制定相应配套的法律制度保障禁毒运动的深入和有效实施。

因此，在20世纪80年代初期，我国并没有形成很清晰和具体的禁毒模式和禁毒战略，而是采取了地方政府为主导、中央扶持和指导的禁毒战略，并在宣传上有意淡化毒品迅速扩散的事实，把毒品的重现作为一个区域性的过境问题对待，将禁毒战略的重点放在云南省等边疆省份。如云南省在1982年即由省委、省政府、省军区联合发布了《关于坚决贯彻中央(1982)34号文件的通知》，全面部署云南省内的毒品堵截和查禁工作，并成立了“禁毒工作领导小组”，由一名副省长担任组长，整合、协调公安、卫生等相关部门负责人参加，定期召开会议，研究重大问题，指导全省禁毒工作。另外，根据禁毒工作的艰巨性、复杂性、长期性特点，云南省公安厅向中央提交了组建专业缉毒队伍的报告，并在1982年经国务院批准增加1 000名缉毒专业编制率先组建缉毒专业队伍。在缉毒专业队伍组建完成后，云南省即在1983年的严打中将毒品犯罪作为严打对象，并在1989年扫除“六害”运动中，把毒品违法犯罪活动作为查处对象之首，要求全省各级党委、政府发动群众打一场新的“鸦片战争”。

(二) 全国人大常委会《关于禁毒的决定》颁布后的禁毒战略

尽管20世纪80年代我国多次强调和重申毒品的危害，并要求严厉惩处毒品犯罪行为，坚决遏制吸毒行为，但出于对毒品发展态势的保守估计和维护社会主义形象的考虑，并未制定系统、完整的禁毒法律，且未及时规范、完善毒品犯罪的刑事法律，以致未能在社会中形成毒品形势已非常严峻的共识，且在刑罚惩罚时因为刑法的不完善而使毒品犯罪定罪量刑存在适用不统一的现象，这在一定程度上未能有效阻止毒品在我国蔓延的态势。到了20世纪90年代初，在毒品犯罪逐渐成为一个全国性的问题之时，我国政府审时度势，审慎调研，对我国毒品问题的长期性和复杂性有了正确的认识。如1990年10月18日，李鹏总理在接见出席北京亚太地区禁毒执法机构会议的各国代表团团长时指出：“历史上中国人民深受鸦片的毒害，1949年新中国成立后，政府以最大的决心组织群众开展了一场大规模的禁毒运动，在短时间内消灭了烟毒的危害。近年来，中国境内

① 赵长青、苏智良：《禁毒全书》(下)，中国民主法制出版社1998年版，第1413页。

又发现毒品问题，已引起了中国政府的高度重视。中国将采取立法、执法等措施，坚决打击贩毒犯罪活动，发动群众，形成一个社会监督环境，并加强国际合作和地区间合作，特别是和邻国合作，为在全球消灭毒害，为人类的文明和社会的繁荣发展做出自己的贡献。”[①]通过成立禁毒全国性领导机构、完善禁毒立法等措施，尝试在全国范围内建立、推进“三禁并举”等禁毒策略。这个时期的禁毒战略主要有以下几个方面的内容：

1. 成立全国性禁毒领导机构，统筹、指导全国禁毒工作

为加强禁毒工作的领导，更有力遏制毒品犯罪，1990 年 11 月，国务院第 72 次常务会议决定，成立禁毒委员会，作为全国性的禁毒领导机构，由国务委员王芳担任主任，由公安部常务副部长、国务院副秘书长、卫生部副部长、海关总署副署长担任副主任，并由外交部、国家民族事务委员会、民政部、司法部、财政部、农业部、林业部、国家经贸委、国家医药管理局、国务院法制局等部门主要负责人，解放军副总参谋长、武警部队司令员担任委员。并明确了国家禁毒委员会的六项职责：负责研究确定禁毒工作的战略、方针、政策和措施，统一领导全国的禁毒工作；协调涉及国务院各部委的有关禁毒工作方面的重大问题，按照分工充分发挥各部门的职能作用；检查监督各省、自治区、直辖市和国务院各部门禁毒工作的规划和执行情况；在国家对外方针政策指导下，负责与联合国禁毒机构及其他国际禁毒机构的联系，代表政府进行国际禁毒合作；研究有关禁毒的人力、财力、装备的统筹安排，促进改善禁毒执法部门的工作条件；负责向国务院报告禁毒工作。国家禁毒委员会作为全国禁毒工作的领导机构，有利于协调、动员不同部门参与禁毒工作，并有助于全国范围内禁毒政策和禁毒措施的统一性，还有利于综合调配禁毒资源、禁毒力量，为全民参与禁毒提供了重要的领导基础。在国家禁毒委员会成立后，部分省市也相继成立禁毒委员会或禁毒领导小组协调、领导本地区禁毒工作。2001 年 1 月 5 日，为进一步明确国家禁毒委员会各成员部门的具体职责，国务院办公厅颁布《关于转发国家禁毒委员会成员单位主要职责的通知》，确定了各成员单位在禁毒工作中的主要职责。

2. “三禁并举、堵源截流、严格执法、标本兼治”战略的提出

1991 年 6 月 25 日，改革开放以来第一次全国禁毒工作会议在北京召开，会议在分析毒品犯罪现状和发展趋势的基础上，提出了以“禁吸、禁贩、禁种”为中心的“三禁并举、堵源截流、严格执法、标本兼治”禁毒方针。

“三禁并举”是指禁止吸食毒品、禁止种植毒品、禁止贩运毒品三项工作必须

---

① 成荫：《白色幽灵——中国毒品内幕》，光明日报出版社 1993 年版，第 108—109 页。

同时开展,但并不意味着平均用力,可根据特定时期、特定地区需要有所侧重。“三禁并举”突出了毒品的运动、流通、消费整个过程,对于控制、减少毒品具有重要意义。首先,从我国20世纪80年代的毒品形势来看,毒品种类主要为罂粟提取物和加工物,流通方式为过境贩运与本地流通并存,毒源地主要在境外。因此,“禁止毒品贩运”既针对跨境毒品贩运,也针对以我国为最终目的地的贩运。通过严格禁止毒品的贩卖、走私、运输行为,能够有效切断毒品自境外毒源地向我国的输入。其次,毒品跨境贩运的增加也培育和扩大了我国的毒品消费市场,毒品吸食是毒品的终端环节,也是毒品供应得以存在的重要温床。吸毒人数的大量增加可以刺激毒品的走私、贩运和制造,并在一定程度上诱发其他社会问题,并可能对吸食者的健康造成严重损害。因此,“禁止毒品吸食”旨在通过对毒品吸食行为的控制和干预,强调毒品吸食行为的矫正和改造,从根源上摧毁毒品市场的原动力。最后,20世纪80年代我国毒品问题仍以鸦片、海洛因等罂粟提取物和加工物为主,出于追逐暴利的驱动,我国的罂粟种植死灰复燃,并屡禁不绝。有西方学者指出,至20世纪80年代末期、90年代初期,在我国31个省、直辖市、自治区中,有27个省都发现罂粟种植现象。种植面积最多的为西南地区、西北地区、东北地区的边远地区,但湖南、河北以及上海的郊区也偶有罂粟种植。1991年,护林警察通过空中侦察发现,内蒙古大兴安岭的荒山中种植着300公顷罂粟,春种秋收。以每公顷罂粟提取10公斤鸦片来计算,该片荒山种植的罂粟可一共生产3吨鸦片或300公斤海洛因。在卫星准确定位后,公安机关14次出动飞机撒播除草剂,销毁了非法种植的罂粟。因为改革开放以来,城乡差距日趋拉大,边远地区的农民基于脱贫致富的愿望,铤而走险,尝试种植罂粟。① 因此,在境外毒源多方渗透的同时,境内毒源的不断增加使我国毒品形势更为严峻,同时也凸显了“禁止毒品种植”在我国禁毒战略中的重要地位。

“堵源截流、严格执法、标本兼治”是“三禁并举”的具体实现途径。所谓“堵源截流”,即通过严格的边境管理和查缉堵住境外毒品进入我国的通道。并通过有效措施截断境内毒品流通、运输的渠道和路线,不使毒品扩散到最终的消费阶段。“严格执法”则指对毒品犯罪实施最严厉的刑事惩罚,并在法律的框架下对毒品吸食行为实施严格的行政规制和管教。② 而所谓的“标本兼治”则是指禁毒工作必须在注重对毒品犯罪的打击的同时,消灭毒品问题赖以存在的政治、经

① [法]蒲吉兰:《21世纪的黑金》,贾春娟等译,社会科学文献出版社2006年版,第202—203页。
② 姚志辉等:《禁毒大视角》,中国人民公安大学出版社2004年版,第266—268页。

济、文化等因素中导致毒品蔓延的不良因子，最终彻底摧毁毒品吸食、毒品犯罪现象。在贯彻和实施“堵源截流、严格执法、标本兼治”的过程中，一些毒品形势比较严峻的地区通过积极探索，形成了一系列行之有效的具体措施。如云南、广西两省、区制定的“三道防线”方针，就是对“堵源截流”的具体贯彻和落实。具体而言，“三道防线”方针是指“边境一线堵，内地二线查，出省三线截”，第一道防线即严把边境沿线，尽一切努力把毒品堵在国境之外；第二道防线针对毒品入境后的流向，扼守要道卡口。以云南省为例，第二道防线围绕边境地区至昆明的“三江”、“三路”展开，在上述重要通道上设置哨卡，严查过往车辆与行人，防止毒品贩运；第三道防线即强化通往省外的出口，在车站、码头、机场和主要公路的咽喉路段配备缉毒力量，使毒品难以带出。①

3. 新形势下对“三禁并举、堵源截流、严格执法、标本兼治”方针的调整

20 世纪 90 年代中后期以来，我国毒品形势虽有一定程度的遏制，主要体现在传统毒品如鸦片、海洛因等的稳定或减少方面，但以冰毒、氯胺酮等为代表的新型毒品的吸食和贩运却呈上升趋势。而且，新型毒品因其生产工艺简单，且我国又是冰毒原料——天然麻黄素的最主要产地，这就使冰毒等新型毒品在我国境内的制造具有了可能性。有学者指出，自 20 世纪 80 年代以来，就有毒品走私集团以“药品”为幌子，利用我国部分省份的医药和化工企业生产冰毒。北京的一家化工厂就为台湾地区的买家生产了 479 公斤冰毒，在广州、厦门、龙门，公安机关曾一次性从生产现场查获 310 公斤冰毒。1995 年曼谷国际刑警组织的一份报告披露，一批 200 公斤由中国境内生产的冰毒通过海路运入菲律宾。中国成为冰毒的重要生产基地与我国地域辽阔、法规不够健全、国外贸易的迅速发展有着密切联系。② 正是基于毒品制造在我国的不断扩大，我国国家禁毒委员会在 1998 年把“三禁并举”调整为“四禁并举”，首次明确把“禁制”与“禁种、禁吸、禁贩”并列，直面我国新型毒品制造已逐渐扩大的现实。2004 年 5 月，国家禁毒委员会审议通过的《2004—2008 年禁毒工作规划》在坚持“四禁并举”的同时，突出了毒品预防工作的中心地位，把禁毒工作的指导方针调整为“四禁并举、预防为本、严格执法、综合治理”。2007 年 12 月 29 日第十届全国人民代表大会常务委员会第三十一次会议通过的《中华人民共和国禁毒法》第四条规定：“禁毒工作实行预防为主，综合治理，禁种、禁制、禁贩、禁吸并举的方针。”进一步突出了预防工作和综合治理在禁毒工作中的重要地位。

---

① 崔敏：《毒品犯罪发展趋势与遏制对策》，警官教育出版社 1999 年版，第 225 页。

② [法] 蒲吉兰：《犯罪致富——毒品走私、洗钱与冷战后的金融危机》，李玉平等译，社会科学文献出版社 2002 年版，第 51 页。

第三节　冷静对待毒品

一、当理想遭遇现实

(一) 禁绝毒品目标的提出

改革开放以来,我国面对卷土重来的毒品问题始终抱着一种英雄主义和乐观主义的心态,一直把禁绝毒品作为禁毒工作的根本目标。改革开放三十多年来,禁绝毒品的宏大目标一直萦绕在人们的心头,也一直影响和支配着我国禁毒工作的纵深推进。我国之所以确立禁绝毒品的目标,可能与以下两个因素有关:

1. 鸦片战争情结

鸦片战争在本质上是中国与西方的第一次全面对决。这次对决,既是思想和文化的对决,也是科学和技术的对决,还是封建制度与资本主义制度的对决。数千年的文明培育出了大清帝国和中国人民傲视世界的自信,却遭遇到全面的败绩。如著名历史学家许倬云所言:"中国失败,被人当头一棒,从此在对外关系上不知所措,一个多世纪以来,中国才逐渐知道怎样与列国相处。鸦片战争带来的冲击是全面的,中国不但在军事与外交上长期无能,而且对于自己的文化与西方文化的相应之道也长期在迷茫中摸索。"①自鸦片战争结束后,我国进入屈辱的半殖民半封建社会,与之相伴随的是领土割让和帝国主义在中国的特权。作为鸦片战争的导火索和象征符号,鸦片对于中国人则具有某种特殊的意蕴。这种意蕴往往表现为一种屈辱和悲痛的情绪,这种情绪赋予了鸦片等毒品特别的意义。因此,中国人对于毒品的认识,往往与鸦片战争有着内在的关联,往往暗示着不堪回首的屈辱和国耻。对于鸦片的彻底禁绝态度,对于我国政府而言,在某种意义上是一种政治使命,而不仅仅是一种社会控制手段。

2. 新中国成立初期成功禁绝毒品的先例

20 世纪 50 年代初期,我国政府用了大约三年时间,在中国领土上以摧枯拉朽之势实现了毒品的禁绝,创造了近三十年无毒国的伟大成就,并成为新时期禁毒工作的旗帜。在毒品问题伴随改革开放卷土重来之际,我国政府的主流观点认为,只要延续和复制建国之初的禁绝毒品模式,就能解决新形势下的毒品泛滥问题。如邓小平同志在 20 世纪 90 年代初南方谈话时所指出的:"新中国成立

① 许倬云:《历史大脉络》,广西师范大学出版社 2009 年版,第 213 页。

后，只花了三年时间，这些东西就一扫而光。吸鸦片烟、吃白面，世界上谁能消灭得了？国民党办不到，资本主义办不到。事实证明，共产党能够消灭丑恶的东西。”[①]建国初期禁绝毒品的成功事实在某种意义上已成为社会主义制度优越性的重要体现，这种优越性就体现在全民动员和全民参与的运动式禁毒模式。因此，禁绝毒品先例的存在，也使改革开放后的禁毒战略有了可以模仿和参照的样本。

（二）禁绝毒品战略的现实运行

改革开放以来，在禁绝毒品的目标设定之下，一次次的“严厉打击毒品犯罪”运动，一次次的运动式禁毒宣传和动员，并没有有效遏制毒品的泛滥。反而，毒品形势随着经济、社会的发展而变得更加严峻和复杂。1987年，全国缴获海洛因43公斤，此后缴获量直线上升，至1990年，全国范围内缴获海洛因的数量已达到1 632公斤，1997年，国家部署在全国范围内开展声势浩大的禁毒专项斗争，当年缴获海洛因数量达到5 477公斤，抓获涉毒犯罪嫌疑人24.4万人，破获涉毒案件18万余件，但专项禁毒斗争并未有效遏制毒品的进一步泛滥，1998年年底的统计数据并不乐观，该年所缴获的海洛因数量猛增到7 359公斤，比1997年增加了34.4%。[②] 2005年，国家禁毒委发动了毒品人民战争的“五大战役”，即禁毒预防战役、禁吸戒毒战役、堵源截流战役、禁毒严打战役、禁毒管理战役，掀起了禁毒人民战争的高潮。2008年，新一轮的禁毒人民战争继续打响，但毒品犯罪形势仍然处于高位。据《2009年中国禁毒报告》显示，2008年全国共破获毒品犯罪案件6.19万起，打掉贩毒团伙1 565个，摧毁制毒工厂和窝点244个，抓获犯罪嫌疑人7.34万名，缴获海洛因4.33吨、鸦片1.38吨、冰毒及其片剂6.15吨、氯胺酮5.27吨。全国检察机关共起诉毒品犯罪案件43 928件，全国法院系统审结43 726件，判决犯罪分子50 307人。从2008年的数据可以看出，尽管海洛因等传统毒品数量相对稳定，但冰毒、氯胺酮等新型毒品则呈快速上升趋势。总体上说，在禁绝毒品的人民战争不断纵深推进的同时，我国的毒品形势仍不容乐观，具体表现在以下几个方面：

1. 毒品供应渠道基本通畅

我国毒品供应的渠道从20世纪80年代开始至今，大致经过三个阶段的发展：20世纪80年代至90年代中期，我国毒品的来源渠道主要为金三角地区，毒品种类主要为海洛因与鸦片；20世纪90年代中后期至21世纪初期，传统毒品

① 崔敏：《毒品犯罪发展趋势与遏制对策》，警官教育出版社1999年版，第372页。
② 崔敏：《毒品犯罪发展趋势与遏制对策》，警官教育出版社1999年版，第381—382页。

如海洛因、鸦片的来源仍以境外金三角地区为主，新型毒品如冰毒等则以国内生产与国外走私并举；21世纪初期至今，受金三角地区罂粟种植面积迅速减少的影响，来源于金三角地区的传统毒品逐渐减少，但从金三角地区进入我国的新型毒品却呈上升趋势，传统毒品的来源渠道呈现多元化的趋势，除了毗邻我国西南地区的金三角地区之外，在我国的西北地区和东北地区，也存在传统毒品走私入境的现象。从查获的数量和毒品吸食人群的扩大趋势来看，改革开放三十年来我国并未能够有效截断毒品供应渠道。如有学者所指出的："一方面缉毒工作的各个方面还没有取得协调一致的发展；另一方面，缉毒成效还不能赶上毒品犯罪的发展速度和节奏。在缉毒工作明显波动的同时，吸毒人数在持续稳定地大幅度增长，毒品价格稳中有降。这些情况说明：毒品的秘密供货渠道是畅通的，毒贩的销售网络和毒品犯罪的扩散机制是健全并且高效的。"①

2. 吸毒人员不断增加，且职业、区域分布呈扩大之势

20世纪80年代初期，我国即发现零星的吸毒人员，但数量很少且集中在社会边缘人群。到1991年，我国登记在册的吸毒人员已达到14.8万人，以后一直呈上升趋势，至1999年这个数字为68.1万人，2005年则达到116万人，至2009年年底，我国登记在册的吸毒人员数量超过133.5万名，比2008年的数字增加了20余万人。② 从违法犯罪统计的角度来看，有学者指出，每一个已知的登记在册的吸毒人员周围通常会有4—5个隐性吸毒者，我国的实际吸毒者增加更多。从吸毒者的分布区域来看，尽管我国自2000年以来全面开展"无毒社区"创建工作，但1998年至2005年间涉毒县（市、区）数、吸毒人员百人以上的县（市、区）数、吸毒人员千人以上县（市、区）数不断增加。③ 正如《2010年中国禁毒报告》所指出的："尽管禁毒工作取得了新的进展，但禁毒斗争形势依然不容乐观，境外毒品渗透不断加剧，国内海洛因成瘾人员复吸率仍然较高，以青少年为主体的滥用兴奋剂类新型毒品人数增长很快，呈现出毒品来源多元化、毒品滥用多样化的局面，对我国禁毒工作提出了新挑战。"

3. 新型毒品滥用和犯罪行为急剧上升

与传统毒品如海洛因、鸦片相比，很多新型毒品不需要从植物中提取合成，制作工艺简单，且具有较低的上瘾性，兼之具有强烈的兴奋或迷幻作用，在青少年中容易形成吸食新型毒品的亚文化现象。近十多年以来，在海洛因相对稳定的情况下，以冰毒、摇头丸、氯胺酮为代表的新型毒品在我国却呈急剧上升之势。

---

① 林化宾：《痛击毒魔——禁毒理论与实践》，上海社会科学院出版社2006年版，第3页。

② 参见历年《中国禁毒报告》。

③ 杨毅伟：《我国反毒品政策之检讨》，西南政法大学硕士论文，2007年，第28页。

据联合国禁毒署的统计数字，1999 年全球冰毒缴获量中，亚太地区占了三分之二，而中国就占到了二分之一。2000 年 1 月至 9 月中国缴获了 20.2 吨的冰毒，在此以后，我国缴获冰毒的数量一直保持在 3 吨以上，远远超过泰国、美国等国家，居于全球第一。从新型毒品的滥用情况来看，2001 年 3 月至 2002 年 1 月，据中国药物依赖性研究所对全国 10 个省、区、市的 15 个地区进行的中枢兴奋剂及相关非法精神活性物质滥用的流行病学调查显示，中枢兴奋剂和相关非法精神活性物质的滥用已波及全国范围内的大多数地区，其中以东南沿海城市和交通、商贸中心城市为主。流行病学调查还表明，在中国滥用毒品的种类已不局限于摇头丸、冰毒等毒品，一些境外流行的毒品如可卡因、氯胺酮、大麻等其他种类的毒品已不同程度地流入中国。据调查显示，2006 年，在辽宁、吉林、黑龙江三个省份，滥用新型毒品的人数已经超过了吸食传统毒品的人数。从全国范围内来看，滥用新型毒品不仅在人数上呈上升趋势，而且还呈现出从东南沿海蔓延向内地、从青少年蔓延向社会多阶层的趋势。①

二、揭开宏大叙事的面纱

自 20 世纪 70 年代末期以来，我国禁毒工作已走过三十年。三十年间，无数次宣传动员，无数次公审公判，多次专项严打运动，特别是 21 世纪以来发动的禁毒人民战争，尽管在一定程度上控制住了毒品急速蔓延的趋势，但并未从根本上阻断毒品的流入和贩运。在严厉禁毒的背后，是毒品供应和毒品需求的慢慢攀升，这就引发了对禁绝毒品目标的正当性和禁毒具体战略有效性的思考和质疑。

(一) 禁绝毒品是一种理想状态还是一种现实目标

禁绝毒品是 20 世纪毒品成为全球性问题以来，各国政府和人民孜孜以求的理想状态，但是，这种理想状态能否作为现实目标设定则存在争议。100 多年以来，在世界范围内，人类与毒品的滥用和蔓延进行了各种各样的斗争，从我国的虎门销烟、严刑峻罚，到欧美国家早期的零容忍政策，再到 20 世纪中后期以矫治吸毒者为中心的减少危害政策，毒品并未如人所愿地实现禁绝，而是朝着相反的方向越走越远。据《2009 年世界毒品报告》显示，2007 年有 17 200 万至 25 000 万人至少使用了一次非法药物，如果排除偶然使用者，并把吸毒者界定为“对毒品有依赖性，治疗会对他们有益，对公共卫生和公共秩序的许多影响很可能与他们的吸毒量有关”的人，则 2007 年全世界范围内的吸毒者在 1 800 万至 3 800 万

① 夏国美等：《社会学视野下的新型毒品》，上海社会科学院出版社 2009 年版，第 81 页。

之间。从中国的情况来看,毒品犯罪形势和吸毒现象仍然在逐渐扩大,特别是新型毒品的贩运、制造和新型毒品的吸食行为逆势而上,扩张速度很快,并已在某些地区和群体中形成了根深蒂固的亚文化现象。

那么,禁绝毒品作为禁毒战略的根本性目标是否具有现实指导价值呢?从毒品的产生和发展过程来看,彻底禁绝毒品是一种在短期内无法实现的目标,正如人类社会无法实现对不平等和犯罪的消灭一样。因为毒品作为一种依赖品,其存在和使用和文化、身份、人类情感具有某种内在的联系,片面强调严厉的管制措施实现毒品的禁绝只是一种理想状态,忽视了毒品赖以存在的社会、文化、心理、经济基础。如美国自20世纪60年代以来,伴随着以颓废为主导思想的"嬉皮士"运动,吸食大麻逐渐进入主流社会,并成为叛逆行为的多重价值的象征,契合了颓废主义赖以存在的对于种族隔离、都市物质主义、越南战争的反感和逃避情绪,在高中生及大学生中蔚为风潮。大麻吸食的主要人群为年轻人,一方面是由于年轻人对于毒品引起的不良作用耐受力强,更容易模范传染,另一方面是其对于新鲜事物更加渴求,这些心理特性都容易促成毒品的滥用。因此,在西方社会中,处于凸显个人风格、及时行乐、性解放意识不断高涨的时代的年轻人,对于大麻等毒品代表的反文化、反主流符号和意义更容易接受和模仿。[①] 因此,在大麻等毒品的滥用成为主流社会的一种常见现象后,禁绝毒品的目标和战略则更难实现,美国的部分州干脆放弃对于大麻等软性毒品的严格规制,而尝试进行大麻的合法化运动。如有美国学者悲观地指出:"如果解禁毒品,那么美国人就无须浪费成千上万美元来对毒品使用者提起公诉和把他们监禁在毫无效率和昂贵的监狱中了。一旦嗜毒者不再需要为每天的毒品消费支付离谱的价格,暴力犯罪、财产盗窃和医疗费都会大幅下降,也就不再有高额利润促使交易者为之打拼。当然,除毒品解禁之外的最好办法就是把每一个都锁起来。"[②]这事实上就是禁绝毒品的宏大目标陷于困顿的实例。

同样,在我国社会,多元文化伴随着思想的解放和人性的复苏正在形成,社会分化所带来的社会焦虑也使某些新型毒品如麻古、大麻成为特定人群的生活必需品,并成为一种亚文化现象。从吸毒人员持续增长和新型毒品与社会文化的相互渗透趋势来看,在可预期的相当长时间,内禁绝毒品是不现实的。如我国有学者认为:"事实已经证明:要想在短期内'遏制住毒品泛滥',进而'从根本上

① [美]戴维·考特莱特:《上瘾五百年——瘾品与现代世界的形成》,薛绚译,上海人民出版社2005年版,第41—42页。

② [英]理查德·达文波特·海因斯:《搜寻忘却的记忆:全球毒品500年》,蒋平等译,译林出版社2008年版,第450页。

消除毒祸'，仅是一厢情愿的美妙设想而非科学的预言，实际上是不可能实现的。…… 当代的禁毒斗争，不可能以'速决'的方式解决，而必将是一场耗时费力的'持久战'。尽管我国将不断地开展'严打'斗争和一次又一次地对毒品犯罪进行专项治理，但预料毒品犯罪仍然不会很快下降，而将在一段时间内呈现继续攀升的趋势。"[①]所以说，禁绝毒品的目标更像是一种理想状态的政治叙事，并不适合作为禁毒战略的根本目标。

（二）从"堵源截流、严格执法、标本兼治"到"预防为主、综合治理"的反思

我国在20世纪90年代初逐渐统一认识，不再把毒品问题视作一个单纯的过境走私问题，也不再把毒品问题看作一个区域性、地区性的问题，而是正视毒品已成为一个全国性的严重社会问题。在此认识基础上，我国于20世纪90年代初确立了"堵源截流、严格执法、标本兼治"的具体禁毒方略，即针对当时我国毒品的主要种类为罂粟提取、加工物的特点，尝试堵住毒源地向我国的毒品输入，并以严刑峻罚和严格查缉来打击、遏制毒品在我国境内的运输和流动。同时，重视对吸毒行为、毒品犯罪行为的控制、打击，并围绕吸毒行为、毒品犯罪行为赖以存在的不良土壤进行改造。进入21世纪以来，在总结前二十多年禁毒的经验和教训基础上，我国调整了禁毒战略，把"预防为主、综合治理"作为新世纪禁毒的基本方针。"堵源截流、严格执法、标本兼治"的方针从理念上来看，实际是对新中国成立初期禁绝毒品经验的提炼和总结，在建国初期具有很强的针对性，也取得了很好的效果。"预防为主、综合治理"是对"堵源截流、严格执法、标本兼治"方针的变革，突出了毒品犯罪和吸食毒品的预防。但是，在改革开放的背景下，这些方针并不契合我国的毒品问题状况，也未能取得很好的效果。究其原因，大致有以下几个方面：

1. "堵源截流"方针的现实困境

在改革开放的形势下，大量的人员流动和商品流动使毒品输入我国的可能性大大增加，同样，加上交通运输方式的进步，也使毒品在我国境内的贩运渠道大为拓宽。要通过源头上对毒品的流入进行控制，从技术上只能是部分控制，并没有足够庞大的司法资源和警力确保进入我国的货物、商品都能得到严格的检查和甄别。此外，对于境外毒源地的生产、渗透，我国并无管辖权，无法采取强有力的措施进行约束和管制，即使通过外交途径、禁毒合作机制和替代种植措施也并不能够使境外毒源地的毒品生产、种植消失。还有，新型毒品的出现使毒品的制造很大程度上不再需要依赖罂粟等原植物就能得以进行，这就更加难以控制

---

① 崔敏：《毒品犯罪发展趋势与遏制对策》，警官教育出版社1999年版，第406页。

毒品的境外生产制造现象，再加上不断开放的边境交流、国内外贸易和人员流动，理想状态的“堵源截流”策略事实上并不具备禁绝毒品的实效性。特别在“截流”的问题上，我国长期以来把毒品的截堵重点放在批量毒品的走私和长途贩运上，而对于毒品的终端销售方式——零星贩毒则存在控制不力的现象。这与禁毒工作考核机制重视毒品数量的导向有关，也与零星贩毒打击成本高、收效较小有关，还与司法资源的有限性有关。在部分毒品泛滥的地区，如果严格打击零星贩毒，可能会导致基层法院、检察院、公安机关不堪重负，陷入毒品司法的泥淖。因此，在依法打击毒品犯罪的背景下，要切实坚持在法律的框架和范围内采取“零容忍”模式，并不具有足够的司法资源和缉毒资源。这种矛盾就导致了打击的重点无法兼顾零星贩毒等行为，自然也无法在根本上截断毒品向吸食者的最终流动。

2. “严格执法”方针的正当性危机

自20世纪90年代以来，我国对于毒品犯罪和毒品吸食行为规定了非常严峻的惩罚措施，力图对于毒品关联行为人形成最强大的心理威慑，遏制行为人的吸毒和毒品犯罪心理的发展。但是，严刑峻罚并未起到很明显的遏制效果，还带来了禁毒刑事政策的正当性危机。因为，演化为严刑峻罚的严格执法指导思想一方面漠视了毒品犯罪和毒品吸食复杂、深层的形成原因，另一方面，也使对毒品犯罪的过度惩罚和毒品犯罪的未查获之间形成了反差，从而削弱了禁毒法律的威信。因此，在高比例的未破获毒品案件存在的前提下，运动式的严刑峻罚禁毒模式并不能真正摧毁毒品贩运、销售网络，也不能抑制毒品网络的自我补偿能力。如有学者指出：“毒品贸易同样受价值规律和价格规律的支配和影响。当毒品市场供大于求时，毒品网络通过降价来扩大市场；当供不应求时，以价格上浮刺激生产和销售。同时，在毒品贸易利润中，风险利润占了非常大的比重。贩毒者除了可以利用抛售和囤积赚取差额利润外，还可以在缉毒力量的干预过程中，获得幸存者的风险利润。‘看不见的手’通过涨价，以风险利润的方式自动补偿了贩毒网络的损失。每年‘6·26’时期毒品价格的急剧上涨，可以说就是毒贩对于价格规律和风险利润的成功运作。”①

此外，毒品犯罪的重要驱动通常为谋求利益，在社会分化下的贫困群体中，毒品犯罪的高回报性刺激了接近毒源的贫困群体从事毒品犯罪，并把可能的查获和严峻的刑罚视为一种可接受的风险。在贫困状态无法通过其他合法方式有效改变的情况下，对于这类毒品犯罪行为人而言，即使是死刑也不能够产生强

① 林化宾：《痛击毒魔——禁毒理论与实践》，上海社会科学院出版社2006年版，第5页。

大、有效的心理威慑。法国学者蒲吉兰指出，在我国一些边境地区，贩毒者流行着这样一种论调，“一条命换来子孙福”，“前半生坐牢，后半生发财”。有的贩毒者甚至组织带有自杀性质的特别行动队，在骡马肚皮下藏着炸药包，如果被警察发现，导火索一拉，人、武器、行装同归于尽。① 侧重严惩的毒品控制模式可能导致国民法感情的迟钝，抹灭社会大众对于法律的内在认同。而这种趋势对于毒品的最终禁绝是不利的。英国学者彼得·斯坦也发人深省地指出：“如果国家强制力所支持的法律并不要求大多数人的尊敬，如果相当一部分人准备违反法律并情愿接受给予他们的惩罚，那么，国家的权力也就不起什么作用了。在1983年《赌博、游戏与彩票法》使赌场合法化之前，在大街上打赌是违法的。但这种现象在许多地区如此普遍，法律对它的强制禁止根本不可能。对违法赌博行为进行正式的起诉越来越少了，因此对这种行为的处罚往往成为武断专横的事情。受到追究和被定罪的人对所受的惩罚更加愤恨不已，因为他们清楚地知道更多的人干了同样的事而根本没有受到任何惩罚。许多地区大部分人都有意违法，因此，法律惩罚已形同虚设。虽然法律确实命令一切人都必须尊重它的权威，但是，只有法律强制力对大多数人都将成为现实这个事实，才能使人们树立起‘法律可信’、法律应当受到尊重的观念。”②

3. 缺乏保障的“预防为主、综合治理”方针

我国2007年颁布的《中华人民共和国禁毒法》将禁毒方针调整为“预防为主，综合治理，禁种、禁制、禁贩、禁吸并举的方针”，这在理念上较诸20世纪90年代的“堵源截流、严格执法”等方针更具有合理性，这种转变建立在进一步认识了禁毒工作的复杂性、艰巨性、长期性上。因为，毒品问题的实质是一种依赖品的供应和消费问题，在毒品的供应成为一项重要的跨国贸易的今天，任何一个国家要在开放、法治状态下彻底堵截住毒品的流通和输入并不现实，而且毒品消费是一种个人行为，与社会环境、文化影响、经济发展等多种因素有关，且具有很强的依赖性和稳定性。因此，在严刑峻罚、堵源截流等理想主义模式的禁绝毒品方针陷入困境之时，我国把禁毒方针的重点调整为预防和综合治理，重视运用多种手段和社会规制措施进行毒品问题的综合治理，不再片面依靠严刑峻罚，并突出毒品犯罪和毒品吸食行为的提前预防。

“预防为主、综合治理”方针的实施需要建立、健全多部门、全社会共同参与

---

① [法]蒲吉兰：《犯罪致富——毒品走私、洗钱与冷战后的金融危机》，李玉平等译，社会科学文献出版社2002年版，第59页。

② [英]彼得·斯坦、约翰·香德：《西方社会的法律价值》，王献平译，中国法制出版社2004年版，第75页。

的长效机制，需要禁毒刑事政策的转型，需要科学配置的禁毒资源，需要巨大的禁毒宣传和吸毒干预经费。但是，《禁毒法》中并未能明确和建立“预防为主、综合治理”方针的长效机制和保障机制，这在某种意义上，使“预防为主、综合治理”方针只能成为一种理念上的禁毒方针，而无法充分落实和贯彻。比如，“综合治理”的核心在于从毒品的供应和最终消费各个阶段平衡投入治理，但长期以来，我国更侧重于毒品供应市场的干预和规制，对于吸毒行为的科学规制并未能够充分重视。吸毒干预作为一种根本性的禁毒措施，不仅在我国不受重视，在世界上很多国家也不受重视。如有学者指出，就全球水平而言，大约80%的财力被用于执法，只有20%被用于治疗，“从现在起再过一代人左右，在回顾最近二三十年来我们所进行的扫毒斗争时，将认为我们的扫毒方式是一个重大错误，错误在于不把等同的财力用于治疗吸毒成瘾者”①。同样，我国的禁毒工作中，存在诸多有待完善之处。很多人存在刑法主导论的思想，迷信严刑峻罚在禁毒中的作用。因此，我们要坚定地贯彻“预防为主、综合治理”方针。

① ［美］莫伊塞斯·纳伊姆：《这个世界令人担忧（上）——国际刑警组织前总干事雷蒙德·肯德尔访谈》，《国外社会科学文摘》2001年第5期。

第二章 从宏大到焦虑

——禁毒刑事立法的沿革

第一节 1979年《中华人民共和国刑法》关于毒品犯罪的规定及修补

1979年7月1日，在中华人民共和国成立三十年后终于迎来了首部刑法典，对于刑法的基本原则、犯罪认定、刑罚适用等内容进行了比较详尽和全面的规定，并在刑法分则中规定了毒品犯罪的犯罪构成和法定刑设置。因为毒品犯罪在1979年《刑法》颁布、实施后呈急速上升之势，出于严刑峻罚、从快打击的运动式禁毒斗争需要，我国于1982年、1987年、1988年三次对毒品犯罪的定罪量刑进行修补，除将最高法定刑提升至死刑之外，还将走私毒品行为明确定罪量刑标准，并对国家工作人员利用职务便利实施的毒品犯罪确立了法定从重处罚原则。

一、1979年《中华人民共和国刑法》对毒品犯罪的规定

（一）立法例

1979年《刑法》中关于毒品犯罪的具体规定集中在四个条文。第171条规定："制造、贩卖、运输鸦片、海洛英、吗啡或者其他毒品的，处五年以下有期徒刑或者拘役，可以并处罚金。一贯或者大量制造、贩卖、运输前款毒品的，处五年以上有期徒刑，可以并处没收财产。"第116条规定："违反海关法规，进行走私，情节严重的，除按照海关法规没收走私物品并且可以罚款外，处三年以下有期徒刑或者拘役，可以并处没收财产。"第118条规定："以走私、投机倒把为常业的，走私、投机倒把数额巨大的或者走私、投机倒把集团的首要分子，处三年以上十年以下有期徒刑，可以并处没收财产。"第119条规定："国家工作人员利用职务上的便利，犯走私、投机倒把罪的，从重处罚。"有学者认为，1979年刑法典中关于毒品犯罪的规定，具有三个特点：其一，规定的毒品犯罪种类少，这与当时我国现实生活中毒品犯罪活动不多有关；其二，注重对毒品犯罪给予经济上的制裁；其三，对于毒品犯罪的处罚比较宽松，

没有规定死刑。[1]

(二) 立法缺陷

从1979年《刑法》中关于毒品犯罪的规定来看,具有以下几个缺陷:

1. 毒品犯罪种类单一

在1979年《刑法》中,我国只规定了四种毒品犯罪行为,即制造毒品行为、贩卖毒品行为、运输毒品行为、走私毒品行为。其中,对于走私毒品行为的规定采取了笼统规定的方式,并未单独作为走私毒品罪进行规定,而是作为走私罪的一种行为方式,在定罪量刑上只能作为走私罪进行处罚。因此,严格意义上的毒品犯罪只有制造、贩卖、运输毒品罪三种。之所以对毒品犯罪行为的规定如此之少,有学者认为,这与我国制定1979年刑法时对于毒品犯罪的迅速扩散性缺乏预见有关。"由于过去多年闭关锁国,对国外的情况不甚了解,国内又不许人口自由流动,各级政权机构对于犯罪的控制能力很强,……谁也没有料到随着国门的打开,毒品犯罪会乘机侵入并迅速扩散。"[2]除了对毒品迅速扩散缺乏明确的预见外,立法者还对于毒品犯罪行为的复杂性和多样性缺乏认识,这也导致了毒品犯罪的种类过于单一。因为,经历了三十年严格管制的中国社会,对于犯罪的认识往往是与阶级斗争联系在一起的,缺乏对犯罪规律、犯罪方式理性、清晰的研究和认识,对于毒品犯罪的具体运行规律、毒品扩散、传播的具体路径还停留在一种非理性、概括性的认识阶段。即使是立法者对于毒品犯罪的认识,也只是一种对历史经验的现实推断,缺乏实证的调查和分析,对于非法持有毒品,包庇、窝藏毒品犯罪分子或毒品的行为等并没有清晰的认识。这也体现出改革开放初期刑事立法的概括化、象征性特点。

2. 毒品犯罪的对象不够明确

从刑事立法的明确性角度来看,我国1979年刑法中关于毒品犯罪的犯罪对象——毒品,并未明确规定其范围,这不利于刑法的统一、正确实施,也不利于对毒品犯罪的准确定罪量刑。在1979年刑法中,对于毒品的界定采取了列举与概括并列的方式,明确列举了鸦片、海洛英、吗啡三种常见毒品,同时用"其他毒品"作为灵活的堵漏文字,以期包容其他可能需要惩罚和规制的毒品种类。但是,"其他毒品"这种表述作为刑法用语,在刑法并未对"毒品"作进一步界定的情况下,作为犯罪构成要件中的事实要素进行规定,事实上是对刑法明确性的背离。无论作为立法者和司法者,还是作为社会个体,甚至是毒品专家和刑法专家,都

① 赵秉志:《毒品犯罪研究》,中国人民大学出版社1993年版,第55—56页。
② 崔敏:《毒品犯罪发展趋势与遏制对策》,警官教育出版社1999年版,第307页。

无法对“其他毒品”的内涵和外延作出清晰的说明，更无法形成普遍的共识。如1985年山西省高级人民法院研究室撰写的一篇关于审判贩卖安纳咖粉、安钠咖片、咖啡因的文章即指出：“绝大多数干部群众对安纳咖粉、安钠咖片、咖啡因的毒性缺乏认识，有的人甚至以吸食该物为荣，用之请人待客，使毒品有一定的销售市场，吸毒流行；法制观念淡薄，药厂管理混乱，有关部门管理、制止、惩罚不力，……为了审好此案，审判人员首先向有关部门了解安纳咖粉、安钠咖片、咖啡因等毒、限药品的性能，并作了社会调查，掌握了毒品流入社会造成的危害性。”因为，“毒品”一词是一个具有强烈规范色彩的概念，毒品区别于其他物质的自然属性并不为一般人所了解，而需要立法者进行明确的解释和界定。

当然，考虑到我国1979年刑法并未确立罪刑法定原则为刑法的基本原则，在立法的正当性上似有可理解之处。但是，从刑法的威慑效果和司法适用的普遍性来看，“其他毒品”并不能发挥刑法的界限功能和统一司法适用的功能。如1984年有学者把贩毒犯罪的犯罪对象解释为“鸦片、海洛英、吗啡等具有麻醉性、长期吸食、注射后能使人成瘾癖的毒品。不包括致命剧毒品和医药单位为医疗需要而生产、出售的麻醉性物质”[①]。这种解释代表了对1979年刑法中毒品范围的普遍认识，这种认识显然无法厘清毒品的范围和边界。

首先，用毒品解释毒品，存在循环解释的方法论错误。其次，通过对鸦片、海洛因、吗啡三种物质的本质属性的类推，推演其他毒品应该也具有麻醉性和成瘾性的特征，以此为基础把麻醉性和成瘾性作为其他毒品的根本特征。但是，具有麻醉性和成瘾性的物质种类非常繁多，其中一些物质还是生活中非常常见的，比如烟草、酒精等。烟草和酒精在成瘾性和麻醉性方面与毒品并没有很清晰的差别，且从对社会的危害性来看，烟草和酒精所造成的危害更加大。如1958年，美国学者希弗斯在一部标准药理学教科书中发表了不同类型瘾品的上瘾可能性评分。按照各种瘾品在服用期间产生耐受性、情绪依赖、生理依赖、生理健康恶化、反社会行为以及戒除期间产生反社会行为等状况计分，每项4分，满分为24分。结果得分最高的是酒精，为21分。巴比妥酸盐得分为18分、海洛因16分、可卡因14分、大麻8分。美国著名的麻醉毒瘾专家科尔布也曾在1957年的一封私人书信中认为，大麻引起的陶醉不像酒精致醉那么危险。大麻所带来的是快感与幻想症状的混合，可能导致遐想与沉思，却不会有喝醉酒常见的暴怒、不负责任、胡作非为的行为。[②] 因此，把麻醉性和上瘾性作为“其他毒品”的界别标准并

① 赵永林：《谈谈贩毒犯罪》，《法学杂志》1984年第6期。

② ［美］戴维·考特莱特：《上瘾五百年——瘾品与现代世界的形成》，薛绚译，上海人民出版社2005年版，第192页。

不准确和合理。

3. 犯罪构成过于概括、宽泛

1979 年刑法第 171 条中规定了贩卖、制造、运输毒品的加重犯罪构成要件，把“一贯、大量”贩卖、制造、运输毒品作为法定加重构成要件，并规定了五年以上的法定刑。问题是“一贯”和“大量”作为构成要件要素，并不具有指导司法适用的意义，反而会导致司法适用的随意性，并从事实上使司法权行使了立法权的职能，还使刑法的权威性受到冲击，有损法律的可预期性，也无法充分发挥刑法的威慑和一般预防功能。因为，“一贯”和“大量”这样的表述过于概括和宽泛，其核心意义并不明晰。比如，从事几次毒品犯罪属于“一贯”？从“一贯”的文义来看，一贯通常指多次或经常的意思，无论是多次、经常，还是一贯，从刑法明确性的角度来看，都没有相对清晰的边界。再比如，“大量”一语本为数量多之义，对于危害性不尽相同的毒品而言，何种数量的毒品为大量毒品是立法者需要斟酌权衡的一个问题，况且海洛因的大量标准与鸦片的大量标准是否相同均成为问题。把“一贯”和“大量”这样明显概括、含混的术语交由司法者进行自由裁量和判断，实际上会导致法律的可预期性岌岌可危。如有学者指出：“由于刑法既是裁判规范，又是行为规范，理当具有明确性；如果含混不清、模棱两可或者前后矛盾，国民要么仍然不能预测自己的行为的性质，要么左右为难。”[①]在某种意义上，过于概括、宽泛的刑事立法语言是对国家和公民之间关系的不正确认识所致的。因为刑事立法权不应当是国家约束、惩罚、管制公民的一种专断性权力，而是国家与公民间良性互动形成的一种行为规范的颁布权。刑事立法不仅要体现刑法规范对于司法权的限制和约束，还应当体现出引导公民合乎规范行为的职能。因此，在引导公民行为和约束司法裁量权的意义上，刑事立法应当具有明确性的要求，通过明确、具体的犯罪构成设置，保障公民对自己行为的法律后果的预测可能性。

4. 法定刑设置不均衡

因 1979 年刑法中并未单独规定走私毒品行为，而是由走私罪包容毒品走私行为，根据情节轻重设置了两种法定刑：对于情节严重的走私行为，规定了三年以下的有期徒刑或者拘役；对于以走私为常业、走私数额巨大、走私集团的首要分子三种情形规定了三年以上十年以下的有期徒刑，并把国家工作人员利用职务上的便利实施走私行为的情形作为法定从重情节。从罪刑均衡的角度来看，走私毒品行为的法定刑设置轻于贩卖、运输、制造毒品行为，不符合轻罪轻罚、重

① 张明楷：《刑法分则的解释原理》，中国人民大学出版社 2004 年版，第 6 页。

罪重罚的罪刑均衡原则。因为，法定刑的轻重设置应当取决于犯罪行为的严重程度，当社会危害性较大时，则法定刑应当较高，同样，当社会危害性较小时，自然应当设置较低的法定刑。从社会危害性来看，走私毒品行为与制造、运输、贩卖毒品行为并无明显的差异，却在法定刑设置上存在明显的不同。走私毒品罪的最高法定刑为十年，而贩卖、运输、制造毒品行为的最高法定刑却为十五年。这种差异无法在正当性上得到合理的解释，反而人为地制造了走私毒品行为的危害性小于贩卖、运输、制造毒品行为的假象，这种假象既不符合社会大众的直觉，也不符合毒品犯罪危害性的理性评估结论。

此外，在法定加重情节和法定从重情节上，也存在失均衡之处。贩卖、运输、制造毒品行为的加重情节有两种，即大量或一贯贩卖、运输、制造毒品；走私毒品行为的法定加重情节则有三种：以走私为常业、走私数额巨大、走私集团的首要分子。很明显，两种犯罪行为的加重情节并不一致。在查获数量较小的时候，走私毒品集团的首要分子应当适用三到十年的有期徒刑，而贩卖、运输、制造毒品集团的犯罪分子则仅需要适用五年以下的有期徒刑。在法定从重情节上，只规定了国家工作人员利用职务上的便利实施走私毒品行为应当从重处罚，而没有规定国家工作人员利用职务上的便利实施贩卖、运输、制造毒品行为从重处罚。这对于危害性相同、犯罪行为方式相似的两类犯罪行为而言，此种罪刑的区别设置并不符合罪刑均衡原则。

二、1990年《全国人民代表大会常务委员会关于禁毒的决定》颁布前的三次修补

自1979年刑法颁布后，毒品犯罪在我国蔓延速度并未减弱，而呈逐渐扩大之势，这超出了立法者的判断和预期。立法者原本认为毒品犯罪在我国是个别和零星的现象，不可能成为一种严重的社会问题，更不可能迅速发展和扩张。但是，毒品迅速蔓延的事实颠覆了立法者善良、简单的毒品形势判断，催生了修改毒品犯罪立法的必要性和急迫性。面对毒品犯罪扩大的趋势，立法者祭起了严刑峻罚惩治毒品犯罪的大旗，认为禁毒不力的根本原因在于刑罚过轻，特别是未能设置死刑，期望运用以死刑为代表的严刑峻罚和群众性禁毒运动在短期内实现毒品的禁绝。

（一）三次修补的内容及意义

1982年，第五届全国人民代表大会常务委员会第22次会议通过了《关于严惩严重破坏经济的罪犯的决定》，对1979年刑法第171条中的法定刑进行了增补，增加了情节特别严重的法定刑设置，规定：“制造、贩卖、运输毒品，情节特别

严重的，处十年以上有期徒刑、无期徒刑或者死刑，可以并处没收财产。国家工作人员利用职务犯前款所列罪行，情节严重的，按前款规定从重处罚。”

1987 年 1 月 22 日，第六届全国人民代表大会常务委员会第 19 次会议通过了《中华人民共和国海关法》，该法第 47 条规定：“逃避海关监管，有下列行为之一的，是走私罪：（一）运输、携带、邮寄国家禁止进出口的毒品、武器、伪造货币进出境的，以牟利、传播为目的运输、携带、邮寄淫秽物品进出境的，或者运输、携带、邮寄国家禁止出口的文物出境的；（二）以牟利为目的，运输、携带、邮寄除前项所列物品外的国家禁止进出口的其他物品、国家限制进出口或者依法应当缴纳关税的货物、物品进出境，数额较大的；（三）未经海关许可并补缴关税，擅自出售特准进口的保税货物、特定减税或者免税的货物，数额较大的。以武装掩护走私的，以暴力抗拒检查走私货物、物品的，不论数额大小，都是走私罪。犯走私罪的，由人民法院依法判处刑事处罚包括判处罚金，判处没收走私货物、物品、走私运输工具和违法所得。企业事业单位、国家机关、社会团体犯走私罪的，由司法机关对其主管人员和直接责任人员依法追究刑事责任；对该单位判处罚金，判处没收走私货物、物品、走私运输工具和违法所得。”

1988 年 1 月 21 日，第六届全国人民代表大会常务委员会第 24 次会议通过了《关于惩治走私罪的补充规定》，第 1 条规定：“走私鸦片等毒品、武器、弹药或者伪造的货币的，处七年以上有期徒刑，并处罚金或者没收财产；情节特别严重的，处无期徒刑或者死刑，并处没收财产；情节较轻的，处七年以下有期徒刑，并处罚金。”

三次修改尽管是部分条款的增补或修订，但是清晰地表达出立法者严密法网的决心，这种严密表现在三个方面：首先，提高法定刑设置，即把走私、运输、制造、贩卖毒品的行为最高法定刑全部提高至死刑。其次，把包括毒品走私在内的走私毒品罪的处罚范围扩大到单位，既惩罚单位犯罪，也惩罚自然人犯罪。最后，在制造、贩卖、运输毒品罪中，规定国家工作人员利用职务实施的，则从重处罚。这三次修改立足于 1979 年刑法关于毒品犯罪规定与严惩毒品犯罪之间的不够契合之处，在无法全面修改的前提下，在毒品犯罪的成立范围、量刑情节、处罚标准方面作了一定程度的明确，具有一定的积极意义。其一，在走私罪的具体行为方式中明确列举了逃避海关监管，运输、邮寄、携带毒品进出境的行为，这就使走私毒品的行为方式在法律中被明确和具体地规定，对于指导司法适用和一般预防功能的发挥具有重要意义。其二，在走私罪中规定了单位犯罪，并明确了单位的范围为企事业单位、国家机关、社会团体，规定了单位犯罪的双罚制，这就为利用单位实施毒品走私等犯罪行为的刑法适用提供了准确的立法依据。其三，通过对毒品走私等行为成立犯罪侧重数量或金额的标准的调整，规定了以武装掩护走私、以暴力抗拒检查两种行为方式，无论数额大小，均成立犯罪。这事实上是对社会危害性综合评定思想的贯彻，不再单纯依赖数量、数额等可量化的标准作为社会危害性判断标准。

（二）三次修改的不足之处

尽管三次修改具有一定的积极意义，但仍存在诸多不足之处。有些不足是1979年刑法的延续，在三次修改中并未涉及和调整，如毒品概念的模糊性和虚无性、毒品犯罪行为方式的单一化等。除此之外，三次修补的条文本身还存在下列缺陷：

1. 立法方式仍然过于粗放和概括，缺乏指导刑事司法的明确性

在三次修改中，规定了走私、制造、贩卖、运输毒品罪适用死刑的标准，即实施上述行为"情节特别严重"，也在走私罪中规定了"情节较轻"的处罚标准。问题在于，"情节严重"、"情节较轻"对于毒品犯罪这样的"无被害人犯罪"而言，很难把握其情节严重与否。因为毒品犯罪一般缺乏直接、相对的受害人，在可凭借经验、观察测定危害的范围内，无法评估和量定毒品犯罪情节是否严重，更不用说准确评估情节特别严重和情节较轻。在某种意义上，立法者只是出于立法的便利，在缺乏对毒品犯罪社会危害性的具体、理性认识的基础上，运用"情节特别严重"、"情节较轻"这样的在逻辑上正确、在经验上、规范上缺乏界限的标准作为毒品犯罪不同法定刑配置的依据。进一步而言，这也说明我国当时刑事立法指导思想过于扩张国家权力，忽视刑法明确性原则对公民自由的保障作用。

如有学者指出："我国刑法中随处可见的'情节严重'一词，其内涵和外延都极其含糊，它既可以是区分罪与非罪的界限，又可以是区分重罪与轻罪的界限，至于其含义是什么，完全在于司法工作人员的理解，而一般公民则无从理解。"[①] 笔者认为，对于故意杀人罪、故意伤害罪等实害犯而言，在我国目前条件下使用"情节严重"、"情节较轻"、"情节特别严重"等概括性表述作为法定刑升格条件，自有一定的合理性，因为这类犯罪不仅具有经验上的可观察性，也容易形成社会共识。而对于毒品犯罪这类危险犯而言，其危害性程度非但无法量定，更因为社会大众对于毒品的危害性认识缺乏或分歧而很难形成比较共同和一致的认识，自然无法通过社会一般人的共识对司法自由裁量权进行有效限制。因此，放弃对走私、贩卖、运输、制造毒品情节极其严重的具体情形的描述，"而以'情节严重'或'情节特别严重'概括。这种方式将使刑法的适用上获得较大弹性，不致遗

① 陈兴良：《刑法哲学》，中国政法大学出版社2000年版，第632页。

漏应当导致法定刑升格的情节，从而实现刑法正义，但相对地也会造成法律的不安定性”[①]。而刑法的安定性是刑法对公民自由保障功能的最重要体现，与刑法维持秩序的功能相比，刑法的自由保障功能正是我国所一直缺乏而需要进一步加强的。

2. 不正确地将制造、贩卖、运输毒品罪归类为经济犯罪

1982 年通过的《关于严惩严重破坏经济的罪犯的决定》将制造、贩卖、运输毒品罪归类为经济犯罪，并不妥当。如有学者指出，这种归类方式“不尽科学、不很贴切，带有应急处置、权宜之计的明显痕迹”。[②] 确如上述论者所言，制造、贩卖、运输毒品罪实在不能归类在经济犯罪之中，这也表现出立法者混同了毒品犯罪危害性的政治叙事、法益侵害性与生活经验之间的差异，用生活经验和政治叙事作为毒品犯罪归类的标准，导致了归类的错误。我国台湾学者林山田指出：“所谓经济犯罪乃指意图谋取不法利益，利用法律交往与经济交易所允许的经济活动方式，滥用经济秩序所赖以为存的诚实信用原则，违犯所有直接或间接规范经济活动之有关法令，而足以危害正常经济活动与干扰经济生活秩序，甚至于破坏整个经济结构的财产犯罪或图利犯罪。”[③]而制造、贩卖、运输毒品罪侵害的法益为不特定多数人的健康，或者说人民健康，实际上是一种危害公共安全的犯罪，与经济犯罪的侵害法益、行为方式均相差甚远，并不适合归类为经济犯罪。[④]把制造、贩卖、运输毒品行为通常具有的牟利性作为识别其为经济犯罪的标准或依据，实际上并不具有理论上的正当性和逻辑上的一致性。

第二节　1990 年《全国人民代表大会常务委员会关于禁毒的决定》

20 世纪 80 年代中后期，我国毒品犯罪不断扩张、深入，也带来了立法者未曾预料到的新问题和新现象，这就凸显了当时禁毒刑事立法的不足，兼之严峻的禁毒形势迫切需要刑法的全面介入。在此情况下，一方面立足于更加全面、综合运用刑罚手段打击毒品犯罪的要求，另一方面也出于积极履行我国于 1989 年批

---

① 张明楷：《刑法分则的解释原理》，中国人民大学出版社 2004 年版，第 241 页。

② 崔敏：《毒品犯罪发展趋势与遏制对策》，警官教育出版社 1999 年版，第 310 页。

③ 林山田：《经济犯罪与经济刑法》，三民书局 1981 年版，第 12 页。

④ 我国 1997 年刑法尽管纠正了毒品犯罪为经济犯罪的错误，但又错误地把毒品犯罪归类为妨害社会管理秩序的犯罪。关于这个问题的深入论证见后文。

准的1988年《联合国禁止非法贩运麻醉药品和精神药物公约》的考虑，1990年12月28日，第七届全国人民代表大会常务委员会第17次会议通过了《全国人民代表大会常务委员会关于禁毒的决定》(以下简称《决定》)，以特别刑法的立法形式对于毒品犯罪的定罪量刑作出了比较详细、全面的规定。如有学者所指出的："该决定吸收了国内外有关禁毒立法中的合理做法，从满足我国打击毒品犯罪的实际需要出发，系统、全面地规定了毒品犯罪的种类及其处罚标准，是新中国第一部详细规定毒品犯罪及其刑罚的单行刑事法律，为司法实践坚决惩治毒品犯罪提供了切实的法律保障。"①

一、《决定》出台的迫切性

(一) 1979年刑法已不能适应打击毒品犯罪的现实需要

尽管1979年刑法关于毒品犯罪的规定经过三次不同角度的修补，在法定刑设置、行为方式明确等方面有一定的进步，但是与全面、严厉打击毒品犯罪的迫切需要相比，仍然存在诸多不足之处，折射到刑法的解释和司法适用上主要有以下问题：毒品犯罪的原有刑事立法中量刑幅度过于宽泛，且没有具体的量化标准，在实践中很难操作和把握，容易出现定罪与量刑的宽严不等；对于多次走私、贩卖、运输、制造毒品的，没有法律依据累计计算，如果仅以每次查获的数量，可能数量较小，达不到判刑的实际标准；对于没有证据证明查获的毒品属于走私、贩卖、制造、运输的，即使查获毒品数量很大，也无法定罪量刑；对于走私用于制造毒品的特殊化学制剂和药品，如醋酸酐、乙醚、三氯甲烷等制造海洛因不可或缺的制剂，因为没有禁止性的刑法规范，查获后无法定罪；对于非法种植罂粟等毒品原植物的行为也无法定罪处罚，因为原有刑事立法没有规定，只是在原《治安管理处罚条例》中规定："违反政府规定种植罂粟等毒品原植物的，给予治安管理处罚，构成犯罪的，依法追究刑事责任"。但是并没有刑法规范适用于非法种植毒品原植物的行为，实际上只能对其进行行政处罚；对于从境外向我国贩运毒品的，对于境外的毒品犯罪分子没有明确的管辖规定。②

上述问题集中体现了我国20世纪90年代以前的禁毒刑事立法对于毒品犯罪认识的局限性，把打击重点限定为毒品的典型供应行为，未能掌握毒品从制造到最终吸食整个过程的传播机制，也未能形成综合、全过程控制的毒品犯罪刑事规制理念。因此，"对于违反毒品管制方面的犯罪(非法持有毒品、种植

---

① 赵秉志：《毒品犯罪研究》，中国人民大学出版社1993年版，第56—57页。
② 崔敏：《毒品犯罪发展趋势与遏制对策》，警官教育出版社1999年版，第310—311页。

毒品)、滥用毒品方面的犯罪(引诱、教唆、强迫、欺骗他人吸食毒品等)以及帮助毒品犯罪分子逃避打击方面的犯罪(包庇毒犯、窝藏毒品)仍然难以适用或无法适用”。[①]

(二) 配套、落实《联合国禁止非法贩运麻醉药品和精神药物公约》的需要

1989 年 9 月 4 日,第七届全国人民代表大会常务委员会批准 1988 年《联合国禁止非法贩运麻醉药品和精神药物公约》,该公约要求各缔约国在毒品犯罪的范围、管辖、没收、引渡、相互法律协助等方面依据公约的内容完善国内刑事立法或进行积极实施。而该公约中规定的很多内容在我国国内法中并没有体现,这就需要我国加快立法进度,依据公约要求完善毒品犯罪相关立法。因此,我国在批准 1988 年《联合国禁止非法贩运麻醉药品和精神药物公约》一年多之后,即按照该公约的精神和主要内容,并结合我国禁毒的现实情况,颁布了《全国人民代表大会常务委员会关于禁毒的决定》。所以,从某种意义上说,《联合国禁止非法贩运麻醉药品和精神药物公约》也催生和加快了《决定》的制定和颁布,并为《决定》提供了比较翔实的立法范围和依据。

《联合国禁止非法贩运麻醉药品和精神药物公约》(以下简称《公约》)关于禁毒刑事立法的主要内容包括两个方面:

(1) 实体性规范

《公约》从毒品的生产到最终消费过程的运行规律和运行特点出发,对于这个过程中的相关行为方式以及有助于上述行为完成的行为,均要求各缔约国作为犯罪进行规制,并非常详细地列举了毒品犯罪的各种行为方式。《公约》规定的毒品犯罪主要行为方式包括:其一,加工、流通型毒品犯罪,如生产、制造、提炼、配制、提供、兜售、分销、出售、以任何条件交付、经纪、发送、过境发送、运输、进出口任何麻醉药品和精神药品的行为。其二,组织、帮助、使用型毒品犯罪,如非法制造、运输、贩卖易制毒物品、非法持有毒品、吸食毒品、非法持有易制毒物品和设备、隐瞒、掩饰、窝藏、非法获取、占有、使用毒品犯罪所得的行为等。此外,《公约》还特别规定了对于毒品犯罪的建议制裁措施,即以自由刑、罚金、没收为主,辅之以治疗、教育、善后护理、康复等矫治措施。

值得一提的是,《公约》具体列明了毒品犯罪的八种严重情形,要求缔约国对具有这八种严重情形的毒品犯罪进行严惩,并严格控制提前释放或假释的适用。这八种情形为:罪犯所属的有组织的犯罪集团涉及该项犯罪;罪犯涉及其他国际上有组织的犯罪活动;罪犯涉及由此项犯罪所便利的其他非法活动;罪犯使用

---

① 邱创教:《惩治毒品犯罪理论与实践》,中国政法大学出版社 1993 年版,第 41 页。

暴力或武器；罪犯在担任公职，且其所犯罪行与该公职有关；危害或利用未成年人；犯罪发生在监禁管教场所、教育机构、社会服务场所，或在紧邻这些场所的地方，或在学童和学生进行教育、体育和社会活动的其他地方；以前在国外或国内曾被定罪，特别是类似的犯罪。

从《公约》关于毒品犯罪的范围和制裁规定来看，具有三个鲜明的特点：其一，毒品犯罪范围非常广泛、全面。《公约》所规定的毒品犯罪涵盖了毒品种植、生产、流通、使用的各个环节，还包括了组织、帮助行为以及上下游犯罪。其二，区分严重毒品犯罪与普通毒品犯罪，并对缔约国提出不同的义务。《公约》规定，属于《公约》第三条第1款中所列举的故意行为都属于“严重性质”的毒品犯罪，缔约国必须无条件地把这些行为作为国内法中的刑事犯罪；《公约》第三条第2款规定了故意占有、购买、种植毒品以供个人消费的行为，这些行为与严重毒品犯罪相比，社会危害性较小，建议缔约国在不违背其宪法原则和法律制度基本概念的前提下，将其确定为刑事犯罪。[①] 其三，注重刑罚与矫治的结合。一方面规定自由刑、财产刑等刑罚确保刑罚的威慑、一般预防功能实现，另一方面则注重针对犯罪行为人的个人特点进行矫治，以期实现刑罚特殊预防的目的，并从根本上减少毒品犯罪的累犯和再犯现象。

（2）程序性规范

除实体性规范外，《公约》还规定了追诉、打击毒品犯罪相关的普遍管辖权、引渡、国际刑事司法协助等内容。首先，规定了全面的刑事管辖权。《公约》规定了各缔约国可以根据属地管辖原则、属人管辖原则、保护原则对于毒品犯罪进行管辖外，还规定了毒品犯罪的普遍管辖权。易言之，对于毒品犯罪，缔约国均可依据其国内法确立的任何刑事管辖权进行管辖，这在事实上就是普遍管辖权。其次，《公约》对毒品犯罪的引渡作了非常翔实、具体的规定，具体包括引渡的根据、规则、拒绝、保证、执行等内容。如有学者指出的：“总体来看，公约有关毒品犯罪引渡问题的规定是较为详备的，较国际公约对其他国际犯罪有关引渡方面的规定更为完善、科学，为各缔约国和其他国家进行对毒品犯罪罪犯的引渡提供了依据和具体操作规范。特别是其中的‘或引渡或起诉’制度，公约的规定有别于其他国际犯罪，对于其他犯罪不引渡必须起诉是没有例外的，而对于毒品犯罪则由于为了保留某些国家的合法管辖权，对或引渡或起诉原则作了某些例外规定。例如，引渡规则和拒绝引渡的规定，在某些情况下，当事国即可以本国规定或防止任何人受损害为理由拒绝引渡，而这些理由有时又未必是本乎原意的。

① 王凌：《国际禁毒公约与我国禁毒刑事立法的发展完善》，《政法学刊》1996年第1期。

‘死刑不引渡’原则是各国普遍接受的一项重要引渡制度，毒品犯罪的严重社会危害性使得许多国家都对其规定了包括死刑在内的较重刑罚，这也为被请求国以‘死刑不引渡’为由拒绝引渡大开方便之门，从而在一定程度上妨碍了对毒品犯罪的有力惩治。由于国际刑法的执行模式在目前仍以间接执行模式为主，因而就要求各国在国际公约的指导下就引渡制度达成基本一致意见，以便减少引渡执行过程中的冲突，避免因各国规定和对同一问题的不同理解而影响引渡的顺利进行。”[①]最后，《公约》要求各缔约国在毒品犯罪的调查、起诉和司法程序中相互提供最广泛的法律协助，如获取证据或个人证言、送达司法文件、执行搜查及扣押、检查物品和现场、提供情报和证物、提供有关文件及记录的原件或经证明的副本、识别或追查收益、财产、工具、其他物品。为了保障国际禁毒法律协助和合作的实现，《公约》规定了法律协助的具体程序和合作培训的方式等内容。

二、《决定》的主要特点

《决定》的出台一方面是对改革开放十年来禁毒刑事立法和禁毒刑事司法经验和教训的总结，另一方面也是落实《联合国禁止非法贩运麻醉药品和精神药物公约》的积极步骤。因此，《决定》的内容既体现了严刑峻罚、从重从快的刑事政策，另一方面也结合《公约》进行了诸多颇具前瞻性和科学性的立法尝试。具体而言，《决定》具有以下几个方面的特点：

（一）毒品犯罪的罪名和行为方式的大幅扩充

在《决定》颁布之前，我国关于毒品犯罪的罪名严格意义上讲只有制造、贩卖、运输毒品罪，因为走私毒品行为只是走私罪的一种行为方式，很难说是一个独立的罪名。而《决定》则大幅度扩充了毒品犯罪的罪名和行为方式，包含了经营型毒品犯罪，包庇、窝藏、持有型毒品犯罪，诱使、迫使、帮助他人吸食、注射毒品的犯罪。其中，经营型毒品犯罪包括走私、贩卖、运输、制造毒品罪，非法运输、携带制毒物品进出境罪，非法种植毒品原植物罪；包庇、窝藏、持有型的毒品犯罪包括包庇毒品犯罪分子罪，窝藏毒品罪，窝藏毒品犯罪所得财物罪，掩饰、隐瞒出售毒品获得财物的非法性质和来源罪，非法持有毒品罪；诱使、迫使、帮助他人吸食、注射毒品的犯罪包括引诱、教唆、欺骗他人吸食、注射毒品罪，强迫他人吸食、注射毒品罪，非法提供毒品罪。这些罪名的设置和扩充与《公约》要求是基本一致的，基本涵盖了毒品的产生、流通整个过程，使绝大多数毒品关联行为处于刑法的规制之下。因此，正如有学者所言：“这样，一方面充实了我国禁毒法的内

---

① 张旭、刘芳：《国际禁毒立法研究》，《法制与社会发展》2000年第2期。

容，使之趋于全面、系统；另一方面，加大了禁毒法对毒品犯罪控制和惩治的广度和力度。《决定》所确立的有关毒品的罪名体系，基本上体现了国际禁毒公约的有关内容。从国际刑法与国内刑法的关系来看，我国禁毒法对毒品犯罪罪名设置的全面性和系统性，为我国刑事司法系统切实、全面地履行国际禁毒公约所赋予的权利和义务提供了国内法上的依据。"①

（二）量刑标准的明确化

《决定》最突出的特点在于规定了比较详细、具体的毒品犯罪法定刑设置和量刑情节，以解决司法实践中对毒品犯罪适用刑罚不一致的现实问题。具体而言：

1. 基本明确了走私、贩卖、运输、制造毒品罪的量刑标准

走私、贩卖、运输、制造毒品罪不仅是最严重的毒品犯罪，也是最经常发生的毒品犯罪，在《决定》颁布之前，我国并没有对其规定很明确和具体的量刑情节，而使用了"情节较轻"、"情节特别严重"等含混、模糊的表述作为法定刑设置的情节，这明显不利于司法机关平等适用刑罚。因此，《决定》第2条规定："走私、贩卖、运输、制造毒品，有下列情形之一的，处15年有期徒刑、无期徒刑或者死刑，并处没收财产：(1) 走私、贩卖、运输、制造鸦片1 000克以上，海洛因50克以上或者其他毒品数量大的；(2) 走私、贩卖、运输、制造毒品集团的首要分子；(3) 武装走私、贩卖、运输、制造毒品的；(4) 以暴力抗拒检查、拘留、逮捕，情节严重的；(5) 参与有组织的国际贩毒活动的。"同时，还对于走私、贩卖、运输、制造毒品适用七年以上有期徒刑和七年以下有期徒刑的量刑标准作了规定，并主要把毒品数量作为量刑情节。因为，毒品的数量标准是一种事实构成要件要素，在适用和解释上具有明确性，不至于产生司法适用的混乱，有助于保障毒品犯罪适用刑罚的平等性实现。

2. 对其他毒品犯罪的量刑标准也作了一定程度的明确

为了规范定罪量刑，《决定》还对其他毒品犯罪的量刑标准作了一定程度的明确。如《决定》第三条规定了非法持有毒品罪的量刑标准，对于非法持有鸦片1 000克以上、海洛因50克以上或者其他毒品数量大的，处7年以上有期徒刑或处无期徒刑；对于非法持有鸦片200克以上不到1 000克，海洛因10克以上不满50克或者其他毒品数量较大的，处7年以下有期徒刑、拘役或者管制，可以并处罚金。《决定》第六条则规定了非法种植毒品原植物罪的量刑标准，对于种植罂粟500株以上不满3 000株或者其他毒品原植物数量较大的、经公安机关处

① 王凌：《国际禁毒公约与我国禁毒刑事立法的发展完善》，《政法学刊》1996年第1期。

理后又种植的、抗拒铲除等三种情形规定了 5 年以下有期徒刑、拘役或者管制，对非法种植罂粟 3 000 株以上或者其他毒品原植物数量大的规定了 5 年以上有期徒刑，并处罚金或者没收财产。

3. 列明了毒品犯罪的从重、从轻量刑情节

《决定》还列举了毒品犯罪中几种典型的从重、从轻情节。如为了更加周延地保护未成年人免受毒品的危害，《决定》第二条规定："利用、教唆未成年人走私、贩卖、运输、制造毒品的，从重处罚。"《决定》第七条规定："引诱、教唆、欺骗、强迫未成年人吸食、注射毒品的，从重处罚。"《决定》还将国家工作人员所实施的毒品犯罪规定为不真正身份犯，进行从重处罚，以期截断毒品犯罪对国家权力的侵袭和渗透。同时，为分化、瓦解毒品犯罪，节省司法资源，《决定》第十四条也规定了从轻量刑情节，对于有检举、揭发其他毒品犯罪立功表现的毒品犯罪分子，规定可以从轻、减轻处罚或者免除处罚。

此外，《决定》为从严打击毒品犯罪的再犯和累犯，对毒品犯罪形成高压态势，确立了毒品犯罪的特殊累犯构成制度，规定："因走私、贩卖、运输、非法持有毒品罪被判过刑，又犯本决定规定之罪的，从重处罚。"这意味着毒品犯罪的累犯构成不同于一般累犯，不需要考虑前罪的刑罚种类，也不需要考虑前、后罪的间隔时间，只要曾经因为走私、贩卖、运输、非法持有毒品罪被判过刑罚，哪怕是管制等刑罚，又犯毒品犯罪的，均成立累犯，应当从重处罚。

(三) 毒品概念的具体化

毒品犯罪作为一种法定犯，其惩罚依据与毒品的性质和危害有着密切的联系。但是，自 1979 年刑法以来，对于毒品的界定却总是犹抱琵琶，一直没有一个很具体和明确的界定，直至《决定》第一条对毒品界定的出现，才在立法层面对于毒品的大致边界进行了基本科学的勾勒，初步建构起了毒品的内涵和外延。具体而言，《决定》第一条规定："本决定所称的毒品是指鸦片、海洛因、吗啡、大麻、可卡因以及国务院规定管制的其他能够使人形成瘾癖的麻醉药品和精神药品。"这个毒品概念采取了列举与概括并举的界定方式，首先列明司法实践中最常见的毒品，即鸦片、海洛因、吗啡、大麻、可卡因五种毒品。其次，为了实现立法的前瞻性和科学性，规定"国务院规定管制的其他能够使人形成瘾癖的麻醉药品和精神药品"也属于毒品。从《决定》的规定来看，除《决定》明确列举的五种毒品之外，其他毒品需要有两个特点：

1. 上瘾性

上瘾性是毒品的自然属性，也是毒品之所以进入刑法学视野的物质原因。所谓上瘾性，即使用者对于毒品的依赖性，这种依赖可区分为精神依赖和身体依

赖，就精神依赖而言，凡能够引起令人愉快意识状态的任何药物即可引起精神依赖性，精神依赖者为得到欣快感而不得不定期或连续使用某种药物。而身体依赖性则表现为，当药物的摄取量减少或中断后，会出现难受与异常的身体症状，需要继续摄取药物以应对并改善这种身体症状。当身体依赖产生后，如果不能持续、定期使用毒品，则会产生戒断症状，一般在毒品使用后10多个小时就开始出现症状，如不安、食欲不振、呕吐、恶心、不眠、血压变化、心悸亢进等，严重的戒断症状表现为对毒品的强烈渴求和极度痛苦。①

2. 法定性

《决定》所规定的毒品，除在物质属性上有上瘾性之外，还需要具有法定性，也即必须是属于国务院规定管制的麻醉药品和精神药品。在《决定》颁布之前，我国已于1987年和1988年先后由国务院发布了《麻醉药品管理办法》与《精神药品管理办法》，这两个办法也成为界定毒品的重要依据。其中，1987年11月28日发布的《麻醉药品管理办法》第三条明确指出："麻醉药品包括：阿片类、可卡因类、大麻类、合成麻醉药类及卫生部指定的其他易成瘾癖的药品、药用原植物及其制品。"1988年12月27日发布的《精神药品管理办法》则根据精神药品使人体产生的依赖性和危害人体健康的程度，把精神药品区分为第一类精神药品和第二类精神药品。因此，《决定》所指的毒品，应当由国务院发布的《麻醉药品管理办法》和《精神药品管理办法》具体规定。

三、《决定》的缺陷与不足

《决定》尽管在毒品犯罪罪名、范围、量刑情节、刑罚设置等方面与之前的毒品刑事立法相比有了长足的进步，但仍然存在如下缺陷与不足：

(一) 毒品的界定仍然有待完善

《决定》中所列的五种常见毒品具有一定的典型性，但是并不完全符合我国当时毒品的蔓延、传播实际情况。自20世纪80年代中后期以来，以冰毒为代表的苯丙胺类毒品在我国领域内迅速传播，其危害性和传播范围迅速超过了可卡因和大麻。正因为立法者缺乏对苯丙胺类毒品在我国的吸食、滥用、制造等形势的全面把握和预期，导致了冰毒类的苯丙胺毒品并未在毒品的立法界定中清晰列举，这在一定程度上对司法机关和社会大众形成了一种错误的导向，即冰毒类的毒品问题在我国并不严重，或者说冰毒类毒品危害性不如明确列举出的五种毒品。而这种立法者的疏忽就给冰毒等苯丙胺毒品在我国的传播提供了比较宽

① 高巍：《贩卖毒品罪研究》，中国人民公安大学出版社2007年版，第6—7页。

松的空间，因为冰毒类的毒品不仅在危害性宣传和认识上不够明确，且《决定》也未规定明确的定罪量刑标准，使司法机关在打击冰毒等毒品犯罪时不能形成统一的认识，在打击的强度、范围上不及鸦片、海洛因等毒品，在某种程度上导致了冰毒等苯丙胺类毒品在我国迅速蔓延。

从立法技术上来看，《决定》作为一种特别刑法，也应当受到刑法基本原则和基本精神的制约。而《决定》对于典型毒品之外的毒品界定，则采取了授权型立法，事实上把其他毒品的界定授权交由最高行政机关行使。这种立法模式是否具有合理性值得商榷。因为毒品犯罪是一种非常严重的犯罪行为，立法者对其规定了非常严峻的刑罚，而一种毒品是否为毒品的界定直接关系到毒品犯罪是否成立，关系到此罪与彼罪的认定，甚至关系到死刑的适用与否。申言之，规定和识别一种物质是否属于毒品，是确定与该物质相关的行为是否为犯罪行为的重要前提。从国家权力的分工来看，确定一种行为是否为犯罪的权力应当属于国家的最高立法机关，不应当交由行政权力行使。从这个意义上说，《决定》把其他毒品的界定权力委诸国务院行使，与刑事立法权的独立性和专属性多有背离之处。还有学者甚至认为，《决定》中所规定的"国务院规定管制的"还包括国务院所属的部门的规定，论者指出："所谓国务院规定的管制，包括国务院制定的有关法规规定管制和国务院制定部门制定的有关法规规定管制的两种情况。"这就进一步使刑事立法权沦为行政部门的行政权，使刑法的效力处于部门规章相类似的地位，不利于保障刑事立法权的权威性，更不利于社会主义法治的推进。

从国外立法例及我国台湾等地区的相关规定来看，毒品的范围和种类均是由刑事立法进行明确规定，鲜有委托行政权力规定的实例。如美国于1970年颁布的《管制物质法》(CSA)即依据毒品滥用性的程度、安全性和医用可能性将毒品分为五个等级，用表格将其明确规定下来。其中，第一级的毒品指具有高度的易滥用性、在现代条件下不具有医学价值、在医生的监管下使用也缺乏安全保障的物质。主要包括海洛因(Heroin)、安眠酮(Methaqualone)、LSD、Hashish(以印度大麻为原料提取的一种麻药)等。第二级毒品指具有高度的易滥用性、在严格的限制下可用于医学治疗、滥用可导致严重的精神和生理依赖的物质。包括可卡因(Cocaine)、苯环己哌啶(Phencyclidine)等。第三级毒品指与第一级第二级毒品相比具有较低的易滥用性、在美国现代条件下具有医学价值、滥用可导致中等程度的身体依赖和高度的精神依赖的物质。如鸦片(Opium)、吗啡(Morphine)、可待因(Codeine)等。第四级毒品指与第三级毒品相比具有更低的易滥用性、在美国现代条件下具有医学价值、滥用可导致比第三级毒品更有限的身体依赖和精神依赖的物质。如水合氯醛(Chloral Hydrate)等。第五级毒品指与第四级毒品相比具有更低的易滥用性、具有医学价值、滥用会导致比第四级毒品更有限的身体依赖与精神依赖的物质。[①] 我国台湾地区也采取了类似的规定方式，1998 年 5 月 20 日颁布的《毒品危害防制条例》第二条具体界定了毒品的概念和范围："本条例所称毒品，指具成瘾性、滥用性及对社会危害性之麻醉药品与其制品及影响精神物质与其制品。"并在同条第二款依据毒品的成瘾性(addiction potential)、滥用性(abuse liability)及对社会危害性(social liability)把毒品分为一、二、三级。第一级毒品包括海洛因、吗啡、鸦片、古柯碱及其相类制品；第二级毒品包括罂粟、古柯、大麻、安非他命、配西汀、潘他唑新及其相类制品。第三级毒品包括西可巴比妥、异戊巴比妥、那洛芬以及其相类制品。[②] 最后，在《毒品危害防制条例》的附件中将各级毒品之名称与学名全部罗列。

因此，我国《决定》中关于毒品的界定方式无论是从毒品滥用与蔓延的实际情况还是刑事立法原则和技术层面来看，均存在不同程度的缺陷，具有进一步完善的必要。

(二) 毒品犯罪的范围和种类仍有扩充的空间

《决定》第五条规定了非法携带、运输易制毒物品进出境罪，但没有规定在国内范围运输、买卖易制毒物品为犯罪行为，这就使境内易制毒物品的流通、交易行为无法运用刑法予以规制。因为在国境内的流通和交易行为在实质危害性上与易制毒物品的进出境行为并无显著差异，有学者尝试通过扩大毒品的范围，把易制毒物品解释为毒品对国境内的交易、运输等行为进行惩罚。该论者认为，毒品不仅指已制成品，还应当包括毒品原植物和醋酸酐等用于制造毒品的易制毒物品。[③] 这种观点很明显是超越立法的类推解释，既不符合立法者的立法原义，也破坏了毒品犯罪的罪刑均衡和体系完整。因为，从立法者的立法原意来看，毒品是实质上具有上瘾性的麻醉药品和精神药品，不应当包括制造麻醉药品和精神药品的其他物品或物质。此外，倘若把易制毒物品作为毒品的话，就会导致《决定》适用上的混乱。一方面，携带易制毒物品进出境究竟应该适用走私毒品罪还是携带、运输易制毒物品进出境罪呢？另一方面，在国境内的易制毒物品的交易、运输行为作为贩卖毒品、运输毒品罪处罚的话，明显高于携带、运输易制毒

---

① Charles R. Swanson, Neil C. Chamelin and Leonard Territo. Criminal Investigation[M]. New York: McGraw-Hill Companies, 1996: 693 - 697.

② 元照出版公司：《刑事特别法：特别刑法篇》，元照出版公司 2000 年版，第 175 页。该法于 2003 年再次修正，在既有的三级毒品之外，再增列第四级毒品，把青少年常用的摇头丸、K 他命、FM2 等药物以及堕胎药 RU486 列入第四级毒品加以管制。参见王皇玉：《论贩卖毒品罪》，《政大法学评论》第 84 期，第 232 页脚注。

③ 甘桂平：《毒品犯罪问题浅谈》，《法律科学》1991 年第 5 期。

物品进出境罪的法定刑设置，这会导致罪刑不均衡。从刑法的安定性角度来看，立法者的疏忽不应当成为类推解释发动的理由，而应当由立法者进行完善，在立法完善之前不应当作为犯罪处理。除了贩卖、运输易制毒物品行为有待立法予以规制外，根据《联合国禁止非法贩运麻醉药品和精神药物公约》的要求，明知其用途为非法种植、制造毒品，而运输、制造或销售有关设备和材料的行为也应当作为犯罪进行规制，而《决定》并没有明确规定。

（三）部分毒品犯罪的犯罪构成规定方式不够明确

规定罪名的刑事立法重点在于准确、科学描述、规定各个罪名的犯罪构成要件，特别是行为方式、主观心态方面。但是，《决定》中所规定的部分毒品犯罪的行为方式并不明确，在内涵和外延上多有模糊含混之处，这就使司法机关和社会大众对于毒品犯罪的罪与非罪、此罪与彼罪之间的界限很难把握。

如《决定》第二条关于走私、贩卖、运输、制造毒品罪的规定，只规定了构成毒品犯罪的数量上限，而未规定走私、贩卖、运输、制造毒品罪的数量下限。这就提出了一个问题，究竟走私、贩卖、运输、制造不同毒品需要多大的数量，才应当成立犯罪呢？如果认为法律没有规定走私、贩卖、运输、制造毒品的成立犯罪需要的最小数量，意味着无论数量多少都成立犯罪的话，又和《决定》第二条第三款“走私、贩卖、运输、制造鸦片不满 200 克、海洛因不满 10 克或者其他少量毒品的，处 7 年以下有期徒刑、拘役或者管制，并处罚金”的规定存在矛盾。因为，“少量毒品”通常是指有一定数量的毒品，不同于“无论数量多少”。而且，我国地域广阔，不同地区毒品犯罪形势不尽相同，如果没有明确的定罪数量下限规定，则不可避免会导致刑罚适用不平等和不均衡现象。此外，应当根据不同毒品种类的不同危害，而建立不同的数量标准，作为成立犯罪和适用刑罚的标准。

《决定》第五条规定的非法携带、运输易制毒物品出入境罪也未规定成立犯罪的数量标准，反而用“数量大”作为法定加重情形，用“数量较小”作为出罪情节，这种立法模式事实上并未能够提供一个清晰、明确的司法适用标准。此外，《决定》所规定的引诱、教唆、欺骗他人吸食、注射毒品罪，容留他人吸食、注射毒品罪，提供毒品罪等均没有规定构成犯罪的毒品数量标准，甚至连“数量较大”这样模糊的表述都未进行规定，这也导致了司法适用中对于这些罪名存在很大的偏差，在一些地区甚至存在事实上不予以适用的情形，不利于遏制和打击毒品犯罪。

（四）量刑依据和标准不够具体、科学

毒品犯罪作为一种危害人民健康的犯罪，其本质在于创设了一种被法所禁止的对人民健康的危险。因此，对于健康的危险主要体现在毒品的数量和种类上，这就使毒品的种类和数量成为重要的量刑情节。如有学者所指出的："对毒品犯罪适用刑罚时，首先要考虑是何种毒品，这种毒品对人体的危害程度。……毒品犯罪是一种危害人民健康的犯罪，它的危害性大小，在一定程度上取决于毒品数量的多少，毒品数量大，损害多人健康，造成危害严重，反之，造成的危害相对小。因而毒品数量对毒品犯罪案件适用刑罚起着至关重要的作用，它不仅是区分某些毒品犯罪如非法持有毒品的罪与非罪的界限，而且起着适用不同刑罚的标准作用。"①《决定》基本上是把毒品的种类和数量作为重要的量刑标准，但并未具体、全面、科学设置，且忽视了其他量刑情节作为毒品犯罪量刑标准的作用。

1. 毒品的种类和数量

《决定》有选择地规定了鸦片与海洛因的不同量刑标准，在适用同一法定刑时，鸦片与海洛因的数量比为 20∶1，即是说立法者认为在相同数量情形下，海洛因的危害程度大致是鸦片的 20 倍。但是《决定》未对其他毒品的危害性标准和比例作出明确规定，比如吗啡与鸦片、海洛因之间的比例，还有大麻、可卡因、冰毒等毒品危害性标准和比例也没有规定。这就导致在量刑时很难把握和统一。如一个行为人贩卖海洛因 40 克、冰毒 20 克、大麻 500 克，应当如何确定法定刑？依据《决定》的规定，无法明确选择适用 50 克海洛因以上的法定刑还是 50 克以下的法定刑，更不用说确定了法定刑后如何在法定刑幅度内确定具体刑期。因此，在司法实践中，人民法院事实上成为不同种类毒品危害性和折算比例的评价者，但是，法院与法官进行这种评价并不适合。

因为，毒品的折算标准有赖于自然科学对于不同毒品种类作用于人体的机制的研究成果，也有赖于不同种类毒品的流通渠道、市面价格等诸因素。立法者应该在一般原则的基础上建构毒品折算的具体标准，限制法官的自由裁量权。确定毒品的折算标准从形式上看似乎是法官的自由裁量权的范围，因为法律对于很多毒品没有明确规定折算标准。但实际上，这种折算的建构不同于一般犯罪中从重情节和加重情节及减轻情节等的把握，可以依赖法官凭借大众的法感情和司法经验予以合理确定。如杀人罪中的减轻情节。法官可以依据一般人的认识和法感情进行判断，这种判断纯粹是社会大众标准为基础的价值判断。而毒品折算的标准则无法建立在社会大众的认识和法感情基础上，而更多依赖自然科学的专业知识和立法者在对于整个毒品犯罪宏观态势把握基础上的全局性考察。所以说，将不同种类毒品的折算委诸法官的自由裁量似乎脱离了科学建

① 赵秉志：《毒品犯罪研究》，中国人民大学出版社 1993 年版，第 56—57 页。

构折算标准的路径，且缺乏现实的可操作性。[①]

同样，《决定》也未对其他毒品适用不同法定刑的数量作明确规定。以大麻和吗啡为例，贩卖50克吗啡的法定刑配置究竟为何？贩卖50克的大麻又应当如何选择法定刑幅度？还有贩卖多少克以上的大麻和吗啡可以达到15年有期徒刑、无期徒刑和死刑？这些问题都无法在《决定》中找到答案，也折射出《决定》在毒品数量与量刑关系上的不够明确、具体的现实。

2. 其他量刑情节

《决定》规定了走私、贩卖、运输、制造毒品罪中的几种法定加重量刑情节，包括毒品数量大；贩毒集团的首要分子；武装走私、贩卖、运输、制造毒品；以暴力抗拒检查、拘留、逮捕的，情节严重的；参与有组织的国际贩毒活动的，并在其他毒品犯罪中规定了针对未成年人犯罪、国家工作人员犯罪的法定从重情节。但是，上述法定量刑情节与《联合国禁止非法贩运麻醉药品和精神药物公约》的要求相比，还存在有待完善和修订之处。如有学者指出，《公约》第三条第5款将该条第1款所确定的毒品犯罪构成特别严重犯罪的事实情况具体规定为八种，要求缔约国应确保其法院和拥有管辖权的其他主管当局在处理有关毒品犯罪案件能够考虑这些特别严重犯罪的事实情况。《决定》第二、七、十一条中对这些情形有了一定程度的体现，但是并没有能反映出公约的全部有关内容和精神。因此，依然存在两个方面的缺陷：(1) 公约的一些款项的内容没有得到反映。这些内容包括：公约第三条第5款(b) 罪犯涉及其他国际上有组织的犯罪活动；(c) 罪犯涉及由此项犯罪所便利的其他非法活动；(g) 犯罪发生在监禁管教场所，或教育机构或社会服务场所，或在紧邻这些场所的地方，或在学童和学生进行教育、体育和社会活动的其他地方。这些疏漏的内容，应在禁毒刑事立法修订中加以弥补。(2) 个别条文未能准确地反映公约的有关精神。如公约第三条和第5款(e) 项规定的特别严重的犯罪情节是："罪犯担任公职，且其所犯罪行与该公职有关。"这句话包含两层含义：① 实施毒品犯罪者是公职人员；② (公职人员)所实施的毒品犯罪行为与其职务有关。实质上，这里所要强调的就是公职人员利用职务之便实施的毒品犯罪行为。如果公职人员没有利用职务之便，其所实施的毒品犯罪行为与该公职无关，那么，这种行为与其他非公职人员所实施的相同的毒品犯罪行为相比，两者所造成的社会危害性并不见得有多大的差别。只有公职人员利用职务之便，实施了有关的毒品犯罪行为，其社会危害性才比非公职人员所实施的相同的行为所造成的社会危害性要大。因此，必须对公职人员利用职务

① 高巍：《贩卖毒品罪研究》，中国人民公安大学出版社2007年版，第115页。

之便所实施的有关的毒品犯罪行为实行更为严厉的处罚。这就是公约中该项规定的要旨。《决定》第十二条只简单地规定:"国家工作人员犯本决定规定之罪的,从重处罚。"这一规定的缺陷在于:它并未区分国家工作人员利用职务之便与不利用职务之便所实施的毒品犯罪,而这两种情况下实施的毒品犯罪行为的社会危害性显然存在着很大的差别。[①]

第三节　1997年《中华人民共和国刑法》关于毒品犯罪的规定

1997年,我国对《刑法》进行了比较全面的修订,并设专节规定了毒品犯罪,在整体吸纳了《关于禁毒的决定》的内容基础上,对《关于禁毒的决定》中的部分内容作出了调整和完善。

一、1997年《刑法》对《关于禁毒的决定》的完善和修订

1997年《刑法》基本继承、吸收了《关于禁毒的决定》的内容,在刑法分则第六章第七节规定了十二种毒品犯罪罪名。具体包括:刑法第347条的走私、贩卖、运输、制造毒品罪;刑法第348条的非法持有毒品罪;刑法第349条的包庇毒品犯罪分子罪和窝藏、转移、隐瞒毒品、毒赃罪;刑法第350条的走私制毒物品罪和非法买卖制毒物品罪;刑法第351条的非法种植毒品原植物罪;刑法第352条的非法买卖、运输、携带、持有毒品原植物种子、幼苗罪;刑法第353条的引诱、教唆、欺骗他人吸毒罪与强迫他人吸毒罪;刑法第354条的容留他人吸毒罪;第355条的非法提供麻醉药品、精神药品罪。在罪名设置、法定刑规定上,与《关于禁毒的决定》相比几无差别,但在毒品犯罪的成立标准、纯度计算等方面仍有一定的完善和修订。具体而言,1997年《刑法》对《关于禁毒的决定》的完善和修订体现在以下几个方面:

(一) 调整和规范了毒品犯罪类型

1997年《刑法》针对国内不断出现的制造毒品案件和不断增长的走私制毒物品案件,在吸收了《关于禁毒的决定》中已有的走私制毒物品罪的基础上,增加规定了非法买卖制毒品罪。一方面期望提前介入走私制毒物品行为在国内的交易阶段,实现走私制毒物品罪的提前规制;另一方面则试图截断国内制造毒品行为的原

---

① 王凌:《国际禁毒公约与我国禁毒刑事立法的发展完善》,《政法学刊》1996年第1期。

料供应,从根本上遏制和减少国内的毒品制造行为。此外,1997 年《刑法》还增加了非法买卖、运输携带、持有毒品原植物种子、幼苗罪,把打击毒品犯罪的范围延伸至种植毒品原植物之前的买卖和运输、持有毒品原植物种子和幼苗阶段,推进了毒品犯罪刑事规制向毒品源头的扩张,有利于实现毒品犯罪的综合治理。

(二) 在毒品的定义中列明了冰毒,并明确规定了冰毒的量刑标准

冰毒,亦称甲基苯丙胺,也叫做甲基安非他明,是一位日本化学家于 1919 年合成的,曾在第二次世界大战被作为抗疲劳剂广泛使用。因其形状呈结晶体,类似于普通冰块,故也被称为冰毒。自 20 世纪 90 年代以来,冰毒已成为世界上流行最快,滥用最为广泛的中枢兴奋剂。冰毒属于中枢兴奋剂,对于神经系统有着明显的刺激和兴奋作用,可导致人体精神活动明显异常,产生幻觉妄想和极度恐慌,并可导致精神分裂等多种疾病,其成瘾性、耐受性、毒副作用甚至强于海洛因。冰毒在 20 世纪 80 年代即进入我国,但未引起立法者的高度重视,因此在 1990 年颁布的《关于禁毒的决定》中不仅没有在毒品的定义中列举冰毒,也没有明确规定冰毒的定罪量刑标准。到 20 世纪 90 年代初期,境外犯罪分子主要利用投资建厂的名义雇佣国内不知情的人员制造冰毒,逐渐发展到境内外犯罪分子相互勾结在我国境内制造冰毒,所制造的冰毒既用于出口,也用于在我国境内销售。此外,"金三角"地区在海洛因等传统毒品产量逐渐减少的同时,冰毒产量却急剧上升并向我国境内大量渗透和输出。据联合国禁毒署统计,仅 1999 年一年全球缴获的冰毒数量,中国即占了二分之一。[①] 正基于冰毒在我国的迅速扩散和冰毒滥用的严重危害,我国在 1997 年《刑法》中列明了冰毒为毒品的典型种类,并明确规定了冰毒的定罪量刑数量标准。

(三) 规定了毒品犯罪定罪量刑的零容忍模式,并明确规定毒品数量不以纯度折算

1997 年《刑法》与《关于禁毒的决定》相比,关于毒品犯罪最突出的修订体现在关于毒品数量的规定。如《刑法》第 347 条第 1 款规定:"走私、贩卖、运输、制造毒品,无论数量多少,都应当追究刑事责任,予以刑事处罚。"《刑法》第 357 条第 2 款规定:"毒品的数量以查证属实的走私、贩卖、运输、制造、非法持有毒品的数量计算,不以纯度折算。"也就是说,1997 年《刑法》对于走私、贩卖、运输、制造毒品的行为,采取了零容忍模式,不考虑数量的多少,均作为犯罪处理。同时,为进一步体现从严打击毒品犯罪的决心,规定了毒品数量不以纯度折算。因此,不考虑纯度的毒品刑事立法加上不设置最低入罪数量的定罪起点,使 1997 年《刑

---

① 夏国美等:《社会学视野下的新型毒品》,上海社会科学院出版社 2009 年版,第 73—85 页。

法》中的禁毒刑事立法成为最为严厉的立法。

（四）扩大了毒品犯罪中单位犯罪的范围，并调整了身份犯的规定

在1990年的《关于禁毒的决定》中，只规定了走私制毒物品罪和非法提供毒品罪两种犯罪可以成立单位犯罪，对于其他毒品犯罪并未明确规定单位犯罪。只是在《决定》第10条第3款规定，单位向走私、贩卖毒品的犯罪分子或者以牟利为目的向吸食、注射毒品的人提供国家管制的麻醉药品、精神药品的，按照走私、贩卖毒品罪定罪处罚。对于直接实施走私毒品行为的单位、贩卖非属于自己管理的毒品的单位，则不能作为单位犯罪处理。而1997年《刑法》则扩大了单位构成毒品犯罪的范围，不仅明确规定了单位可以构成走私、贩卖、运输、制造毒品罪，还在保留单位可构成走私制毒物品罪和非法提供毒品罪的基础上，增加了单位构成非法买卖制毒物品罪的规定。这就使我国刑法关于单位构成毒品犯罪的范围趋于完善，严密了刑事法网对于单位从事毒品犯罪的规制。

在毒品犯罪的身份犯方面，1997年《刑法》对《关于禁毒的决定》作了较大的修订和调整。一方面删除了《关于禁毒的决定》第11条“国家工作人员犯本决定之罪的，从重处罚”的规定，另一方面则在《刑法》第349条第2款增加了“缉毒人员或者其他国家机关工作人员掩护、包庇走私、贩卖、运输、制造毒品的犯罪分子的，依照前款的规定从重处罚”。与《关于禁毒的决定》相比，这个调整是对刑法面前人人平等原则的尊重，同时体现出刑事立法水平的不断科学化。因为，仅仅依据行为人具有国家工作人员的身份，不考虑其实施毒品犯罪时是否利用这种身份或职务便利，就进行从重处罚，不符合法益保护原则和刑法平等适用的原则。刑法在本质上是一种法益保护法，其存在的目的和价值在于保护法益，一个行为的惩罚依据和惩罚标准应当来源于该行为的法益侵害程度，而没有利用职务便利实施的毒品犯罪，无论是国家工作人员还是非国家工作人员，其法益侵害程度并无不同，自然不应当有处罚上的差异。当然，对于缉毒人员和其他国家机关工作人员，通常因其身份和职务便利而具有掩护和包庇毒品犯罪分子的天然优势，且这种包庇和掩护也往往使犯罪分子更容易逃脱法律的制裁，既不利于打击犯罪，也有损于国家执法机关的公信力。因此，1997年刑法在坚持刑法平等适用原则的同时，把“缉毒人员或者其他国家机关工作人员掩护、包庇走私、贩卖、运输、制造毒品的犯罪分子”的情形作为从重处罚情节，是一种更为周延的保护法益的规定。

二、1997年《刑法》中禁毒刑事立法的评析

1997年《刑法》出台于我国已逐步建立社会主义市场经济体制的背景之下，

随着依法治国社会共识的逐步形成，刑法不再被视为一种阶级镇压的工具，而是一种确立个人与国家关系的重要规范。在个人自由和权利意识逐渐深入人心的20世纪末期，1997年《刑法》在指导思想和基本原则上进行了划时代的调整，确立了罪刑法定原则在刑法中的根本性地位，并按照罪刑法定原则的要求，对刑法总则和分则的诸多内容进行了科学化、理性化的修订。但是，1997年《刑法》与现代法治国家理念相比，还存在一定的差距，这些差距主要体现在罪刑法定原则和刑法人权保障功能未能全面、深入贯彻刑法修订始终。具体到毒品犯罪的刑事立法上，威吓刑的思想仍然占主导地位，严厉打击毒品犯罪成为禁毒刑事立法的主线，而刑法的人权保障功能却被有意无意地淡化和漠视。具体而言，现行禁毒刑事立法存在以下几个缺陷：

（一）禁毒刑事立法呈现非理性化的严打倾向

刑事立法的理性表现为正确认识犯罪现象的复杂原因和发生机制，并以此为基础强调刑法的最后手段性，不把刑法视为解决犯罪问题的根本手段和唯一工具，而是自觉刑法作为不得已的手段，注重刑罚的正当性和罪刑设置的均衡性，这是法治国理念在刑事立法上的基本要求。正如美国学者所言："'法治国'的主要目标就是要保护公民个人的自由不受国家权力的侵害……从法治国的角度来看，所有对个人私人领域的国家干预都应当被视为例外，'而且在原则上确是有限的、适度的、并普遍受调整的例外'。因此，国家干预就成了必须证明其合理性的反常行为……自由的'法治国'是一种'合法的'国家，也就是说，对个人自由领域的合法干预只能是根据法律进行的干预：'只有当所有的行政机关——特别是警察机关——受制于法律规定的条件和程序，并且，只能根据法律才得到对个人自由领域进行干预的时候，一个国家才可以称为法治国。'"[①]因此，作为最严厉的国家干预个人自由的手段——刑罚的发动必须是理性、可以证成的。我国现行刑法中关于毒品犯罪的立法却呈现出严重的非理性化倾向，犯罪构成和法定刑的设置受情绪化叙事的支配，缺乏对毒品犯罪危害性的理性认识，片面突出严打和零容忍的非理性倾向。

1. 走私、贩卖、运输、制造毒品罪的"零容忍"定罪立法

我国现行刑法在总结改革开放前二十年的毒品犯罪立法和实践经验后，旗帜鲜明地规定了对走私、贩卖、运输、制造毒品行为的零容忍定罪模式，即只要有走私、贩卖、运输、制造毒品行为，不考虑其毒品的数量大小，一律作为犯罪进行

① ［美］埃尔斯特、［挪］斯莱格斯塔德：《宪政与民主》，潘勤等译，三联书店1997年版，第120—121页。

刑事处罚。这种零容忍的立法是一种形而上学的激进尝试，表达出立法者对于毒品犯罪遏制不力的深层焦虑，正是在严刑峻罚未能有效遏制毒品犯罪的情况下，这种刑罚无力的焦虑感迫使立法者进一步强化刑事立法的严厉性，也才有零容忍定罪起点的立法出现。但是，这种零容忍的刑事立法既不符合我国刑事立法体系性和连贯性要求，也不具有现实指导司法实践的可行性，更不符合刑法的谦抑精神。

(1) 零容忍的定罪模式不符合刑法体系性的要求

我国刑事立法确立了总则对分则的宏观指导地位，并把定罪处罚的一般性原则规定于刑法总则之中，并对分则起到补充和指导作用。这就提出一个问题，现行刑法第 347 条第 1 款关于无论数量多少，只要有走私、贩卖、运输、制造毒品行为，均成立犯罪并应受到刑事处罚的规定是否受刑法第 13 条但书的限制？现行刑法第 13 条规定了犯罪的普遍性概念："一切危害国家主权、领土完整和安全，分裂国家，颠覆人民民主专政的政权和推翻社会主义制度，破坏社会秩序和经济秩序，侵犯国有财产或者劳动群众集体所有的财产，侵犯公民私人所有的财产，侵犯公民的人身权利、民主权利和其他权利，以及其他危害社会的行为，依照法律应当受刑罚处罚的，都是犯罪，但是情节显著轻微危害不大的，不认为是犯罪。"易言之，走私、贩卖、运输、制造毒品行为中数量极少的情形，是否可以依据刑法第 13 条作为情节显著轻微不作为犯罪处理，还是应当严格依据刑法第 347 条第 1 款的文义解释作为犯罪处罚呢？

我国有学者指出："刑法第 347 条的规定与刑法第 13 条的规定之间并不矛盾。我国刑法规定情节显著轻微，社会危害性不大的可以不以犯罪论处，这表明了我国刑法的谦抑性原则，但社会危害性缺乏一个明确的评判标准，并主要是一种规范评价；而我国刑法第 347 条第 1 款规定，走私、贩卖、运输、制造毒品，无论数量多少，都应当追究刑事责任、予以刑事处罚，则表明走私、贩卖、运输、制造毒品罪的行为不属于刑法第 13 条所规定的情节显著轻微的情形，必须以犯罪论处。"[①]上述观点在一定程度上代表了立法者的观点，从某种意义上，立法者可能正是认为走私、贩卖、运输、制造毒品罪的社会危害性极其严重，无论数量多小，均已经达到了严重危害社会的程度，都应当定罪处罚。那么，能否认为走私、贩卖、运输、制造毒品数量即使很小都已达到成立犯罪所需的社会危害性呢？我国刑法第 13 条中规定的犯罪本质是危害社会达到一定程度的行为，这个程度的把握可以从不同危害行为成立犯罪的标准中大致寻求。咖啡因作为一种毒品，走

① 郦毓贝：《毒品犯罪司法适用》，法律出版社 2005 年版，第 8 页。

私 1 克咖啡因与贪污 100 元钱相比，哪种行为更值得规定为犯罪呢？站在社会一般人立场上，两种行为的危害性程度究竟孰大孰小？答案不言而喻。既然立法者对于贪污 100 元钱的行为通常都不视为犯罪，却强调即使走私微量的毒品也应当构成犯罪，这不符合刑法体系的一致性和连贯性。就社会大众的法感情而言，贪污行为与走私毒品行为之间并没有很清晰的严重程度差异。在此情况下，对走私、贩卖、运输、制造毒品行为采取零容忍的刑法规制，无疑是对刑法体系的连贯性和安定性的破坏和割裂。

(2) 零容忍的定罪模式不具有指导司法实践的可行性

从刑事司法的角度来看，对于走私、贩卖、运输、制造毒品采取零容忍的定罪模式并不具有可行性。因为，一个行为的定罪量刑程序从刑事侦查开始，要经历审查起诉，再到人民法院审理判决，最后交由执行机关执行，这个过程需要占用大量的司法资源。如果对于情节显著轻微、数量极少的走私、贩卖、运输、制造毒品行为均定罪处罚，则会大量占用原本就有限的司法资源。正是出于司法资源的有限性考虑，我国大多数地区在司法实践中并未严格遵守刑法第 347 条第 1 款的规定，而是通过颁布地方性法规或规范性文件，对于一些毒品的定罪数量起点作了规定。如宁夏回族自治区有关部门规定，盐酸二氢埃托啡的定罪起点为 200 片(每片 20 微克)，而内蒙古自治区对盐酸二氢埃托啡的定罪起点为 500 片，陕西省则规定 100 片盐酸二氢埃托啡为定罪起点。再以咖啡因为例，云南省规定 500 克咖啡因为定罪起点，吉林省则规定 4 000 克咖啡因为定罪起点。[①] 即使是海洛因等危害性非常严重的毒品，倘若数量极少，在司法实践中也大多未作为犯罪处理，而进行行政处罚。如有司法工作人员指出："在审判实践中，对零星贩毒案件毒品数量的认定，多采取以交易价格推定数量，'就低不就高'。对零星贩毒行为的性质认定，除考虑犯罪数量外，也要综合考虑犯罪的情节，其中情节显著轻微危害不大的，可以不认定为犯罪，交由公安机关作治安处罚。"[②]从这个意义上说，立法者运用刑罚手段对微量毒品犯罪进行零容忍的惩罚模式，实际上是一种缺乏对司法资源有限性正确认识的激进之举。

(3) 零容忍的定罪模式不符合刑法的谦抑精神

现代法治国家建立在人民主权和人权尊重基础之上，刑事立法权是人民意志的体现，而公民与国家之间的关系则是需要通过协商进行确定，现代法治国家尊重个体的自由，并把促进个体的自由最大化实现作为国家唯一的价值诉求。

---

① 杨鸿：《毒品犯罪研究》，广东人民出版社 2002 年版，第 110 页。

② 杨正良、徐维堪：《浅谈毒品犯罪案件法律适用及量刑的相关问题》，http：//www.gy.yn.gov.cn/Article/jczt/ylfg/201003/17798.html，2010－3－30。

如康德即认为，人的本质是人性，人性的基础是人的自由意志，正因为人的理性使人具有了与生俱来的作为人的自由权利和尊严，这种权利和尊严必须受到他人和社会的尊重。[①] 既然人的自由和尊严是国家、社会应当首要考虑的价值，而刑法是对公民自由的限制和约束，则只能基于公民危害社会的行为和危害社会的程度，不能出于其他目的而把个体作为一种工具或手段。

我国刑法第 347 条第 1 款的规定实际上是基于对毒品犯罪遏制不力的焦虑，把鸦片战争、祸国殃民等政治叙事的历史压力和耻辱感不理性地施加于毒品犯罪的行为人，忽视了现代社会中毒品犯罪的发生原因和规律的科学认识，片面强调严刑峻罚的立法模式在毒品犯罪上的极端体现。如意大利刑法学家菲利所言："立法者常常忽视社会卫生规则，当某种犯罪猛增时才大吃一惊，但除了加重刑法典中规定的刑罚之外，别无他计可施。如果一年监禁不够，就加重为十年。如果仅凭加重处罚还不够，那就通过一个特别法。这是我们在每一个现代国家里都能看到的状况，而造成这一状况的原因主要在于盲目崇尚刑罚。"[②]而我国是一个有着悠久严打历史的国家，重刑威慑的思想在我国具有强大的社会基础，兼之毒品犯罪的严重危害性非理性化叙事路径已成为社会共识，这就为走私、贩卖、运输、制造毒品行为零容忍的定罪模式提供了重要的社会和心理支撑。因此，立法者才会在刑法第 13 条但书的基础上，在刑法 347 条第 1 款规定了但书的例外情形，突出了立法者不惜一切手段严打、遏制走私、贩卖、运输、制造毒品罪的迫切和焦虑。这种激进的立法模式牺牲了刑法的人权保障价值，背离了刑法谦抑精神，忽略了刑法的正义性要求，是刑法工具主义在毒品犯罪规制上的典型体现。有学者分析了严打模式背后的思想根源，指出："我国长期封建专制制度的存在早已形成了漠视犯罪嫌疑人、被告人和犯罪人权利的集体无意识；将犯罪视为阶级斗争的体现，将犯罪人视为阶级敌人的观念，进一步强化了这种观念，使其以合法化、合理性的形式在新的时代借尸还魂，并导致在'严打'运动中对被告人和犯罪嫌疑人权利的漠视和侵犯。由于'严打'过程中这些行为被赞扬，被赋予了不容置疑的正当性，这种社会心理被多次进行的'严打'不断强化，成为建设法治国家的巨大障碍。"从我国多次"严打"均将毒品犯罪列为严打对象的事实不难得知，对毒品犯罪的危害性长期、不间断的"祸国殃民"的宏大叙事和宣传，使得毒品的集体仇恨和情绪化的共识早已潜移默化，在某种意义上已不是

---

① 马克昌：《近代西方刑法学说史略》，中国检察出版社 2004 年版，第 111 页。

② [意] 恩里科・菲利：《实证派犯罪学》，郭建安译，中国人民公安大学出版社 2004 年版，第 191 页。

可以理性论证的问题。[①] 因此,在刑法颁布以来的10多年,在我国理论界和实务界对第347条第1款规定几乎没有质疑和批评,这更令人感到遗憾。

2. 不以纯度折算的毒品数量计算标准不符合罪刑均衡原则

我国刑法第357条第2款规定:“毒品的数量以查证属实的走私、贩卖、运输、制造、非法持有毒品的数量计算,不以纯度折算。”这个规定强调毒品的数量计算不再参考纯度,纯度再低也视为毒品,且高纯度的毒品和低纯度的毒品只计算数量,数量相同的情况下适用相同的法定刑。问题在于,毒品的纯度是否具有征表法益侵害性的意义?亦即,在品种和数量相同的情况下,高纯度的毒品是否比低纯度的毒品具有更大的法益侵害性?如果纯度与法益侵害程度有关,则有必要检讨刑法第357条第2款之规定。

(1) 学说争议

关于毒品是否应当进行纯度折算,存在三种观点,即肯定说,否定说,折中说。持肯定说的学者认为,如果把不同含量的毒品总量都作为量刑的数量依据,那就是把非毒品当作毒品对待了,会造成罚不当罪。同样,也会造成危害性不同的罪犯而量刑相同或者危害性大者轻判、危害性小者重判的不公正结果。[②] 还有学者指出:“各类毒品的性质以及同种类毒品纯度的不同,其毒理作用也表现出较大的差异和不同,1克海洛因与1克大麻不能同等而论,5%的海洛因与80%的海洛因意义也不相同。毒品含量的大小,在一定程度上反映了某种毒品对社会危害程度的大小,对毒品作准确的定量分析是必要的,能保证稳、准、狠地打击毒品犯罪,教育和挽救犯罪分子。”[③]否定说的学者一般从刑法第357条的形式意义出发,认为毒品的纯度并非决定毒品犯罪的社会危害性大小的主要因素,最多只是一种酌定的量刑情节。[④] 更多的否定论学者是从刑事政策的角度出发,论证不以纯度折算毒品的必要性与重要性。如有学者指出,第一,不再进行纯度鉴定,有利于司法操作。第二,实行数量折算不仅程序繁琐,同时也不利

---

① 2000年6月发布的《中国的禁毒》白皮书即指出:“毒品祸国殃民。开展禁毒斗争,扫除毒品祸害,是中国政府的历史责任。在旧中国,毒品曾给中华民族带来深重灾难。1949年中华人民共和国成立后,中国政府领导人民开展了声势浩大的禁毒斗争,在短短三年时间里,一举禁绝了为患百年的鸦片烟毒,创造了举世公认的奇迹。面对新的毒品问题,中国政府以对国家、民族、人民和全人类高度负责的态度,坚持严厉禁毒的立场,采取一切必要措施,尽最大努力禁绝毒品,造福人民。”(《中国的禁毒》,《光明日报》2000年6月27日。)作为政治宣传和政府声明而言,上述表述并无不当,其表明了一种鲜明的立场和坚定的决心。但是,如果把这种表述作为刑事立法的依据和刑罚发动的基础,则缺乏刑法严谨的正当性检验和理性的危害性基础和论证。因为刑事立法的根据在于刑法的正当性,只有具有清晰和明确的法益侵害的行为才应当予以规制,刑法并不单纯保护精神价值和理念。

② 参见张华封:《如何确定毒品犯罪中量刑的毒品数量标准》,《人民司法》1991年第12期。

③ 魏春明:《毒品纯度与量刑问题研究》,郑州大学硕士论文,第11—12页,2004年印。

④ 王军、李树昆、卢宇蓉:《破解毒品犯罪法律适用问题》,《人民检察》2004年第11期。

于打击国际贩毒活动,反而提升了贩毒集团的反侦查能力。第三,现行刑法所规定的量刑制度更能体现罪刑法定原则与罪责刑相一致原则。① 折中说则看到了不以纯度折算毒品所导致的罪刑失衡现象,尝试在刑法现有规定框架下作适当的变更和调整,通过例外性的规定对于"不以纯度折算"作适当的限制。如我国最高人民法院2000年4月4日颁布的《全国法院审理毒品犯罪案件工作座谈会纪要》中规定:"对于查获的毒品有证据证明大量掺假,经鉴定查明毒品含量极少,确有大量掺假成分的,在处刑时应酌情考虑。特别是掺假之后毒品的数量才达到判处死刑的标准的,对被告人可不判处死刑立即执行。为掩护运输而将毒品融入其他物品中,不应将其他物品计入毒品的数量。"2008年12月颁布的《全国部分法院审理毒品犯罪案件工作座谈会纪要》则延续了上述规定,并进行了进一步的明确,规定对可能判处被告人死刑的毒品犯罪案件和涉案毒品可能大量掺假或者系成分复杂的新类型毒品的情形应当进行毒品含量鉴定。折中说的论证基础在于平衡罪刑均衡与严打毒品的刑事政策,在可能适用死刑的案件中坚持罪刑均衡的原则,而考虑到我国目前毒品鉴定的条件和现状,在不至于适用死刑的案件中则选择性地进行毒品纯度鉴定。

(2) 肯定说的证成

毒品的危害是一种法律的拟制,这种拟制所依据的是毒品的自然属性,如依赖性或毒害性;或者是社会属性和历史属性,如毒品给民族和国家所带来的屈辱记忆。但是,能够成为刑法意义上毒品危害性的依据只能是毒品的自然属性,因为作为一种价值无涉的物质,毒品本身与道德并无关联。因此,毒品危害的评价只能从毒品本身的自然属性出发。毒品的依赖性与毒害性与毒品的纯度、种类、数量有着密切联系,从这个意义上,毒品的纯度与毒品的数量和种类一样,是毒品危害性的重要指标。试想,1克纯度为百分之一的海洛因与1克纯度为百分之九十九的吗啡,能够说前者对身体产生的毒害性和依赖性一定大于后者吗?具体而言,对于肯定说的证成可以从以下几个方面入手:

其一,毒品纯度折算是确定毒品种类的前提。毒品的不同种类之间的界限既可能是化学结构的不同,也可能是同种化学成分纯度的不同,特别是在多种成分混杂的毒品之中。如鸦片、吗啡、海洛因等毒品最主要的活性生物碱都为吗啡,其中鸦片中吗啡含量为百分之十左右,海洛因是通过化学处理,连结了两种乙酰组织于吗啡上,尽管化学成分有所变化,但是,"海洛因与吗啡在药理学上是完全一样的,但是这两种乙酰组织增加了海洛因分子的类脂化合物的溶解性,从

---

① 参见郦毓贝:《毒品犯罪司法适用》,法律出版社2005年版,第11—12页。

而使其分子更快地融入人的大脑，然后连上附加的组织，产生出吗啡。因此，吗啡和海洛因的作用是完全相同的”①。在纯度相同的情况下，吗啡对于人体的麻醉效力大致是鸦片的10倍，是海洛因的三分之一。假如一种含有吗啡的混合物中，吗啡的比例为百分之一，咖啡因的比例为百分之六十，其他杂物质为百分之三十九，这种混合物究竟应当确定为吗啡还是鸦片？抑或是咖啡因呢？倘若不以纯度计，只要检出吗啡成分，即认定为吗啡的话，该种物质的吗啡含量尚不及鸦片。从这个意义上说，毒品纯度的折算和鉴定对于甄别毒品种类具有重要意义。

其二，毒品纯度折算是确定法益侵害大小的标准。毒品犯罪的本质在于使毒品接近使用者，使使用者或潜在使用者产生了一种迫切的健康受损的危险。这种健康受损的危险来源于毒品的依赖性和毒害性，因此，毒品的依赖性和毒害性实际上是最重要的评估法益侵害有无及大小的标准。因为，在数量和种类确定的情况下，毒品的依赖性和毒害性与毒品的纯度是成正比的。之所以同等数量的吗啡对人体的药理作用所产生的麻醉性和毒害性是鸦片的十倍，就在于其吗啡含量大致是鸦片的十倍。此外，诸如吗啡、咖啡因、可待因之类的物质，不仅是国家规制的毒品，也是很多食品和药物中的重要成分，之所以为药品和食品，就在于其纯度极低。如果机械地理解刑法中不以纯度折算的规定，则会模糊药品、食品等非毒品与毒品的界限。如每罐240毫升的红牛饮料中咖啡因的含量为80毫克，240毫升绿茶中咖啡因的含量为15毫克。② 按照不以纯度折算的标准，红牛饮料与绿茶是否也应当算作毒品？在我国的司法实践中，就曾出现形式理解“不以纯度折算”的极端案例。③ 此外，毒品纯度极低的情形还可能影响到

---

① ［美］O.瑞、C.科塞：《毒品、社会与人的行为》，夏建中等译，中国人民大学出版社2001年版，第331页。

② 参见http：//baike.baidu.com/view/8357.htm，2010年8月1日。

③ 案例1：一个香港人周末准备到深圳消遣，其随身携带了0.1克海洛因用于自己吸食，在海关等待检查的时候，因为害怕被发现，就拧开一瓶自带的纯净水瓶，将海洛因溶解于纯净水中，后被海关人员发现。一审法院以走私毒品罪判决其有期徒刑15年，因其走私海洛因数量为500.1克（500克水加0.1克海洛因），法定最低刑即为15年有期徒刑，后二审法院将刑期减为6年。（参见http：//law.hqu.edu.cn/show.aspx? id=1571&cid=23，2010年8月1日。）案例2：检察机关指控被告崔某于2003年2月伙同他人从王某处以每支50元的价格购得海洛因针剂，在和平区法院门前转手以每支55元的价格卖给周某60余支（每支2毫升）。2003年2月8日，公安机关将其抓获。一审由沈阳市中级人民法院开庭审理。该案中公诉机关以海洛因针剂液体的重量（约120克）起诉。有论者认为，从市价上可以推测，该120克针剂海洛因的市价仅仅等同于粉末状海洛因3.5克。若对针剂海洛因进行纯度折算的话，该案属于基层人民法院的管辖范围。而不对液体的海洛因折算的话，将含有海洛因的液体重量视为海洛因的总重量，量刑则应该是十五年有期徒刑、无期徒刑或死刑。正如论者所进一步指出的：“对于一个纯品海洛因数量如此低，获利仅三百元的贩毒犯罪分子，判决重刑是否适当，值得商榷。”（参见魏春明：《毒品纯度与量刑问题研究》，郑州大学硕士论文，第26—27页，2004年印。）

毒品的有无问题，或者说毒品与非毒品的界限问题。如我国台湾地区法律即规定了法律规制的毒品的最低纯度，即只有达到最低纯度的物质方能视之为毒品并进行规制。比如，麻醉药品制剂中，吗啡含量在2‰以下，古柯含量在1‰以上的，不属于麻醉药品。[①] 因此，毒品纯度的鉴定是甄别毒品与否的标准，其纯度的高低也是法益侵害程度的重要参考。

其三，不进行毒品纯度折算有利于遏制犯罪是一种本末倒置的论证逻辑。否定说强调不进行毒品纯度折算的一个重要论据就是毒品纯度折算可能不利于遏制犯罪，这是一种严刑峻罚的非理性对待毒品犯罪的态度。毒品犯罪的发生，有其非常复杂的社会、经济、文化原因，绝非依赖狂歌猛进、过度打击的方法可以遏制。因为，毒品本身是一种消费品和依赖性物质，其拥有庞大的吸食人群，并在一定范围内形成了毒品的亚文化。对于毒品的控制，只能从其产生、传播、吸食的过程入手，遵循堵源截流的基本方针，控制供给和需求。抛弃毒品纯度的鉴定和折算的非理性打击，并不能在根本上消减供给或需求，甚至可能会促使或引导毒品犯罪行为人生产、贩卖、运输纯度更高的毒品，以减少犯罪成本的投入，获取更高的效益。因为，在犯罪被查获的几率稳定的情况下，相同数量的毒品犯罪行为的风险并不因其纯度不同而有不同，实际上，对于犯罪行为人而言，制造、走私、贩卖、运输、持有更高纯度的毒品，可在终端市场稀释成更多数量的毒品。那么，在与低纯度毒品相比，在数量相同的情况下，承担着相同的破获风险，在被查获后适用法定刑幅度，也就是说，犯罪成本与刑罚风险一样，但却因纯度高可能获得更高的收益。正如有学者所指出的："如前些年'金三角'的毒品王朝——坤沙集团在国际贩毒集团的帮助下，致力于海洛因的轻化与纯化工作，改进了生产工艺和技术，使原来只能生产低纯度3号海洛因(纯度9%—30%)的'金三角'，生产出纯度很高的海洛因(纯度99%)。"[②]因此，不进行毒品纯度折算未必能够有效遏制犯罪，还可能对于毒品犯罪的遏制起到负面的作用。

其四，不进行毒品纯度折算有利于司法操作是一种有罪推定思维，不符合法治国理念。毒品纯度折算是罪刑均衡原则的应有之义，而罪刑均衡原则是法治国理念下罪刑法定原则实质化的体现，也是刑法实现正义所不可或缺的基础。所谓罪刑均衡，是指犯罪行为的危害性或者说法益侵害性与刑罚的轻重之间，应当存在一种正向的比例关系。也就是说，危害程度越高的行为，应当配置越高的法定刑；而危害程度越低的行为，则应配置越低的法定刑。毒品纯度的高低可表

---

① 王振兴：《特种刑法实用》(3)，三民书局1986年版，第132页。

② 郦毓贝：《毒品犯罪司法适用》，法律出版社2005年版，第12页。

现危害程度的大小，在其他因素相同的情况下，对于纯度高的毒品犯罪行为适用或配置更高的刑罚，而对于纯度低的毒品犯罪行为适用较低的刑罚，这才是罪刑均衡原则的体现，也才符合法治国理念。因为，法治国的核心在于人民主权的治国理念，国家存在的唯一目的是为了增进人民的福利，国家应当把人民的福利和权利保障放在最重要的位置，对于个体权利和自由的任何限制或剥夺都要具有正当性，这种正当性不仅表现在目的的正当性，还表现在手段的正当性。因此，不能以纯度鉴定耗时耗力、不利于司法操作为由牺牲个人权利和刑法的正义价值。因为，“司法程序的设置建立在对于人类认知能力的怀疑论基础之上，而司法程序则可以最大限度地克服个体认识能力的不足同时实现对于事实的更准确的判断。尤其是刑事司法程序的设置对于保障公民的自由有着重要的意义。不能为了追求司法效率的提高而简化程序，因为这样会导致更大价值的受损从而影响刑法的正义性。”①根本上而言，以有利司法操作为由否定毒品纯度折算的观点，实际上是一种有罪推定的思维，过度地突出了国家打击犯罪的职能，却忽视和抹杀了刑法保障人权的职能。

(二) 毒品犯罪类型和罪名设置不尽周延、科学

我国 1997 年刑法中规定了 12 个毒品犯罪罪名，其中有 7 个单一罪名的毒品犯罪，有 5 个选择罪名的毒品犯罪。这五个选择性罪名既包括行为方式的选择罪名，如走私、贩卖、运输、制造毒品罪，也包括行为方式与行为对象的双重选择罪名，如非法买卖、运输、携带、持有未经灭活的毒品原植物种子或幼苗罪。如果将选择性罪名拆分的话，我国刑法中关于毒品犯罪的罪名有 30 个。② 问题在于，这些罪名所确立的犯罪行为类型是否涵盖了值得惩罚的毒品关联行为？不同的罪名之间是否存在交叉或模糊之处？对于上述的问题的回答有助于揭示我国刑法中关于毒品犯罪的罪名及类型设置是否合理。

首先，毒品罪名设置存在不够周延的情形。一般而言，刑法的平等适用原则包含同等法益侵害应当同等适用刑法的意蕴，就我国 1997 年刑法规定的毒品犯罪而言，对于以毒品作为犯罪对象或行为对象的犯罪类型作了比较翔实和全面

---

① 高巍：《贩卖毒品罪研究》，中国人民公安大学出版社 2007 年版，第 120 页。

② 这 30 个罪名为：走私毒品罪、贩卖毒品罪、运输毒品罪、制造毒品罪、非法持有毒品罪、包庇毒品犯罪分子罪、窝藏毒品罪、转移毒品罪、隐瞒毒品罪、窝藏毒赃罪、转移毒赃罪、隐瞒毒赃罪、走私制毒物品罪、非法买卖制毒物品罪、非法种植毒品原植物罪、非法买卖毒品原植物种子罪、非法运输毒品原植物种子罪、非法携带毒品原植物种子罪、非法持有毒品原植物种子罪、非法买卖毒品原植物幼苗罪、非法运输毒品原植物幼苗罪、非法携带毒品原植物幼苗罪、非法持有毒品原植物幼苗罪、引诱他人吸毒罪、教唆他人吸毒罪、欺骗他人吸毒罪、强迫他人吸毒罪、容留他人吸毒罪、非法提供麻醉药品罪、非法提供精神药品罪。

的规定,涵盖了除吸食毒品之外的所有行为。但是,以制毒物品为犯罪对象的行为,则只规定了走私行为和买卖行为,即走私制毒物品行为和买卖制毒物品行为成立犯罪,而境内的运输行为、持有行为则并不作为犯罪处理。从法益侵害的角度来看,在境内运输制毒物品的行为与跨境运输制毒物品的行为,在危害人民健康的意义上并无本质差别。比如,未经许可,从黑龙江运输一批制毒物品到广东与从云南运输一批制毒物品到缅甸,两种情形在实质上并无区别。从某种意义上,由境内向境外运输制毒物品的危害性从感觉上可能低于境内跨区域的运输行为。[①] 因此,刑法只惩罚进出境的运输、携带制毒物品行为是不够周延的,而应当同等地规制境内的运输制毒物品行为。

其次,不同罪名之间规制的行为方式存在一定程度的交叉和模糊之处。如运输毒品、持有毒品、窝藏毒品之间的界限就比较模糊。所谓运输毒品,"是指采用携带、邮寄、利用他人或者使用交通工具等方法在我国领域内将毒品从此地转移到彼地。"[②]所谓持有,是指行为人通过保管、藏匿、拥有、携带等方式在事实上支配、控制特定物品的行为。[③] 所谓窝藏,一般指将犯罪分子的毒品予以藏匿。[④] 运输毒品行为与持有毒品之间不仅存在包含的关系,还存在重叠的部分,如携带行为既可表现为运输行为、也可以表现为持有行为。比如,行为人是吸毒者,其要到外地出差三个月时间,遂带足三个月的毒品准备登机赶赴外地,在登机时被查获。该行为即表现为携带毒品的空间位移行为,究竟是持有行为还是运输行为则存在模糊之处。同样,行为人明知是他人持有的毒品,受他人委托代为藏匿的行为,究竟是持有行为还是窝藏行为?明知他人持有而提供帮助代其持有,在理论上更符合共同持有行为的构造,当然也符合窝藏毒品的类型,这种窝藏行为与持有行为的重叠关系也使窝藏和持有很难区别。

(三) 毒品犯罪的法定刑设置欠缺正当性

我国 1997 年刑法第 1 条规定:"为了惩罚犯罪,保护人民,根据宪法,结合我

---

① 如日本刑法中关于鸦片及鸦片吸食器具的犯罪类型中,只规定了输入等方式,并未包括输出方式。所谓输入,指从日本国外运入日本国内的行为。日本刑法第 136 条规定,输入、制造、贩卖,或者以贩卖为目的持有了鸦片烟的人,处六个月以上七年以下的惩役。第 137 条规定,输入、制造、贩卖,或者以贩卖为目的持有了吸食鸦片烟的器具的人,处三个月以上五年以下的惩役。(参见[日] 大塚仁:《刑法概说》(各论),冯军译,中国人民大学出版社 2003 年版,第 479—480 页。)我国刑事立法在拐卖妇女、儿童罪中也存在类似的规定。如,依据我国刑法第 240 条的规定,在没有其他加重情节时,拐卖妇女、儿童卖往境外的行为重于在境内拐卖的行为,前者是一种法定的加重情节,应当适用 10 年以上有期徒刑、无期徒刑或死刑,而后者则只是基本犯罪情节,适用 5 年以上 10 年以下有期徒刑。由此可以推知,立法者在内心深处认为拐卖出境与境内拐卖的危害性或者说法益侵害性并不相同。

② 张明楷:《刑法学》(下),法律出版社 2007 年版,第 867 页。

③ 郦毓贝:《毒品犯罪司法适用》,法律出版社 2005 年版,第 42 页。

④ 何秉松:《刑法教科书》,中国法制出版社 1994 年版,第 777 页。

国同犯罪作斗争的具体经验及实际情况，制定本法。”该条明确了我国刑法的任务和依据，即刑法的任务在于惩罚犯罪和保护人民，刑法的制定依据为宪法。具体而言，惩罚犯罪与保护人民是辩证统一的，惩罚犯罪是保护人民的手段，刑法最终应当服务于保护人民的根本任务。保护人民的实质就在于“保护社会共同生活之重大法益”。① 因为，人民的幸福生活有赖于自身利益的保护以及人民实现利益提供基础作用的社会利益和国家利益得到保护，这些利益通常被概括为法益。因此，“只有侵害法益才构成犯罪，国家仅应也仅能就侵害法益的行为施加刑罚。”②那么，法益侵害的大小则成为评价一个行为社会危害性最重要的标准。因此，法益衡量结合行为人的主观恶性形成的罪责原则就成了设置法定刑的基础和标准。正如德国学者罗克辛所指出的：“对于限制国家的刑罚力来说，罪责原则是迄今为止所能找到的一种最自由和对于社会心理最有利的手段。由于罪责的严重程度是由行为人本人的内在因素和所造成的损害范围决定的，因此，罪责要求就能够有效地满足由社会利益决定的预防性需要。此外，将刑罚的最高范围限制在与罪责相适应的期限内，不仅符合了一般的法律感受，而且在以下这一点上也具有预防的意义：对稳定一般大众的法律意识具有重要意义的正义性情感，要求任何人都不许受到比应当承受的更重的惩罚，同时，‘应当承受的’仅仅是一种与罪责相适应的刑罚。”③按照罪责原则的要求，犯罪行为法定刑的设置应当考虑法益的种类、大小，在犯罪主观方面相同的情况下，则以法益衡量作为标准。那么，我国 1997 年刑法中毒品犯罪的法定刑设置是否符合罪责原则的要求呢？

1. 毒品犯罪的侵害法益

毒品犯罪的主要类型的侵害法益为人民健康，或者说是不特定多数人的健康。如走私、贩卖、运输、制造毒品罪，非法持有毒品罪等。健康权是个人生存和自由发展的基础，也是实现自我的前提，而作为集合体的人民健康则是社会发展的基础。如日本学者大塚仁所指出的：“保持公众的健康，是维持发展健全的社会的重要基础。”④因为，个体的健康属于自己的绝对性存在，但是个人作为社会的一员或者说组成部分，其健康的抽象的集合则又为社会共同体的基础，而社会共同体的存在又是现代国家产生或者说建立的基石和前提。在国家与个人的这种辩证关系中，进入国家视野中除了以个人法益形式存在的个体健康，还有以超

① 高金桂：《利益衡量与刑法之犯罪判断》，元照出版公司 2003 年版，第 56 页。
② 林钰雄：《新刑法总则》，中国人民大学出版社 2009 年版，第 8 页。
③ [德] 克劳斯·罗克辛：《德国刑法学总论》，王世洲译，法律出版社 2005 年版，第 49 页。
④ [日] 大塚仁：《刑法概说》(各论)，冯军译，中国人民大学出版社 2003 年版，第 474 页。

个人法益形式出现的人民健康或者说公众健康。虽然二者都具体表现为个人身体的状态，但是社会和国家通过规范赋予了其多层面的内涵，自然也体现出多层面的价值取向。对于个体而言，个体的健康至关重要，但对于国家或者社会而言，抽象的人民健康则更加重要。那么，无论出于国家维系自身赖以存在的社会共同体的存在和有序的角度，还是在法治精神所确立的国家有保障人民生存权的义务角度来看，人民健康的基础性作用都不言而喻。[①] 毒品犯罪侵害人民健康的方式是一种危险，而非对健康的现实损害。易言之，毒品犯罪只是产生了一种法律关心的对人民健康的迫切危险，这种迫切危险是立法者依据经验法则和刑事政策所拟制的抽象危险。

2. 侵害法益的位阶与法定刑

依据法益归属的主体的不同，法益可分为个人法益、社会法益和国家法益，后两种法益亦可称之为超个人法益。一般而言，在人民主权国家，个人法益是国家发动刑罚权的终极保护对象，对社会法益和国家法益保护的目的在于有利于更周延地保护个人法益。如我国台湾地区学者所指出的，任何法益，必须与人或人性尊严的价值具有关联性。或者说，在刑法的保护体系中，个人法益具有核心地位，超个人法益只有与个人法益具有机能上的关联性才有保护价值。[②] 从我国刑法的现实规定也可以看出，故意杀人罪是我国刑法中最严重的犯罪行为，在法定刑的设置上虽并举了死刑、无期徒刑、十年以上有期徒刑三种幅度，但却将死刑确定为法定刑的首选刑种。这种以死刑为首选刑种的方式在我国刑法其他设置有死刑的犯罪中则没有出现，包括危害国家安全罪、危害公共安全罪。当然，个人法益在位阶上的核心地位只是一种一般性的概括，具体法益的位阶有待于具体的法益衡量过程确定。这个确定的过程往往是一种复杂的价值权衡和评估，并非如数学般具有清晰和明确的位序。如有学者所言："因此，法益衡量，不只针对同种法益之量的对比，也涉及不同种法益之质的对比；有关前者判断上似较无困难，但涉及后者，应参照宪法上基本权（含自然人权）之位阶与重要性之考量，并非易事。"[③]但是，权衡与评估法益的大小与位阶，以此为基础设置法定刑的过程总是正义的要求。这个过程，在某种意义上是一个与立场和正当性叙事的过程。

我国是人民主权的国家，强调以人为本，刑法的任务也是以保护人民作为根本目标。在此立场上，应当确立个人法益的优越性以及个人法益与社会法益、国

---

① 高巍：《贩卖毒品罪研究》，中国人民公安大学出版社 2007 年版，第 63—64 页。
② 陈志龙：《法益与刑事立法》，1990 年自版，第 16 页。
③ 高金桂：《利益衡量与刑法之犯罪判断》，元照出版公司 2003 年版，第 58—59 页。

家法益的内在统一性。如我国台湾地区学者所言:“个人核心利益之价值,必须优于超个人的抽象利益。因为个人是构成社会、国家的基础核心,国家是为了保障个人而存在。因此个人的生命、身体、自由、名誉、财产等利益,乃国家必须优先保障的直接利益。至于社会与国家,其本身并非独自享有法益的主体,而是为了个人利益的实现与发展而存在。如果认为刑法只是为了服务社会与国家而存在,将导致个人变成可以随时为国家、社会而牺牲的客体。”[①]因此,个人法益应当更具有保护价值,在位阶上通常高于超个人的社会和国家法益。另外,在法益侵害方式上,实害应当比危险更加严重,因为危险只是实害的可能性或实害的前置阶段。

3. 毒品犯罪死刑设置的检讨

毒品犯罪并不对特定个体或不特定个体造成现实的损害,只是创设了一种对于健康的抽象危险。作为一种抽象危险犯,我国对部分毒品犯罪规定了最高为死刑的法定刑。这种重刑化的立法模式显然不是理性的法益衡量过程的结果,也是对罪责原则的违背。

(1) 对于抽象危险犯设置死刑是一种非理性的威吓思想

我国 1997 年刑法中,对于走私、贩卖、运输、制造毒品罪规定了死刑的最高法定刑。据我国学者考证,我国刑法中对于危害国家安全、危害公共安全、破坏市场经济秩序等类罪的危险犯并未规定死刑,却认为走私、贩卖、运输、制造毒品罪的危害性大于其他所有的危险犯和绝大部分的实害犯并规定了死刑。[②] 这种死刑设置的非理性可能与我国对毒品犯罪危害性的宏大叙事有关。如有学者如此论证对毒品犯罪规定死刑的必要性:“死刑是我国打击毒品犯罪、遏制毒品蔓延、震慑境内外毒品犯罪分子的重要武器之一。正确适用死刑,对于惩治毒品犯罪,遏制毒品的渗透和蔓延,维护社会主义国家形象,创造改革开放和经济建设的良好社会环境,促进社会的文明和进步,都具有重大的现实意义和深远的历史意义。”[③]但是,从法益的角度来看,走私、贩卖、运输、制造毒品罪侵害了人民健康,但是只是一种拟制的抽象危险,其法定刑可能高于故意杀人罪、故意伤害罪,

---

① 王皇玉:《刑罚与社会规训》,元照出版公司 2009 年版,第 193 页。

② 李世清:《毒品犯罪的刑罚问题研究》,吉林大学博士论文,第 106 页,2007 年印。

③ 赵秉志、于志刚:《毒品犯罪》,中国人民公安大学出版社 2003 年版,第 113 页。这样的论述宏大而缺乏理性,更像是政治宣传而非刑法论证,并未阐明毒品犯罪适用死刑的实质依据,只是法律工具主义和威权思想的一种武断宣告。再如,“那么多人家破人亡,都是贩毒造成的”“毒品祸国殃民,毒品不除,国将不国”这样的思想长期以来成为我国的主导思想。但是,这样的思想或表述并不能够作为对毒品犯罪设置死刑的依据。因为,吸毒行为是个体的自我选择,而且引发的贫穷和犯罪更多与毒品管制下造成的高昂价格有关。此外,把上述表述作为具体的毒品犯罪行为人的危害后果而言,就更加缺乏理性论证的基础。个体的毒品犯罪行为只是制造了一种危险,并没有实害。不能把整个贩毒群体、国家管制、自主吸食、经济水平等综合因素导致的社会财富流失、治安混乱等后果直接作为具体的贩卖毒品行为的承担刑事责任的法益侵害程度。

这在逻辑上很明显缺乏正当性依据，从而是一种武断的威吓模式。正如台湾学者所指出的："如此的刑罚规定，显然形成刑法整体规范的内部价值之不一致性。因为毒贩将毒品贩卖给买受人，所受到的处罚比直接杀死买受人还严厉。这样的刑罚规定，已足以使社会大众的法感情钝化，且对于不法行为的感受程度混淆到无法分辨到底是杀人行为，还是贩卖毒品比较值得非难。"①因为与故意杀人相比，毒品犯罪行为无论如何也不能在社会心理和法益衡量上具有同等严重的地位。

（2）对于毒品犯罪规定死刑不符合刑法的谦抑精神

所谓刑法的谦抑，是指以人道主义为基础，慎重地、谦虚地适用刑法。刑法不应该以所有的违法行为、所有的有责行为为当然的对象，只限于在必要的不得已的范围内才应该适用刑罚。② 死刑作为最严厉的刑罚手段，即使必须规定于刑法之中，也只应当规定于罪责极其严重的犯罪类型之中。从国外的立法来看，大多数国家并未对毒品犯罪规定死刑，规定死刑的国家主要集中在中国及东南亚的不发达国家。③ 究其原因，则与对毒品犯罪的危害性认识和人权保障观念不同有关。问题在于，毒品犯罪在刑法之中未必是危害程度最高的犯罪类型，对其设置死刑既不符合报应的情感需要，也不符合预防犯罪的现实需要，是一种过度的刑罚设置，不符合刑法的谦抑精神。

首先，从报应的需要来看，毒品犯罪并未对他人造成现实的生命或健康的损害，自然不需要承担剥夺生命的惩罚；其次，从预防犯罪的角度来看，毒品犯罪有着比其他犯罪类型更为复杂的社会、心理原因，以死刑为代表的威慑力在毒品犯罪的预防中发挥的作用也更小。如美国学者约翰·P.康拉德所言："我注意到某些种类犯罪对于威慑力非常敏感，例如收入所得税犯罪行为。而其他犯罪几乎对于刑罚威慑力没有反应，例如违犯麻醉品管理法的行为，以及那些实施以后会上瘾或者形成习惯的犯罪。"④因为，对于毒品的最终消费者——吸毒者而言，吸毒行为导致的强大心理依赖是很难戒断的，在现有刑事政策无法根绝吸毒者的情况下，在全球贸易自由化及毒品制造的便利性环境下，要通过死刑等严刑峻罚威慑毒品犯罪几乎不可行。从这个角度来看，正如美国学者所指出的："如果刑罚的目的是为了报复犯罪人的话，下面这句话就是正确的：当犯罪人没有危及

---

① 王皇玉：《论贩卖毒品罪》，《政大法学评论》第 84 期，第 263 页。

② 熊永明、胡祥福：《刑法谦抑性研究》，群众出版社 2007 年版，第 57 页。

③ 新加坡是个例外的发达国家，其规定了毒品犯罪的死刑可能与华人为主的社会结构有关，因多数华人均有深刻的鸦片战争情结。该国刑法规定，走私、制造海洛因 15 克、吗啡或可卡因 30 克、大麻酚 200 克、大麻 500 克、鸦片 1 500 克以上的，可判处死刑。

④ ［美］欧内斯特·范·登·哈格、约翰·P.康拉德：《死刑论辩》，方鹏等译，中国政法大学出版社 2005 年版，第 166 页。

被害人的生命时，就不应被判处死刑。如果刑罚的目的是为了隔离和改造罪犯的话，死刑在每个案件中都是不必要的，因为从理论上讲，通过终身监禁可以达到同样的目的。然而问题在于，法院到底是在实际上否认死刑比终身监禁具有更大的威慑力，还是法院承认死刑有更大的威慑力，但认为从法律所保护的法益来看，当犯罪没有危及生命安全时，对犯罪人适用死刑'太严厉'，而终身监禁则没有这样严厉。"①进一步而言，死刑的道德正当性只能从等量报复的情感中寻求，而这种社会情感本身也处于变化之中，特别是现代社会之中，这种普遍性的报复情感正趋于瓦解，民意和情感基础正在淡化，社会共识也被多元化的价值体系逐渐解构。因此，毒品犯罪死刑设置的理论和情感基础并不存在，不应当对毒品犯罪设置死刑的法定刑。

4. 毒品犯罪法定量刑情节单一、僵化，不利于刑法的平等适用

1997 年刑法中对于毒品犯罪的法定量刑情节是以数量情节为基础，结合种类和其他情节综合考虑的模式，尤其强调数量情节的重要地位。比如，走私、贩卖、运输、制造毒品罪中的数量情节包括三种法定幅度的数量情节：其一，处十五年有期徒刑、无期徒刑或者死刑，并处没收财产的，包括鸦片 1 000 克以上、海洛因或者甲基苯丙胺 50 克以上、其他毒品数量大；其二，处三年以上七年以下有期徒刑并处罚金的，包括鸦片 200 克以上 1 000 克以下、海洛因或者甲基苯丙胺 10 克以上不满 50 克或者其他毒品数量较大；其三，处三年以下有期徒刑、拘役或者管制并处罚金的，包括鸦片 200 克以下、海洛因或者甲基苯丙胺 10 克以下或者其他少量毒品。非法持有毒品罪中法定刑幅度也规定了数量作为主要法定情节：适用 7 年以上有期徒刑或者无期徒刑并处罚金的数量情节为 1 000 克以上鸦片、50 克以上海洛因或甲基苯丙胺或其他毒品数量大；适用三年以下有期徒刑、拘役或者管制并处罚金的数量情节包括鸦片 200 克以上 1 000 克以下、海洛因或者甲基苯丙胺 10 克以上不满 50 克或者其他毒品数量较大。非法种植毒品原植物罪中则分两种情形：种植罂粟 500 株以上不满 3 000 株或其他毒品原植物数量较大的处以五年以下有期徒刑、拘役或者管制，并处罚金；种植罂粟 3 000 株以上或者其他毒品原植物数量大的，处五年以上有期徒刑，并处罚金或没收财产。

这种立法方式的优点很明显，就是法定刑的幅度确定具有高度的确定性，因为数量情节是一种可以依赖经验法则足以认定的事实要素，指明了毒品数量与毒品犯罪侵害法益的密切关系，能够比较明确地指导司法适用，有效避免自由裁

① [美]哈佛法律评论编辑部：《残忍的和异常的刑罚条款与实体刑法》，孙潇洁译，《哈佛法律评论》(刑法学精粹)，法律出版社 2005 年版，第 294 页。

量权的滥用。但是，此种立法方式也存在缺陷，如有学者指出："我国《刑法》中的情节有数额情节与其他情节，这两个标准各自存在着弱点，前者的缺陷主要是过于机械僵化，缺乏灵活性，它试图寻求法律的绝对确定性和毒品量刑在某个点上的公正性，这正好突出了法律文字规范的局限性，暴露了成文法的弱点。……情节标准的缺陷则反之，过于灵活宽泛，弹性过大而无从掌握。"[①]正如上述论者所言，数量情节在毒品犯罪法定刑设置中的主导性地位和基础性地位容易使毒品犯罪的定罪量刑趋于僵化和呆板，同时也割裂了不同情节之间的密切关联。另外，我国毒品犯罪中关于其他情节的规定又表现出过于宏大、空泛的特征，如"走私、贩卖、运输、制造毒品集团的首要分子"、"武装掩护走私、贩卖、运输、制造毒品的"、"以暴力抗拒检查、拘留、逮捕，情节严重的"等情节，这些情节主要是规范的构成要件要素，且社会含义和法律含义均比较模糊，又为自由裁量权的滥用提供了方便。因此，我国刑法中毒品犯罪的法定刑设置依据和情节呈现出"故步自封与肆意无边"共舞的局面，无法形成多元法定情节有机联系，层次清晰、位阶明确的科学的法定情节体系。

申言之，毒品犯罪的侵害法益为人民健康，但是侵害程度却有大小之分，这种大小之分可以类型化为法定刑设置的基础情节。因此，凡是可以类型化的影响毒品犯罪侵害法益程度的情节都应当在法律中进行规定。如德国《麻醉药品法》中对贩卖毒品罪的立法模式就可资参考，该法"参酌了毒品问题在犯罪学与刑事政策学上的探讨意见，对于贩卖毒品行为的处罚，依行为人的犯罪动机、毒品数量、获利多寡、是否实际使他人健康受损以及是否属于帮派分子等因素，来区分犯罪类型，并且以之作为法定刑轻重的依据。……如此一来，一方面可以充分展现罪责原则的精神，另一方面，则可以避免法官在量刑决定上流于主观与恣意，或是不同法官之间形成过大的量刑个人差"[②]。而我国刑法中对于毒品犯罪的法定刑设置情节很明显是不尽合理的，更欠缺正当性依据。

第四节 《刑法修正案九》关于毒品犯罪的规定

2015 年 8 月 29 日，第十二届全国人民代表大会常务委员会第十六次会议通过《中华人民共和国刑法修正案（九）》（以下简称《刑法修正案九》），对毒品犯

① 李世清：《毒品犯罪的刑罚问题研究》，吉林大学博士论文，第 164 页，2007 年印。
② 王皇玉：《刑罚与社会规训》，元照出版公司 2009 年版，第 199—200 页。

罪部分条文进行了修订。

一、《刑法修正案九》关于毒品犯罪的修订

在《刑法修正案九》颁布前，理论界有部分学者主张通过立法取消毒品犯罪的死刑设置，如有论者指出："无论是从毒品犯罪的性质，社会危害性程度，还是从毒品犯罪行为与毒品危害结果之间因果关系的特点看，毒品犯罪都不应属于刑法中最严重的罪行，对其设置死刑都是缺乏正当根据的。"[①]但立法者并未回应理论界取消运输毒品罪死刑的呼声，而是维持了走私、贩卖、运输、制造毒品罪的死刑设置，并通过对走私、非法买卖制毒物品罪进行修订，在一定程度上扩张了毒品犯罪的犯罪圈。具体而言，对走私、非法买卖制毒物品罪的修改主要体现在以下几个方面：

(一) 构成要件的扩大化

修订前的《刑法》第 350 条规定的走私、非法买卖制毒物品罪的构成要件为："违反国家规定，非法运输、携带醋酸酐、乙醚、三氯甲烷或者其他用于制造毒品的原料或者配剂进出境的，或者违反国家规定，在境内非法买卖上述物品的。"概括而言，修订前的构成要件规定了两种行为方式：第一种行为方式为走私制毒物品，即必须要有携带、运输制毒物品进出境的行为；第二种行为方式为非法买卖制毒物品，该行为方式限定于境内的违规制毒物品买卖行为。而修订后的条文规定的构成要件行为方式为："违反国家规定，非法生产、买卖、运输醋酸酐、乙醚、三氯甲烷或者其他用于制造毒品的原料、配剂，或者携带上述物品进出境。"

与修订前的构成要件设置相比，修订后的构成要件具有以下几个方面的变化：首先，保留了走私制毒物品的行为方式，在立法技术上删除了以运输方式实施的走私制毒物品行为方式。这是考虑到携带制毒物品进出境的行为完全可以包含运输制毒物品进出境，因为进出境的行为本就是一种运输行为。其次，增加了生产和运输制毒物品两种行为方式。最后，保留了非法买卖制毒物品的行为方式。我国有论者认为，修订后的立法删除了作为限定区域的境内，将非法生产、运输、买卖的行为地点进行了抽象化，以期更加灵活地适应不断变化的司法实践。[②] 从上述论者的逻辑出发，意味着立法者保留了对境外生产、运输、买卖制毒物品刑事管辖的可能性，只不过这种管辖并非基于属地管辖，而是基于普遍

---

① 何荣功：《"毒品犯罪"不应属于刑法中最严重的罪行》，《辽宁大学学报》(哲学社会科学版)2014 年第 1 期。

② 李梁、曾涛：《走私、非法买卖制毒物品罪的修改与完善——〈刑法修正案(九)〉第 41 条的理解与适用》，《云南社会科学》2016 年第 1 期。

管辖等其他依据。应当说，上述论者的判断具有一定的合理性。因为，毒品犯罪属于国际公约规定的各缔约国均具有管辖权的国际犯罪，如果承认公约对各国国内法的拘束力的话，则我国对于在境外实施的制毒物品犯罪也有可能具有刑事管辖权，而具有刑事管辖权的前提则该行为依据我国法律符合犯罪构成。按照修订前的构成要件设置，只有在我国境内发生的买卖制毒物品行为才符合犯罪构成，这就意味着即使按照普遍管辖具有对境外犯罪的管辖权时，也可能会因为我国刑法中将该种行为限定于我国境内而不能够实施跨境的刑事管辖权。综上所述，《刑法修正案九》对非法买卖、走私制毒物品罪的修订不仅是行为方式的扩大，也是行为发生地域的扩大。

（二）提高法定刑设置，并增设财产刑

修订前的非法买卖、走私制毒物品罪的法定刑设置区分为两档：基本法定刑和加重法定刑。其中，基本法定刑为三年以下有期徒刑、拘役或管制，加重法定刑则对应数量大的情形，为三年以上十年以下有期徒刑。修订后的法定刑设置则区分为三档：情节较重的，处三年以下有期徒刑、拘役或者管制；情节严重的，处三年以上七年以下有期徒刑；情节特别严重的，处七年以上有期徒刑。比较修订前后的法定刑设置，最为明显的变化就是提高了最高法定刑，从十年提高到十五年。另外，区别于修订前的条文，修订后的条文将法定刑升格条件从单纯的数量标准拓宽为情节标准。应当说，从保障公民可预期性的明确性原则角度来看，数量标准更具有明确性和客观性，但立法者基于刑事政策上的严厉打击需要，通过情节标准来模糊化入罪与法定刑升格的边界，其目的在于避免立法上的疏漏导致的不能惩罚的情形出现。另外，修订后的条文在财产刑的设置上增加了没收财产，作为与罚金并列的可供选择的财产刑种类。该种设置更有利于消除犯罪行为人牟利动机的形成，因为没收财产与罚金相比，其经济上的剥夺性更为突出。

（三）扩大制造毒品罪的共犯范围

修订前的非法买卖、走私制毒物品罪规定，提供制毒物品给制造毒品行为人应当作为制造毒品罪的共犯。基于提供的行为方式一方面范围比较狭窄，另一方面与非法买卖、走私制毒物品罪构成要件所列举的生产、运输、买卖行为之间缺乏协调性。因为，提供行为的重点在于交付与制造毒品行为人，而生产和运输行为并不一定存在交付行为。从这个意义上，立法者将提供修订为生产、买卖、运输行为，进一步扩张了制造毒品罪的共犯成立范围，严密了惩罚的范围。

二、对《刑法修正案九》中毒品犯罪修订的评析

《刑法修正案九》中毒品犯罪的修订虽然集中于个别条文，但也可观察到立

法者对毒品犯罪的刑事政策和立法特点。

（一）没收财产设置有利于一般预防的需要

从立法技术上看，增加没收财产刑作为非法买卖、走私制毒物品罪的附加刑，符合毒品犯罪牟利性的特征，具有预防上的针对性和必要性。因为，从事非法买卖、走私制毒物品行为的绝大多数人，对制毒物品可能被利用于制作毒品并进而对人民健康产生危险或实害缺乏清晰的认识，很难基于这种危险或实害的模糊或遥远认识产生阻却犯罪的动机，反而是基于清晰的牟利目的实施犯罪。易言之，对于该种犯罪，获取更大利润为最重要的内心驱动。那么，基于一般预防的需要，通过没收财产的刑罚设置，形成预期财产与原有财产可能因为犯罪行为而被剥夺的预期，有利于潜在的行为人形成阻却实施犯罪的强大动机。正如有学者所指出的："每个人都是具有自由意志之个人，懂得对自己的行为举止进行理性计算，也知道如何在违法行为所得到的快乐与惩罚的痛苦之间进行轻重权衡。一般预防的运作机制，就是要一般人了解到，遵守规范永远才是最有利于自己的选择。"[①]因此，立法者将没收财产作为非法买卖、走私制毒物品罪的附加刑种，符合一般预防需要。

（二）严刑峻罚思想仍居于主导地位

《刑法修正案九》中，通过对非法买卖、走私制毒物品罪的修订，大幅度扩张了该罪的构成要件，提升了最高法定刑，并将入罪和升格法定刑的标准模糊化和抽象化，很清晰地表明立法者对于毒品犯罪的严打精神。这种对待毒品犯罪的严刑峻罚思想一方面有着政治和文化的深沉思考，另一方面也与立法者过于强调预防效果的迫切需要有关。因为，基于鸦片战争的屈辱情绪，从政治和文化角度考虑，对于毒品犯罪严刑峻罚有利于获取政治上的正当性和文化上的认同感。正是基于这种正当性和认同感的迫切需要，折射到禁毒刑事立法中，减少和控制毒品泛滥成为最迫切的现实需求。但是，在控制和减少毒品需求和供应的其他社会手段尚未充分发挥作用的客观背景下，运用更大强度的刑罚手段进行一般预防似乎成了没有选择的选择。但是，这种舍本逐末的权宜之计是以过度使用刑罚手段作为代价的，有悖于刑法的人权保障功能。另外，即使从预防的效益来看，在其他手段不能充分发挥作用的情况下，过度依赖刑事制裁也未必能够取得更好的预防效果。因为，对于制毒物品而言，其用途和获得方式的多元性决定了刑罚介入只能是片段性的，不可能是根本性的手段。正如美国学者所指出的："不可能希望对所有药品供应进行有效控制，而且也根本不可能排除相当数量的

① 王皇玉：《刑罚与社会规训》，元照出版公司 2009 年版，第 24 页。

药物供应来自非法药品交易渠道的可能性。虽然可以通过联邦政府颁发执照和加工工厂的检查监督,对生产者和销售者需求货量登记以及其他法律制度的方法,以达到最大限度的控制,但是将刑事制裁作为首要的控制手段是非常不合适的。命令禁止、吊销执照和民事罚款等诸如此类的裁决,可能更有助于法律控制得到现实执行。”①

另一方面,修订后的非法买卖、走私易制毒物品罪的最高法定刑已接近于非法持有毒品罪的最高法定刑,从刑法体系的均衡性来看,这很难说是符合罪刑均衡原则的。从一般人的法感情来看,未经法律许可,运输乙醚之类的化学品,其违法程度接近于非法持有大量毒品,接近于盗窃数额巨大的财物,这可能会钝化社会公众的法感情。因为,法定刑的设置,特别是自由刑的设置,并不能够纯粹基于威慑或一般预防的需要,而应当还原到该行为本身对于法益侵害的程度和类型上进行考虑。如果以法益侵害为依据,则很难说明非法运输制毒物品行为的法益侵害程度接近于数额巨大的盗窃或非法持有数量巨大的毒品。最后,把明确性的数量标准替换为内涵不明的情节标准,实际上是剥夺了公民对法规范的可预期性,与罪刑法定所追求的明确性背道而驰。当然,唯数量论的模式也存在一些问题,但解决问题的方式不能够是抽象标准替代具体标准。因为,标准愈趋于抽象,则标准就很可能虚无化,而标准虚无化的结果则可能是罪刑法定原则的坍塌,进而有损法治国原则。

(三) 制造毒品罪共犯范围过于扩大化

《刑法修正案九》中对制造毒品罪的共犯范围进行了扩大设置,规定明知他人制造毒品而为其生产、买卖、运输前款规定的物品的,以制造毒品罪的共犯论处。一般而言,明知生产、买卖、运输的物品会被他人用于制造毒品,且该物品属于法律规定的易制毒物品的情形并非是很典型的制造毒品罪的共犯行为,而是属于中立帮助行为。关于中立帮助行为的性质,在理论上存在主观说、客观说、折中说之争。② 比如,行为人为化学品销售商,明知他人购买乙醚系用于制造毒品,仍将乙醚销售于他人的行为。对于行为人而言,其作为化学品的销售商,销售乙醚属于日常的业务行为,即使其明知该乙醚的购买者会用乙醚制造毒品,是否就必然基于共犯成立的原理成立制造毒品罪的共犯还存在争议。立法者为严厉惩罚制造毒品罪,通过把与制造毒品有关的生产、买卖、运输制毒物品行为进行全面的共犯化立法设置,实际上就是不区分地将中立帮助行为一律作为帮助

---

① [美]哈伯特·L.帕克:《刑事制裁的界限》,梁根林等译,法律出版社 2008 年版,第 339 页。

② 具体争议可参见张明楷:《刑法学》(上),法律出版社 2016 年版,第 424 页。

犯进行规定。这是中立帮助行为的主观说的结论，但是在客观说或折中说来看，上述立法修正缺乏正当依据。从刑事政策学角度来看，在个别犯罪中突破共犯一般原理进行扩大化设置，有悖于立法意义的正当性，也有可能破坏刑法体系的均衡性。易言之，如果立法者能够在所有场合均坚持中立帮助行为的主观说，至少符合同等情形同等对待原则。但立法者仅仅基于严厉惩罚毒品犯罪的需要，在毒品犯罪的中立帮助行为的场合采取主观说立场，而在其他犯罪的场合则不一定采取主观说，这很难说是一种妥当的做法。

即使以刑事立法作为刑法教义学的基本边界，《刑法修正案九》中对制造毒品罪的共犯范围规定仍有进一步研究的余地。一方面，如果制造毒品的实行人处于或迫近实行阶段，为其生产、运输、买卖制毒物品的行为人在明知该物品会用于制造毒品的场合，则应当认定为制造毒品罪的共犯。因为，“若在行为实施时或实施前直接提供支持行为，并且明显提高了正犯在具体情状下实现构成要件的成功机会，则总可以认定成立第 27 条（德国刑法典——引者注）的帮助。至于这种帮助是否被称作‘中性’的，则无关紧要。”[①]另一方面，如果制造毒品行为人尚处于预备阶段，在此期间为其生产、买卖、运输制毒物品则不应当理解为制造毒品的帮助行为。因为，对于制造毒品的预备行为所实施的帮助行为，与制造毒品的实行行为之间缺乏直接的关联性，也很难推导出该帮助行为对将来可能实施的实行行为的积极推动性。因此，在适用该条文时，必须评估生产、运输、买卖制毒物品行为实施时，制造毒品行为人究竟处于犯意表示还是犯罪预备，抑或是犯罪实行阶段。如果制造毒品行为人在获取制毒物品时，其尚未真正实行制造毒品行为，则为该获取制毒物品的行为提供生产、买卖、运输等帮助行为就不能够评价为制造毒品罪的共犯。

① ［德］乌尔斯·金德霍伊泽尔：《刑法总论教科书》，北京大学出版社 2015 年版，第 455 页。

第三章　从权力到权利

——禁毒刑事司法解释的变迁与正当性检讨

全国人民代表大会常务委员会于1981年6月10日通过的《关于加强法律解释工作的决议》规定："凡属于法院审判工作中具体应用法律、法令的问题，由最高人民法院进行解释。凡属于检察院检察工作中具体应用法律、法令的问题，由最高人民检察院进行解释。最高人民法院与最高人民检察院的解释如果有原则性的分歧的，报请全国人民代表大会常务委员会解释或决定。"该规定为最高人民法院与最高人民检察院解释法律提供了法律依据。自1979年《刑法》颁布以来，最高人民法院与最高人民检察院就毒品犯罪的定罪量刑制定了多种司法解释，这些解释在指导司法适用中发挥了重要的作用。但是，部分司法解释欠缺正当性依据，甚至突破了解释的边界，影响到刑法的确定性价值，冲击着罪刑法定原则的藩篱。此外，另有部分司法解释存在着对刑法条文的误读，在司法实践中导致更为复杂的司法适用困境。因此，有必要梳理三十年来禁毒刑事司法解释的变迁，检讨其正当性与合法性基础。

第一节　刑事司法解释概述

一、刑事司法解释的界定

我国刑法通说认为，刑事司法解释是最高司法机关对刑法的含义所作的解释。[①] 这种解释权的合法性来源于立法机关的授权，或者说，立法机关基于司法的时效性与刑法条文的抽象性之间的紧迫矛盾，把具体刑法条文含义的解释有限制地委诸司法机关行使，这就是刑事司法解释的必要性所在。如有学者所言："理解、解释法律的多数场景是在法律与案件的融合之时，这时，除了法官，立法者不可能把自己设计为法律的守护神，换句话说，立法者不可能到每个案件中充当法律意义的阐释者，立法者放心也好，不放心也好，在具体审案的过程中，只能

---

① 高铭暄、马克昌：《刑法学》，高等教育出版社、北京大学出版社2007年版，第24页。

把法律的命运托付给法官，由他在具体案件中宣布法律的旨意。”①因为，刑法条文具有普遍性和概括性，与个案事实的具体性和特殊性之间既是抽象与具体的关系，也是规范与事实的关系。抽象的刑法条文涵摄具体事实的过程，在本质上就是一种解释的过程。只不过，与法官在个案中的具体解释不同，刑事司法解释更趋向于刑法条文的普遍适用性，即在刑法条文与个案适用的鸿沟中搭建出一座桥梁，这座桥梁的功能在于疏通立法的抽象性与个案的特殊性，在特殊性与普遍性之间突出普遍性的具体指导作用。

我国的刑事司法体制中，最高司法机关包括最高人民法院和最高人民检察院。有学者认为，刑事司法解释权只能由最高人民法院行使，最高人民检察院不拥有刑事司法解释权。因为，“司法解释应当是司法者在具体案件的裁判过程中对法律规范所作的解释。检察机关并不是司法者，其对法律的解释和学者、一般群众对法律的解释一样不属于司法解释。检察机关在刑事诉讼中处于公诉人的位置，真正在刑事诉讼中起决定作用的是法院和法官。最高人民检察院对刑法所作解释中的定罪量刑标准要在实际中发挥作用必须通过法院的审判行为进行确认，即只有法院才有最终决定犯罪和刑罚的权力。”②论者以解释是否具有终局性和权威性作为区分刑事司法解释与非刑事司法解释的标准是不妥当的。因为，解释的基础和依据在于刑法规范，这种规范表现为条文以及条文之间的联系，刑法规范才具有终极性和权威性。即使是从解释的角度来看，与最高人民法院的司法解释相比，最高立法机关的立法解释的效力更具有权威性。因此，无论是最高人民检察院还是最高人民法院，其司法解释均不具有最高的权威性，而必须受到刑法规范的约束和限制。从这个意义上说，最高人民法院与最高人民检察院的司法解释的权威性是处于相同层次的。因此，以终局性和权威性作为标准是无法排除最高人民检察院的刑事司法解释权的。

二、刑事司法解释的边界

刑事司法解释的边界实际上是指刑事司法解释的范围，司法解释范围的划定一般采取形式标准。所谓形式标准，即指运用程序和表现形式确定刑事司法解释的范围，如我国最高人民法院 2007 年 3 月 9 日发布的《关于司法解释工作的规定》即具体规定了最高人民法院指定司法解释的程序、方式，明确了司法解释的形式边界，其第 6 条规定：“司法解释的形式分为‘解释’、‘规定’、‘批复’和

---

① 陈金钊：《法律解释学的转向与实用法学的第三条道路》（下），《法学评论》2002 年第 2 期。
② 蒋涛：《罪刑法定下我国刑事司法解释的完善》，华东政法大学博士论文，第 24 页，2008 年印。

'决定'四种。对在审判工作中如何具体应用某一法律或者对某一类案件、某一类问题如何应用法律制定的司法解释,采用'解释'的形式。根据立法精神对审判工作中需要制定的规范、意见等司法解释,采用'规定'的形式。对高级人民法院、解放军军事法院就审判工作中具体应用法律问题的请示制定的司法解释,采用'批复'的形式。修改或者废止司法解释,采用'决定'的形式。"亦即,最高人民法院颁布的各种文件中,只有冠以"解释"、"规定"、"批复"、"决定"四种名称的文件方可能成为司法解释。最高人民检察院也规定了类似的司法解释形式,规定司法解释包括最高人民检察院制定的"解释"、"规定"、"意见"、"批复"等。

问题是,我国最高司法机关的内设机构及地方司法机关所作的不具有上述规范形式的刑法解释是否属于司法解释呢?有学者把这类解释概称为解释性法律文件,[①]还有学者将其称为准司法解释。[②] 这类解释性法律文件不仅数量繁多,而且形式多样,主要包括以下形式:"座谈会纪要"、"答复"、"电话答复"、"会议综述"、"意见"、"审判长会议纪要"、"审判实务释疑"等。有论者指出:"这些解释性法律文件虽然并不具有司法解释的合法地位,但各级司法机关尤其是审判机关在适用法律时皆以这些解释性法律文件作为裁判依据,这些解释性法律文件实际上起着司法解释的作用。"[③]之所以不具备司法解释形式的解释性法律文件能够实际起到司法解释的作用,并对司法实务具有重要的指导性,与我国司法机关事实上存在的领导与被领导关系管理体制有关。以人民法院为例,上下级法院之间依法应当是指导关系,但事实上则通过案件管理、考核等制度形成了领导与被领导关系,束缚了各级人民法院独立理解法律、独立裁判的能动性。那么,从实际功能来讲,这类解释性法律文件虽无司法解释之名,却有司法解释之实,也应纳入广义的司法解释来考察。特别是在毒品犯罪领域,除了正式的司法解释之外,这种解释性法律文件更具有指导性和影响力。如2000年发布的《全国法院审理毒品犯罪案件工作座谈会纪要》,在21世纪以来我国毒品犯罪的司法实务中影响深远,部分内容已成为毒品犯罪司法适用的权威性解释,并得到了普遍的执行。[④]

---

① 蒋涛:《罪刑法定下我国刑事司法解释的完善》,华东政法大学博士论文,第22页,2008年印。

② 孙国祥:《刑法基本问题》,法律出版社2007年版,第42页。

③ 蒋涛:《罪刑法定下我国刑事司法解释的完善》,华东政法大学博士论文,第23页,2008年印。

④ 如该纪要中关于毒品犯罪中特情引诱犯罪的规定,至今仍为人民法院普遍接受和实施。该纪要规定,对于毒品犯罪中的"犯意引诱",无论数量多大,均不应当判处死刑立即执行;对于"数量引诱"的被告人,即使超过了判处死刑的毒品数量标准,一般也不应当判处死刑立即执行。正基于这样的规定,一旦人民法院认定或高度怀疑个案中存在特情介入,均不适用死刑立即执行,在实践中律师也往往把特情介入的证明作为重要的辩护情节。

三、刑事司法解释的效力

罪刑法定原则要求法不溯及既往，而刑事司法解释在理论上只是对刑法的含义的具体阐明，当然应当与被解释的刑法具有相同的生效时间，其效力也应当依附于其解释的刑法条文。如有论者认为，刑事司法解释不应有独立的时间效力，其时间效力必须依附于它所解释的刑法规范的效力。原因有三：其一，刑事司法解释并非独立的刑法规范，而是对已有的刑法规范内涵及外延的理解与阐释；其二，刑事司法解释的目的主要是为了实现刑法的统一理解和普遍执行，绝非是为了创造新的刑法规范；其三，刑事司法解释的对象是刑法条文本身，会受到刑法条文、款项的制约。这种制约主要体现在，刑法条文规定和刑法规范的内容会随着客观条件的变化而变化，相应的司法解释也会随之发生变化；刑法条文规定的刑法规范内容，要根据其他有关法律、法规确定时，其司法解释也应根据其他有关法律、法规进行；刑法条文对刑法规范的内容只有原则规定的，其司法解释应当根据刑法条文的规定，根据刑法规范所包含的应有内容作出相应解释。[①] 论者以刑事司法解释是对刑法规范的正当性揭示这样一个前提展开论证，并得出刑事司法解释效力对刑法规范的依附性。如果论者的前提正确，其结论自然无可非议。

问题在于，我国的很多刑事司法解释在很大程度上具有立法的特征，且与被解释的条文之间的关联度往往超越了一般人能够理解的范围，从内容和文义上更像是新的法律条文，这就颠覆了上述论者的前提，也才成为一个极具争议的问题。如有学者指出："一是我国的规范性法律解释存在扩大解释和限制解释的情况，使法律解释和法条看起来不太一致。二是法律解释的细则性（具体性）特征使我们适用法条时表现出来的是适用法律解释而不是适用法律条文。三是法律和'两高'规定法律解释具有法律效力，判决时应当引用。立法法规定'全国人大常委会的法律解释同法律具有同等效力'（第 47 条）；'两高'规定司法解释'具有法律效力'（前引联合规定），最高法院明确规定'司法解释与有关法律规定一并作为人民法院判决或者裁定的依据时，应当在司法文书中援引'（前引 1997 法 15 号第 14 条）。四是法律解释具有滞后性特征，将其适用于其生效以前的案件，看起来像溯及既往。"[②]因此，有必要审慎对待刑事司法解释的效力争议。刑事司法解释与刑法规范之间本不应表现出二元化的倾向，这是罪刑法定原

① 游伟、鲁义珍：《刑法司法解释效力探讨》，《法学研究》1994 年第 6 期。
② 杨艳霞：《正当性刑法解释研究》，中国政法大学博士论文，第 122 页，2004 年印。

则的要求。那么,在事实上刑事司法解释具有立法化的特点之时,则应当站在人权保障的高度,对于明显脱离刑法规范含义的司法解释,否定其溯及既往的效力。当然,对于只是对刑法规范的含义的阐明性司法解释,则应当承认其溯及既往的能力。

第二节 禁毒刑事司法解释的演进

一、1997 年刑法颁布前的司法解释

自 1979 年刑法颁布,至 1997 年刑法的修订,我国对毒品的刑事规制走过了由宽趋严的道路。除刑法典的变迁和单行刑法的出台之外,禁毒刑事司法解释也不断演进,最终促成了 1997 年刑法的出台。这个期间的禁毒刑事司法解释既包括毒品犯罪程序上的重大变革,也包括实体上的具体定罪量刑解释。

(一) 死刑核准权的选择性下放

1991 年 6 月 6 日,最高人民法院发布《关于授权云南省高级人民法院核准部分毒品犯罪死刑案件的通知》,将云南省的毒品犯罪死刑案件核准权下放至云南省高级人民法院行使。1993 年 8 月 18 日,最高人民法院发布《关于授权广东省高级人民法院核准部分毒品犯罪死刑案件的通知》,将广东省的毒品犯罪死刑案件核准权下放至广东省高级人民法院行使。1996 年 3 月 19 日,最高人民法院发布《关于授权广西壮族自治区、四川省、甘肃省高级人民法院核准部分毒品犯罪死刑案件的通知》,将广西壮族自治区、四川省、甘肃省的毒品犯罪死刑案件核准权下放至广东省高级人民法院行使。1997 年 6 月 23 日,最高人民法院发布《关于授权贵州省高级人民法院核准部分毒品犯罪死刑案件的通知》,将贵州省的毒品死刑案件的核准权下放至贵州省高级人民法院行使。根据上述通知,云南、广东、广西、四川、甘肃、贵州六省、自治区行使各自辖区内的绝大多数毒品犯罪死刑案件的死刑核准权,只是在例外规定中,列举了最高人民法院自行判决和涉外的毒品死刑案件核准权不予下放。死刑核准权的选择性下放争议颇大,涉及最高人民法院是否有权下放死刑核准权的问题,也涉及毒品犯罪是否属于可以下放的犯罪类型,还涉及部分省区下放所致的毒品死刑案件程序上的平等性问题。因此,自 1991 年首先将毒品死刑案件核准权下放给云南省高级人民法院以来,不仅在理论界多有批评之声,而且最高立法机关也对此颇有微词。

其一，在最高人民法院以《通知》形式首次下放云南省高级人民法院毒品死刑案件核准权前的1990年七届全国人大三次会议上，云南省代表团即提交了关于建议下放走私、贩卖、运输毒品的犯罪分子的死刑核准权的议案，但是经过人民代表、法律委员会等审议，并未采纳上述议案。在《关于第七届全国人大第三次会议主席团交付法律委员会审议的代表提出的议案审议结果的报告》中，全国人大常委会法律委员会指出："法律委员会经过调查研究，认为对走私、制造、贩运毒品的犯罪活动必须严厉打击，法制工作委员会也已起草了关于禁毒的决定(草案)。关于毒品犯罪判处死刑的核准权下放问题，许多委员认为，刑法和刑事诉讼法规定死刑由最高法院核准，是从程序上保证准确适用死刑的一项重要的法律制度，原则上应当坚持。1983年修改法院组织法，规定最高人民法院必要时可以将杀人、强奸、抢劫、爆炸等严重危害公共安全和社会治安的案件的死刑核准权授权省级高级人民法院行使，对死刑核准权下放的范围是有严格限制的，现在再扩大下放范围，需要慎重考虑。"从这个议案的提出和立法机关的审查情况可以看出，立法机关一方面认为毒品犯罪未必属于《人民法院组织法》中规定的可以下放死刑核准权的"杀人、强奸、抢劫、爆炸等严重危害公共安全和社会治安的案件"，另一方面也肯定了最高人民法院核准死刑的程序上应当坚持的确保死刑准确适用的重要法律制度。

其二，1983年修改的《人民法院组织法》与作为基本法律的《刑事诉讼法》相比，作为下位法，是否可以作出与上位法冲突的规定？1979年制定的《形事诉讼法》都明确规定了死刑核准的主体是最高人民法院，且未有例外性规定和授权性规定。如1979年刑事诉讼法第144条规定："死刑由最高人民法院核准。"从法律的位阶来看，无法证成《人民法院组织法》死刑核准权下放的授权规定的合法性。即使不考虑《人民法院组织法》与《刑事诉讼法》的非基本法律与基本法律之间位阶的不同，按照后法优于先法的规则，1996年修订后的《刑事诉讼法》仍然维持了死刑核准由最高人民法院进行的规定，与1983年修改的《人民法院组织法》关于死刑核准授权下放的规定相比，自然也应适用1996年修订后的《刑事诉讼法》。

其三，即使按照1983年修改的《人民法院组织法》的规定，最高人民把毒品死刑案件的核准权下放给部分高级人民法院也很难说具有正当性。1983年修改的《人民法院组织法》中规定的下放死刑核准权的前提是"杀人、强奸、抢劫、爆炸等严重危害公共安全和社会治安的案件"，毒品犯罪是否属于上述的犯罪类型呢？从法律解释的原理来看，对于下放死刑核准权的案件类型，立法者采用了列举与概括相结合的方式。先列举杀人、强奸、抢劫、爆炸四种犯罪类型，后概括出所列四种犯罪类型的本质属性，即“严重危害公共安全和社会治安”。从这个意义上说，只有与杀人、强奸、抢劫、爆炸等犯罪具有相同程度的危害公共安全和社会治安性质的犯罪才可以下放死刑核准权。我国刑法分则把毒品犯罪归类为妨害社会管理秩序犯罪，毒品犯罪行为往往缺乏直接或清晰的受害人，其犯罪方式通常具有隐蔽性和非暴力性，对于社会治安和公共安全并无直接的影响，其影响具有衍生性和拟制性。因此，不能把毒品犯罪诱发的其他暴力犯罪解释为毒品犯罪本身就具有暴力犯罪的特征。那么，最高人民法院下放毒品犯罪的死刑核准权实际上是对《人民法院组织法》的类推解释，不具有正当的法律依据。

其四，最高人民法院选择性下放毒品犯罪死刑核准权有悖于法律的平等适用原则和罪刑法定原则。所谓法律的平等适用原则，是指相同的行为能够得到法律上的相同评价，不因地域、民族等特殊属性有所区别，这也是罪刑法定原则的应有之义。古典的罪刑法定原则认为，要使刑法有效的发挥规范机能，必须具有：(1) 仅能惩罚超越社会契约约束的行为；(2) 法官仅决定行为是否违反法律，而解释法律是立法者的职权；(3) 惩罚的尺度必须基于犯罪对公共福利损害而定；(4) 必须有公平、公开、及时与必要的审判；(5) 必须遵守罪刑相当原则以及罪刑规定的明确性、禁止溯及既往的五项原则。[①] 其中第 4 项关于公开、公平、及时与必要的审判的原则，正是人权保障与平等适用法律原则的体现。而最高人民法院只是在部分省区下放毒品犯罪案件的死刑核准权，且对涉外的毒品犯罪死刑案件一律不予下放，这就产生了一种平等性的焦虑。这种焦虑体现在：相同性质和情节的毒品犯罪行为，如果发生在毒品问题比较严重的省份，被判处死刑后其二审和复核机构都为高级人民法院；如果发生在毒品犯罪死刑核准权未下放的地区，则由最高人民法院核准；如果是涉外的毒品犯罪案件，无论在哪个省份，均由最高人民法院进行核准。这种因为行为人国籍的差别、行为地所处省份的差别导致刑事审判的程序差别，无论如何都是对法律平等适用原则的颠覆和背离。

(二)《珠海会议纪要》

在《关于禁毒的决定》颁布前后，针对各地司法机关在理解适用《刑法》、《关于禁毒的决定》过程中存在的分歧，最高人民法院与最高人民检察院多次个别进行答复，但是分歧仍然存在，且各地司法机关适用法律存在较大的偏差。鉴于此，1991 年 4 月 25 日至 29 日，最高人民法院在广东省珠海市召开了审理毒品

① 郑逸哲：《罪刑法定主义七十年》，载《刑法七十年之回顾与展望纪念论文集》，元照出版公司 2001 年版，第 83 页。

犯罪案件工作会议，12个毒品犯罪形势比较严峻的省、自治区高级人民法院或中级人民法院及最高人民法院相关庭室的人员参加了会议，并形成了《最高人民法院关于十二省、自治区法院审理毒品犯罪案件工作会议纪要》（以下简称《珠海会议纪要》），对迫切需要解决的若干毒品犯罪适用法律问题作出了规定，这些规定的主要内容包括：

1. 毒品数量与定罪量刑

《珠海会议纪要》第3、4、5条规定了毒品犯罪的起刑数量、死刑适用与数量、鸦片、海洛因以外的其他毒品的数量标准和量刑幅度等问题。其一，就毒品犯罪的起刑数量而言，因《关于禁毒的决定》未规定走私、贩卖、运输、制造毒品罪的起刑最低数量，《珠海会议纪要》指出，这体现了对毒品犯罪从严惩处的精神，应当理解为走私、贩卖、运输、制造毒品不论其数量多少，都要依法予以惩处。同时认为《刑法》中"情节显著轻微危害不大的，不认为是犯罪"的规定同样也应当适用于毒品犯罪。其二，关于数量与死刑的适用问题，《珠海会议纪要》强调毒品数量不是唯一的死刑适用情节，即使达到法定的死刑适用数量，也应当考虑犯罪的其他情节，如累犯、惯犯、偶犯、从犯等情节。但是，《珠海会议纪要》也指出："毒品犯罪案件情况复杂，各地的情况不同，判处死刑的毒品数量标准不可能绝对一致。各高级人民法院可根据《决定》的规定，结合本地区的实际情况和与毒品犯罪作斗争的形势的需要，提出一个供本地区内部掌握的死刑数量标准，报最高人民法院备案。"其三，鉴于《关于禁毒的决定》中只是对鸦片和海洛因的法定刑数量标准作出了明确的规定，而未对其他毒品的法定刑数量标准作出规定，《珠海会议纪要》指出，因其他毒品的数量标准暂时无法通过司法解释予以明确，但"各地人民法院可通过收集、分析案例和进行调查研究后，提出个意见，先在本地区试行，以积累经验，为司法解释提供材料，创造条件"。事实上，对于该问题，《珠海会议纪要》进行了回避。

2. 强调财产刑的适用与共犯的特殊处理

《珠海会议纪要》认为，毒品犯罪是一种利益驱动的犯罪，犯罪行为人之所以置生死于不顾、铤而走险从事毒品犯罪，其动力就在于牟取非法暴利。因此，应当严格依据《关于禁毒的决定》中毒品犯罪财产刑适用的规定，通过财产刑的严格适用阻断毒品犯罪行为人的内在驱动力。此外，针对毒品犯罪中共同犯罪的认定和刑罚适用，《珠海会议纪要》规定，首要分子和主犯应当从严处罚。具体而言："走私、贩卖、运输、制造毒品集团的首要分子，要按照该集团进行的毒品犯罪活动及全部毒品数量予以处罚。对于一般共同进行毒品犯罪活动的犯罪分子，按照个人进行毒品犯罪活动的出资额、毒品数量及其在共同犯罪中的地位、作用，分别处罚。其中，对于主犯，按照其参与进行的共同毒品犯罪活动和毒品数量处罚。对于从犯，按照上述原则，根据刑法第二十四条第二款的规定，比照主犯从轻、减轻处罚或者免除处罚。”

3. *毒品纯度与假毒品、掺假毒品的处理*

《珠海会议纪要》规定，对于拟判死刑的案件，应当进行毒品纯度鉴定。对于其他毒品犯罪案件，当查获的毒品形状、颜色明显不同于原认定的毒品种类的一般特征，或者有争议的，也应当补充鉴定或者重新鉴定。并认为，毒品的种类和含量的确定是十分重要的，应当逐步做到全部鉴定。此外，对于假毒品的处理，应当区分两种情况：“一种是行为人故意以假充真或明知是假毒品而贩卖获利；另一种是行为人完全不知是假毒品，以为是真的毒品进行贩卖而获利。对于第一种情况，行为人故意以假货冒充毒品贩卖，纯属欺骗，应定为诈骗罪。对于第二种情况，行为人虽然卖出的是假毒品，但他主观上具有贩卖毒品的故意，故应定为贩卖毒品罪（未遂），但在处罚时应根据其犯罪的具体情节，可以比照既遂犯从轻或者减轻处罚。”而对于掺假毒品，则确立了只要检出毒品成分就可作为毒品定罪量刑的原则。

《珠海会议纪要》的出台，是在“严打”背景下折中和妥协的产物。一方面，自1990年5月以来，国家把毒品犯罪作为从重从快打击的“六害”之一，是“严打”的重点打击对象，需要使用更严厉的措施和手段进行打击。另一方面，作为最高司法机关的最高人民法院，也需要坚持罪刑适当、法律程序的正当性，进而捍卫法律的威信和司法的公信力。因此，《珠海会议纪要》在从严从快与罪刑相当之间艰难抉择，不可避免采用模糊性、含混性、原则性的表述，试图捍卫司法公正的最后底线，却无力旗帜鲜明地扛起罪刑相当和正当程序的大旗。因此，《珠海会议纪要》只能在强调对毒品犯罪从严惩处原则的同时，指出要在法律的范围内从重从快。但是，“依法从重从快”的表述在事实上有着法律虚无化的倾向。正如有学者所指出的，“严打”时应当“依法从重”，“其实只有宣言式的意义，‘严打时应贯彻依法从重原则’的说法和‘严打时应贯彻从重原则’的含义并无不同：只要是在‘严打’期间处理相关案件，就必须从重——这不是重刑主义是什么？”①当然，值得肯定的是，《珠海会议纪要》中对毒品纯度鉴定等的规定也体现了罪刑相当的原则，具有进步和积极的一面。

（三）1994年《适用〈关于禁毒的决定〉的若干问题的解释》

在1990年全国人民代表大会常务委员会《关于禁毒的决定》颁布实施近四

---

① 王政勋：《刑法的正当性》，北京大学出版社2008年版，第29页。

年之际，最高人民法院于1994年12月20日发布《最高人民法院关于适用〈全国人民代表大会常务委员会关于禁毒的决定〉的若干问题的解释》（以下简称《适用〈关于禁毒的决定〉的若干问题的解释》）。该解释共计20条，对《关于禁毒的决定》的条文进行了非常详细的解释和规定，并吸收了《珠海会议纪要》中的部分内容作了进一步的明确。具体而言，该解释的主要内容为：

1. 对毒品犯罪罪名及罪状的确定和叙明

《适用〈关于禁毒的决定〉的若干问题的解释》第1条明确了毒品犯罪的罪名，第2条至第12条则按照第1条所确立的罪名顺序对各种毒品犯罪的罪状进行叙明，特别是对理论和实践中颇具争议的毒品犯罪的行为方式进行了规定和阐明。如贩卖毒品罪中的贩卖行为的界定，在《适用〈关于禁毒的决定〉的若干问题的解释》出台前就颇具争议。如有学者认为，所谓贩卖，其实质是有偿转让，包括买卖与交换，不管是先买后卖，还是先卖后买，也不论批发，还是零售。① 另有学者认为，贩卖毒品表现为非法倒卖毒品或自制自销毒品。② 还有学者认为，贩卖毒品的行为是违反工商管理法规，非法销售毒品，包括批发、零售的行为。③ 也有学者指出，贩卖是指非法地有偿转让，包括买卖与交换、批发和零售。不论是先买后卖或者自制自销，只要行为人是以牟利为目的，将毒品买入或卖出，皆属贩卖毒品。④ 核心争议在于，贩卖是否等于买卖？贩卖是否需要以牟利为目的？贩卖是否需要先买后卖？《适用〈关于禁毒的决定〉的若干问题的解释》第2条则规定，所谓贩卖毒品，“是指明知是毒品而非法销售或者以贩卖为目的而非法收买毒品的行为。”就上述争议表明了最高司法机关的理解和态度，在一定程度上统一了各级司法机关对贩卖毒品的理解。当然，因为欠缺论证和理由，上述解释是否能够具有正当性还有待进一步检讨。

2. 吸收了《珠海会议纪要》的部分内容

《适用〈关于禁毒的决定〉的若干问题的解释》第17条至18条关于假毒品定性、共犯的处罚原则是对《珠海会议纪要》内容的确认，第19条关于毒品含量的鉴定规定则是在吸收《珠海会议纪要》内容基础上的扩展和具体化。关于对毒品犯罪中毒品的鉴定问题，在刑法典、《关于禁毒的决定》中都未规定，部分司法机关为简化办案程序，突出从快从严打击毒品犯罪的刑事政策，抵制对毒品进行纯

---

① 参见赵长青：《中国毒品问题研究》，中国大百科全书出版社1993年版，第292页。

② 参见桑红华：《毒品犯罪》，警官教育出版社1992年版，第144页。持相同观点的还可参见欧阳涛、陈泽宪：《毒品犯罪及对策》，群众出版社1993年版，第52页；赵秉志、吴振兴：《刑法学通论》，高等教育出版社1993年版，第736页。

③ 参见周其华：《全国人大常委会修改和补充的犯罪》，中国检察出版社1992年版，第245页。

④ 参见赵秉志：《毒品犯罪研究》，中国人民大学出版社1993年版，第120页。

度鉴定。如有人认为:"毒品的鉴定只要明确属于何种毒品,就可以用实际缴获的毒品数量,根据《决定》定罪量刑,无需鉴定毒品的纯度,并按其纯度折算和考虑。"[①]但是,毒品的纯度不仅直接影响毒品的危害程度,甚至可能对于毒品的种类也有影响。因此,《适用〈关于禁毒的决定〉的若干问题的解释》规定:"对毒品犯罪案件中查获的毒品,应当鉴定,并作出鉴定结论。海洛因的含量在25%以上的,可视为《决定》和本解释所指的海洛因。含量不够25%的,应当折合成含量为25%的海洛因计算数量。对毒品的鉴定结论有疑义的,应当补充鉴定或者重新鉴定。"

二、1997年刑法颁布后的司法解释

1997年的刑法修订以罪刑法定原则为基础,对之前存在的单行刑法、司法解释内容进行了吸收和调整,并根据刑法目的和功能的变化,在总则、分则等多方面对79年刑法进行修订。在毒品犯罪方面,1997年刑法基本采纳了《关于禁毒的决定》和相关司法解释的重要内容,在部分问题上进行了革命性的规定。但是,毒品犯罪的严峻形势并未随着新刑法的出台而得到有效遏制,且伴随着吸毒人员的增加和毒品流行种类、传播方式的变化,在司法适用中对于1997年刑法毒品犯罪的规定又出现了诸多争议,为缓和这些争议,控制和减少毒品犯罪,统一司法适用,我国最高司法机关在1997年刑法颁布后陆续出台了一系列有关毒品犯罪的司法解释。其中,最为重要的司法解释包括:2000年发布的《最高人民法院关于审理毒品案件定罪量刑标准有关问题的解释》,2000年发布的《全国法院审理毒品犯罪案件工作座谈会纪要》(以下简称《南宁会议纪要》),最高人民法院、最高人民检察院、公安部2007年发布的《办理毒品犯罪案件适用法律若干问题的意见》,最高人民法院、最高人民检察院、公安部2009年发布的《办理制毒物品犯罪案件适用法律若干问题的意见》,最高人民法院2008年发布的《全国部分法院审理毒品犯罪案件工作座谈会纪要》(以下简称《大连会议纪要》),最高人民法院2015年发布的《全国法院毒品犯罪审判工作座谈会纪要》(以下简称《武汉会议纪要》),最高人民法院2016年发布的《关于审理毒品犯罪案件适用法律若干问题的解释》,最高人民法院、最高人民检察院、公安部2016年发布的《办理毒品犯罪案件毒品提取、扣押、称量、取样和送检程序若干问题的规定》等。上述司法解释在某种意义上支配和影响了中国的禁毒刑事司法,甚至对禁毒刑事理论研究也产生了重要影响。

---

① 赵秉志:《毒品犯罪研究》,中国人民大学出版社1993年版,第120页。

（一）从《南宁会议纪要》到《大连会议纪要》

2000年1月5日至7日，最高人民法院在广西壮族自治区南宁市召开全国法院审理毒品犯罪案件工作座谈会，并在研讨和总结的基础上形成了《南宁会议纪要》，在1997年刑法规定的基础上对毒品犯罪的定罪量刑提出了若干意见，其内容主要包括毒品犯罪的定罪、共同犯罪、特情引诱犯罪、刑罚适用等问题。2008年9月23日至24日，最高人民法院针对毒品犯罪适用法律过程中出现的新问题在辽宁省大连市召开全国部分法院审理毒品犯罪案件工作座谈会，形成了《大连会议纪要》，对毒品犯罪的定罪量刑等问题在《南宁会议纪要》基础上进行归纳总结，并提出了一些新的意见。这两个纪要，在宏观指导思想上具有一定的延续性，但在具体问题的规定上也存在不尽相同之处。具体而言，这种延续和不同主要体现在以下几个方面：

1. 毒品犯罪的定罪

《南宁会议纪要》在毒品犯罪的定罪方面确立了特殊的“数罪不并罚制”。所谓“数罪不并罚制”，是指行为人实施多个行为，多个行为均能独立成立犯罪，但各个犯罪行为在刑法分则中属于选择性罪名，就不再进行并罚的制度。《南宁会议纪要》认为，走私、贩卖、运输、制造毒品罪即属于选择性罪名，当行为人实施其中两种以上行为的，可并列确定罪名，但不实行并罚。具体而言，对于同一宗毒品实施了两种以上行为，则只并列确定罪名，毒品数量不累计计算，按一罪来确定刑罚。对不同宗毒品分别实施了不同种犯罪行为的，累计计算毒品数量，并列确定罪名，但也不实行数罪并罚。《大连会议纪要》确认了《南宁会议纪要》中的“数罪不并罚制”，并进一步明确，即使行为人一人走私、贩卖、运输、制造两种以上毒品的，也不实行数罪并罚。

对于吸毒者持有毒品的定罪量刑问题，《大连会议纪要》与《南宁会议纪要》的规定则略有不同。《南宁会议纪要》规定，吸毒者在购买、运输、存储毒品过程中被抓获的，如没有证据证明被告人实施了其他毒品犯罪行为的，一般不应定罪处罚，但查获的毒品数量大的，应当以非法持有毒品罪定罪。毒品数量未超过刑法第三百四十八条规定数量最低标准的，不定罪处罚。该规定考虑到非法持有毒品罪原本就是一种兜底罪名，从逻辑上说，吸毒者购买、运输、存储毒品的行为既可能是走私、贩卖、运输毒品罪，也可能是非法持有毒品罪。因为，走私、贩卖、运输、制造毒品罪和非法持有毒品罪的犯罪主体均为一般主体，吸毒者也可能实施上述行为而成立上述罪名。但是，吸毒者又具有特殊性，其吸食毒品的行为必然包括毒品的持有、购买、运输、存储等行为，而为了自己吸食毒品衍生的上述行为则不成立犯罪。因此，对于吸毒者购买、运输、存储毒品的行为，罪与非罪、此罪与彼罪的界限取决于其购买、运输、存储的毒品是否仅为自己吸食。但是,吸毒者持有毒品的目的是否仅为自己吸食却是一个主观心态的判断,在证据收集和认定上对司法机关提出了更高的要求。这就造成了一种现实的困境:如果坚决贯彻罪疑从无的原则,吸毒者在购买、运输、存储毒品过程中被查获,无论数量多大,要认定非法持有毒品罪以外的其他毒品犯罪,都应当证明其主观上并非是为自己吸食而持有,而是为了牟利等其他目的。如果无法证明吸毒者不是为了自己吸食而购买、运输、存储的,在数量达到非法持有毒品罪起刑数量时,也只能适用非法持有毒品罪这个兜底罪名。从罪刑法定和人权保障的角度来看,《南宁会议纪要》的规定具有合理性和合法性。

但是,这个规定与长期以来严打毒品犯罪的惯性思维却存在冲突,各地司法机关在适用该规定时并不统一。因为,部分司法机关工作人员认为,上述规定给吸毒者从事毒品犯罪提供了逃避严厉打击的空间,不利于有效打击毒品犯罪,同时也增加了司法机关的举证责任,因此要变通理解或修改上述规定。如有论者指出:“在实践中,毒品犯罪分子常常利用吸毒者实施其他毒品犯罪,或者在实施毒品犯罪时吸食毒品,以达到重罪变轻罪或者逃避处罚的目的。因此,在不可能获得大量直接证据证明被告人实施了其他毒品犯罪行为时,可以在查证属实的间接证据的基础上进行事实推定,以事实推定吸毒者运输毒品是为了实施其他毒品犯罪。”①还有论者通过弱化运输毒品罪的明知内容论证吸毒者运输毒品的情形应当一律以运输毒品罪论处,该论者认为:“和其他故意犯罪一样,运输毒品罪的主观故意内容也是由认识因素和意志因素两部分组成。其认识因素的内容包含两个方面:第一,行为人已经认识到自己运输的对象是毒品,即对行为对象的明知。第二,行为人已经认识到其所实施的是运送毒品的行为,即,对行为性质的明知,其意志因素的内容是行为人决意实施上述特定行为,并积极追求将毒品实现运输这一结果的发生。至于运输行为实现后的毒品用途——自吸或者贩卖,以及运输毒品前行为人所构想的用途——自吸或者贩卖,均不在该罪主观内容所涵盖的范围之内。运输毒品的社会危害在于传播和扩散毒品,这种传播和扩散的对象既包括人也包括地域(如将毒品从有毒区向无毒区输送),无论何种用途促成的运输毒品之后果都将造成毒品的传播和扩散。因此,毒品的用途——自吸或贩卖,相对于运输毒品罪而言,仅仅是犯罪动机而非犯罪目的,并不影响运输毒品罪的构成。”②

---

① 杜云黔:《运输毒品被查获不应一概认定为非法持有》,《检察日报》2005 年 7 月 14 日。

② 姚慧祥:《吸毒者携带毒品运输行为的定性》,《上海市政法管理干部学院学报》2001 年第 3 期。

对于《南宁会议纪要》中关于吸毒者持有毒品定罪规定的批评和质疑，在本质上是一种重刑主义的思想，不符合罪刑法定原则和人权保障思想。但是，这种对毒品犯罪的重刑主义在我国却深入人心，兼之部分司法机关对毒品犯罪过度依赖死刑适用的思想仍然存在，固执地认为放弃了对吸毒者毒品犯罪适用死刑的可能性，会导致毒品犯罪蔓延的趋势无法遏制。因此，出于重刑威慑和减轻证明责任的考虑，漠视刑法的权利保障职能和正当性叙事，在无法排除吸毒者确为自己吸食而购买、运输、储藏毒品时，以"宁枉勿纵"为导向，尽可能以走私、贩卖、运输毒品罪定性。从表面上看，与非法持有毒品罪相比，似乎具有更大的威慑力，但这种存在于想象和推定的威慑却是以牺牲罪刑法定原则和人权保障理念为代价的。况且，这种缺乏正当性的威慑效果是否具有实证的基础，还有待商榷。

基于上述争论，《大连会议纪要》对于吸毒者的毒品犯罪的定罪问题则显得不无犹豫。一方面，如果延续《南宁会议纪要》的精神，把吸毒者运输毒品数量巨大的只定为非法持有毒品罪，则难以在全民严打毒品的氛围下面对汹汹民意，甚至会背负禁毒不力的沉重包袱；另一方面，如果模糊吸毒者的吸食行为确实可能包含有购买、运输、储藏等行为这样一个事实，不加区别地把吸毒者的运输、购买、储藏毒品行为等同于非吸毒者的行为，则有可能造成事实上的吸毒犯罪化，有违法治原则，也违背了立法者未将吸毒行为作为犯罪的立法原意。如有学者所言："立法者在吸毒者周围层层设置了走私、贩卖、制造、运输毒品罪，容留他人吸毒罪，引诱、教唆、欺骗他人吸毒罪，非法提供麻醉药品、精神药品罪等众多罪名，而唯独没有将吸毒行为规定为犯罪，这说明吸毒者是毒品犯罪保护的对象，在吸毒者教唆他人实施毒品犯罪时，由于没有侵害毒品犯罪所保护的法益，应作为不可罚的片面的对向犯对待，不构成毒品犯罪的教唆犯。虽然吸毒者为自己吸食而运输、持有、走私、制造少量毒品，也具有毒品扩散后危及公众健康的抽象危险，但没有具体的危险，考虑到吸毒者处于被害人地位的事实和相关毒品犯罪的规范保护目的，不宜将上述行为作为犯罪处理，应与他人实施的情形区别对待。"①在现实与理念之间，《大连会议纪要》作出了折中的抉择，既兼顾现实严打的需要，也试图划定法治理念的大致边界，最终不无妥协地规定："对于吸毒者实施的毒品犯罪，在认定犯罪事实和确定罪名时要慎重。吸毒者在购买、运输、存储毒品过程中被查获的，如没有证据证明其是为了实施贩卖等其他毒品犯罪行为，毒品数量未超过刑法第三百四十八条规定的最低数量标准的，一般不定罪处罚；查获毒品数量达到较大以上的，应以其实际实施的毒品犯罪行为定罪处罚。"

---

① 陈洪兵：《应防止吸毒行为变相犯罪化》，《检察日报》2009 年 8 月 3 日。

据此规定，当吸毒者在购买、运输、存储毒品的过程中被查获时，如果查获的数量达到较大以上的，即使无法证明其具有贩卖、运输等的故意，也可以构成贩卖毒品罪、运输毒品罪、非法持有毒品罪；而对于毒品数量未达到非法持有毒品罪最低入罪数量的情况，倘若无法证明其是为了实施贩卖等其他毒品犯罪行为，则一般应作无罪处理。

仔细推敲《大连会议纪要》的上述规定，其折中性和妥协性非常突出，无法坚持理论上的一致性。非法持有毒品罪与贩卖、运输毒品罪的根本区别在于其毒品的流向意图，或者说行为人运输、购买毒品的主观意图，如果不能证明其具有流通或扩散等目的，无论数量多大，都应当作为非法持有毒品罪认定。反之，如果行为人即使是吸毒者，只要其具有流通或扩散等目的，无论数量多少，都应当构成贩卖、运输毒品等罪名，不能作无罪处理，也不可能作为非法持有毒品罪处理。而《大连会议纪要》一方面认为在无法证明行为人是为了实施贩卖毒品等犯罪行为的情况下，对未达到非法持有毒品罪入罪数量的行为人作无罪处理；另一方面又规定，即使在无法证明行为人是为了实施贩卖毒品等犯罪行为的情况下，倘若毒品数量达到较大以上，则可能构成贩卖、运输、非法持有毒品等罪。如参与《大连会议纪要》起草的同志所指出的："在司法实践中，对吸毒者在运输毒品过程中被查获，没有证据证明其实施了其他毒品犯罪行为，毒品数量大且明显超出其吸食量的，是定非法持有毒品罪，还是运输毒品罪，仍然存在不同意见，甚至出现运输上千克海洛因的也被定为非法持有毒品罪的情况。《纪要》对上述问题作了区别不同情况分别处理的规定，即毒品数量未超过刑法第三百四十八条规定的最低数量标准的，不定罪处罚；查获毒品数量达到较大以上的，应以其实际实施的毒品犯罪行为定罪处罚。这就是说，吸毒者确是在购买、运输、储存用于自己吸食的毒品过程中被查获，没有证据证明其实施了其他毒品犯罪行为，且毒品数量未超过刑法第三百四十八条规定的最低数量标准的，可不认定为犯罪；但是，如果其被查获毒品数量较大，达到刑法第三百四十八条规定的最低数量标准的，应当以非法持有毒品罪定罪处罚，如果其在运输毒品过程中被当场查获，毒品数量大，明显超出其个人正常吸食量的，可以运输毒品罪定罪处罚。"[①]这就相当于相同情形适用不同的标准，有悖于论证和说理的一致性。或者说，吸毒者主观不明的情况下，选择性地把数量作为推定贩卖、运输故意的标准，事实上模糊了非法持有毒品罪与贩卖、运输毒品等罪名之间的界限。

① 高贵君、王勇、吴光侠：《〈全国部分法院审理毒品犯罪案件工作座谈会纪要〉的理解与适用》，《刑事审判参考》2008 年第 6 期。

2. 共同犯罪的认定与特情引诱的处理

《南宁会议纪要》指出，毒品共同犯罪是指二人以上共同故意实施走私、贩卖、运输、制造毒品等犯罪行为，并强调共同犯罪不应以案发后其他共同犯罪人是否到案为条件，并具体规定了区分共同毒品犯罪的主从犯、适用刑罚的参考标准。此外，还特别指出毒品共同犯罪中主犯和从犯的毒品数量认定方法：对于毒品犯罪集团的首要分子，应当按照集团毒品犯罪的总数量处罚；对一般共同犯罪的主犯，应当按照其组织、指挥的毒品犯罪数量处罚；对于从犯，则应当按其个人直接参与实施的毒品犯罪数量处罚。这些规定在《大连会议纪要》中基本得到确认和延续，但也作了部分调整。调整主要体现在两个方面：其一，对于一般共同犯罪的主犯，在“应当按照其组织、指挥的毒品犯罪数量处罚”基础上增加了“所参与的”。因为《刑法》第 26 条第 4 款规定：“对于第三款规定以外的主犯，应当按照其所参与的或者组织、指挥的全部犯罪处罚。”在“组织、指挥的”之前加上“所参与的”是为了符合刑法的规定；其二，对于从犯的处罚，鉴于共同犯罪理论的实质在于“部分行为全部责任”，因此，只要属于共同犯罪，就应当承担共同犯罪的全部责任。那么，《南宁会议纪要》中“对于从犯，应当按其个人直接参与实施的毒品犯罪数量处罚”的规定则有“部分行为部分责任”之嫌，因此，《大连会议纪要》将其修改为“对于从犯，应按照其所参与的毒品犯罪的数量处罚”。

特情引诱是毒品犯罪侦查中存在的一种特殊手段，因为其缺乏明确的法律依据且有侵犯人权的危险性而备受非议。《南宁会议纪要》一方面肯定特情侦破毒品案件的重要性，另一方面则对特情引诱手段持谨慎态度，强调对于“犯意引诱”应当从轻处罚，一律不适用死刑立即执行，对“数量引诱”也应当谨慎适用死刑立即执行，对其他特情介入的毒品犯罪案件也应当考虑到其社会危害性大大降低的事实，作为酌定量刑情节决定刑罚适用。从这个意义上说，《南宁会议纪要》对特情引诱总体上是持一种谨慎和保守态度，主要是考虑到特情引诱合法与否的边界很模糊，兼之特情介入的毒品犯罪行为一般处于公安机关的控制之下，毒品一般也不会流入社会，其社会危害程度大大减轻。这种谨慎和保守态度体现了《南宁会议纪要》对刑事法治的一定程度上的坚守。

但是，自 21 世纪以来，随着毒品犯罪形势日趋严峻，特情手段本身的危险性和缺乏法律依据的事实长期被禁毒人民战争的严打号角所掩盖，目的的正当性压制了手段的正当性，特别是在毒情得不到根本控制的情况下，特情手段逐渐成为公安机关重要的侦破手段，其合法性和正当性问题进一步被淡化。因此，《大连会议纪要》在延续和肯定《南宁会议纪要》中关于犯意引诱、数量引诱处理原则的同时，对于其他特情介入的案件并未作从轻或斟酌性规定，并放弃了《南宁会议纪要》中关于特情介入犯罪社会危害程度大大减轻的表述，限制了特情介入对量刑影响的范围。如《大连会议纪要》第六条第二款规定："对已持有毒品待售或者有证据证明已准备实施大宗毒品犯罪者，采取特情贴靠、接洽而破获的案件，不存在犯罪引诱，应当依法处理。"

3. 毒品犯罪的刑罚适用

毒品犯罪作为一种无直接受害人的犯罪，对其适用死刑缺乏报应的迫切需求，且毒品犯罪的侵害法益程度的大小比较难以把握，但刑法第 347 条则对走私、贩卖、运输、制造毒品罪规定了最高为死刑的法定刑。《南宁会议纪要》指出，毒品数量只是依法惩处毒品犯罪的一个重要情节，而不能视作全部情节。因此，在确定刑罚时，应当综合考虑被告人的犯罪情节、危害后果、主观恶性等多种因素，不能僵化地把数量作为唯一情节。另外，毒品含量可以作为斟酌使用的量刑情节，并强调对于刑法和司法解释均未规定数量标准的精神药品和麻醉药品的犯罪行为的量刑应当慎重适用死刑。《南宁会议纪要》还指出，对于同时构成累犯和再犯的毒品犯罪被告人，直接适用刑法关于毒品再犯的条款进行惩罚，不再援引累犯条款，并重申了毒品犯罪财产刑的适用应当严格依法执行。另外，对于被告人协助公安机关抓获同案犯的立功认定，《南宁会议纪要》强调应当根据被告人在公安机关抓获同案犯中是否确实起到了协助作用。

《南宁会议纪要》关于毒品犯罪量刑的规定在司法适用的过程中得到贯彻的同时，也引发了一定的争议。这些争议和分歧包括：其一，毒品犯罪适用死刑的标准仍不够明晰，导致相同犯罪情节在不同省份，甚至在相同省份不同地区是否适用死刑的判决不一，数量之外的非法定量刑情节基本上处于闲置状态。其二，对于刑法和司法解释未规定数量标准的毒品犯罪行为，在确定刑罚适用时随意性过大。因为《南宁会议纪要》中规定的评价危害性标准——毒效、有毒成分、依赖程度、毒品价格等因素或者需要专业鉴定，或者需要长期研究，且都带有浓厚的主观臆断特征，这就导致在司法实践中几乎没有标准可资参考。以氯胺酮为例，在 2006 年 8 月最高人民法院刑一庭出台《关于审理若干新型毒品案件定罪量刑的指导意见》之前，在重庆如果达到 500 克即可作为"毒品数量大"的情节予以量刑，50 克以上不满 500 克的作为"数量较大"的情节；而在江苏氯胺酮在 2 000 克以上 10 000 克以下，还仅是"毒品数量较大"的量刑情节，在广东规定 100 克以上不满 500 克的作为"数量较大"的情节。[①] 其三，关于毒品犯罪分子立

① 毛义权：《审理新型毒品案件中有关问题的探讨》，http：//www.lawtime.cn/info/xingfa/dupinfanzui/2010112580530_4.html，2010 年 12 月 10 日。

功认定的问题，因《南宁会议纪要》中规定的比较概括，在司法实践中认识也不一致，在某些地区甚至把“亲属代为立功”等情形也认定为立功。有论者指出，所谓亲属代为立功，是指毒品犯罪行为人的亲属利用自己所掌握的一些毒品线索，主动提供给司法机关，以获取司法机关从宽处理毒品犯罪人的机会。特别是在毒品犯罪人一审被判处死刑后，其家属往往会很主动地向司法机关提供线索，检举、揭发其他毒品犯罪，协助司法机关缉捕其他毒品犯罪人或主动交出毒品犯罪行为人留下的毒品、毒资、其他违禁品。还可能出于挽救犯罪行为人生命的强大驱动，毒品犯罪行为人亲属引诱他人犯罪，“制造”立功机会。[①] 而部分司法机关未经严格审查，或者考虑到确认立功有利于打击犯罪，将上述情形认定为立功，这也导致了部分犯罪行为人亲属铤而走险，甚至伙同司法机关工作人员“制造”立功。

当然，上述分歧和争议是否可以归咎于《南宁会议纪要》本身则不无疑问。但是，在从严禁毒的宏大叙事背景下，作为一段时期内各级司法机关惩治毒品犯罪重要的依据，《南宁会议纪要》可能面临巨大的压力。因为，从某种意义上，上述问题的存在，更多是执法和司法监督体制不够健全所致，却在严打毒品犯罪背景下产生了非理性的完善法律、完善司法解释、完善会议纪要冲动。因此，《大连会议纪要》在毒品犯罪的刑罚适用方面进行了较大的调整，力争在刑事法治与严打毒品犯罪之间寻求到一个平衡点。这种努力体现在以下几个方面：

（1）明确了毒品犯罪刑罚适用的基本原则

《大连会议纪要》指出，毒品犯罪的刑罚适用应当以宽严相济的刑事政策为指导，突出打击重点，并把打击重点确定为“毒枭、职业毒犯、再犯、累犯、惯犯、主犯等主观恶性深、人身危险性大、危害严重的毒品犯罪分子，以及具有将毒品走私入境，多次、大量或者向多人贩卖，诱使多人吸毒，武装掩护、暴力抗拒检查、拘留或者逮捕，或者参与有组织的国际贩毒活动等情节的毒品犯罪分子”。此外，明确了毒品犯罪各种量刑情节的范围和关系，与《南宁会议纪要》相比，《大连会议纪要》特别增加了当地禁毒形势也应当作为毒品犯罪的量刑情节，并确立了最高人民法院复核的毒品死刑案件典型判例的指导地位。

（2）提出了毒品犯罪死刑适用的具体标准

为扭转毒品犯罪领域中“同罪异罚”的倾向，阐明最高人民法院对毒品犯罪死刑适用的标准，保证死刑适用的严肃性，《大连会议纪要》提出了可以适用死刑的五种具体情形和可以不适用死刑的九种情形。第二条第四款规定：“具有下列

---

① 郑蜀饶：《毒品犯罪的法律适用》，人民法院出版社 2001 年版，第 250—251 页。

情形之一的，可以判处被告人死刑：(1) 具有毒品犯罪集团首要分子、武装掩护毒品犯罪、暴力抗拒检查、拘留或者逮捕、参与有组织的国际贩毒活动等严重情节的；(2) 毒品数量达到实际掌握的死刑数量标准，并具有毒品再犯、累犯，利用、教唆未成年人走私、贩卖、运输、制造毒品，或者向未成年人出售毒品等法定从重处罚情节的；(3) 毒品数量达到实际掌握的死刑数量标准，并具有多次走私、贩卖、运输、制造毒品，向多人贩毒，在毒品犯罪中诱使、容留多人吸毒，在戒毒监管场所贩毒，国家工作人员利用职务便利实施毒品犯罪，或者职业犯、惯犯、主犯等情节的；(4) 毒品数量达到实际掌握的死刑数量标准，并具有其他从重处罚情节的；(5) 毒品数量超过实际掌握的死刑数量标准，且没有法定、酌定从轻处罚情节的。”第二条第五款规定：“毒品数量达到实际掌握的死刑数量标准，具有下列情形之一的，可以不判处被告人死刑立即执行：(1) 具有自首、立功等法定从宽处罚情节的；(2) 已查获的毒品数量未达到实际掌握的死刑数量标准，到案后坦白尚未被司法机关掌握的其他毒品犯罪，累计数量超过实际掌握的死刑数量标准的；(3) 经鉴定毒品含量极低，掺假之后的数量才达到实际掌握的死刑数量标准的，或者有证据表明可能大量掺假但因故不能鉴定的；(4) 因特情引诱毒品数量才达到实际掌握的死刑数量标准的；(5) 以贩养吸的被告人，被查获的毒品数量刚达到实际掌握的死刑数量标准的；(6) 毒品数量刚达到实际掌握的死刑数量标准，确属初次犯罪即被查获，未造成严重危害后果的；(7) 共同犯罪毒品数量刚达到实际掌握的死刑数量标准，但各共同犯罪人作用相当，或者责任大小难以区分的；(8) 家庭成员共同实施毒品犯罪，其中起主要作用的被告人已被判处死刑立即执行，其他被告人罪行相对较轻的；(9) 其他不是必须判处死刑立即执行的。”

(3) 细化了运输毒品行为的类型和量刑原则

运输毒品罪是一种最为常见的毒品犯罪，其行为方式的独立属性不仅明确，通常是作为其他毒品犯罪的行为方式的组成部分，其行为方式与贩卖、制造毒品等行为方式相比，具有不完整性，特别是单纯运输毒品行为的主观恶性通常较低。因此，《大连会议纪要》提出：“单纯的运输毒品行为具有从属性、辅助性特点，且情况复杂多样。部分涉案人员系受指使、雇佣的贫民、边民或者无业人员，只是为了赚取少量运费而为他人运输毒品，他们不是毒品的所有者、买家或者卖家，与幕后的组织、指使、雇佣者相比，在整个毒品犯罪环节中处于从属、辅助和被支配地位，所起作用和主观恶性相对较小，社会危害性也相对较小。因此，对于运输毒品犯罪中的这部分人员，在量刑标准的把握上，应当与走私、贩卖、制造毒品和前述具有严重情节的运输毒品犯罪分子有所区别，不应单纯以涉案毒品数量的大小决定刑罚适用的轻重。”因此，对于这类单纯运输毒品的犯罪行为人，如果有证据证明是受人雇佣、指使参与毒品犯罪的，且系初犯、偶犯的情形，则可以不判处死刑立即执行。此外，明确了运输毒品罪中打击的重点是指使、雇佣他人运输毒品的犯罪分子和接应、接货的毒品所有者、买家或者卖家。

(4) 对毒品犯罪立功的认定和刑罚裁量进一步明确

《大连会议纪要》与《南宁会议纪要》相比，在毒品犯罪立功问题上最大的变化是确立了明显不属于立功的几种情形，尝试堵截“亲属代为立功”等情形导致的立功成立条件松弛化的趋势，并对构成立功时刑罚适用的具体裁量标准作出了规定。首先，规定下列三种情形不应当视为立功：第一，共同犯罪中，被告人供述同案犯的基本情况，如同案犯姓名、住址、体貌特征、联络方式等信息，公安机关根据被告人供述抓获同案犯的，不应认定其有立功表现；第二，被告人亲属为了使被告人得到从轻处罚，检举、揭发他人犯罪或者协助司法机关抓捕其他犯罪人的，不能视为被告人立功；第三，通过非法手段或者非法途径获取他人犯罪信息并由被告人检举揭发的，不能认定为立功。其次，对于构成立功的犯罪行为人，在实际量刑时视情况区分对待，把从宽处罚的标准确立为“功是否足以抵罪”。具体而言：“对于毒枭等严重毒品犯罪分子立功的，从轻或者减轻处罚应当从严掌握。如果其罪行极其严重，只有一般立功表现，功不足以抵罪的，可不予从轻处罚；如果其检举、揭发的是其他犯罪案件中罪行同样严重的犯罪分子，或者协助抓获的是同案中的其他首要分子、主犯，功足以抵罪的，原则上可以从轻或者减轻处罚；如果协助抓获的只是同案中的从犯或者马仔，功不足以抵罪，或者从轻处罚后全案处刑明显失衡的，不予从轻处罚。相反，对于从犯、马仔立功，特别是协助抓获毒枭、首要分子、主犯的，应当从轻处罚，直至依法减轻或者免除处罚。”

4. 主观明知的推定

毒品犯罪主观明知的认定是成立毒品犯罪的前提，也是司法实践中组织证据比较困难的问题。因为，毒品是一种规范性概念，其种类繁多，且在自然属性上与生活中的诸多常见物质具有相似性，而且，贩卖、运输、制造、走私等行为方式也与人们日常的生活方式具有重叠性。因此，在证明行为人主观明知为毒品的客观证据通常处于不足的情况下，臆测和感觉很多时候成为判断主观明知的标准，而臆测和感觉往往与个体的生活经验、阅历、知识结构相关，具有主观性、易变性。这就容易导致毒品犯罪罪与非罪的判断很多时候因人而异、因时而异、因地而异，不利于维护法律的公平实施。正基于此，《大连会议纪要》在吸纳全国各地审判实践经验的基础上，规定了 9 种情形可以作为推定毒品犯罪行为人具有主观明知的标准。也就是说，只要符合规定的9种情形，被告人如果不能举证证明自己确属被蒙骗的，则无需另外举证即可证明其主观明知的存在。这9种情形包括：执法人员在口岸、机场、车站、港口和其他检查站点检查时，要求行为人申报为他人携带的物品和其他疑似毒品物，并告知其法律责任，而行为人未如实申报，在其携带的物品中查获毒品的；以伪报、藏匿、伪装等蒙蔽手段，逃避海关、边防等检查，在其携带、运输、邮寄的物品中查获毒品的；执法人员检查时，有逃跑、丢弃携带物品或者逃避、抗拒检查等行为，在其携带或者丢弃的物品中查获毒品的；体内或者贴身隐秘处藏匿毒品的；为获取不同寻常的高额、不等值报酬为他人携带、运输物品，从中查获毒品的；采用高度隐蔽的方式携带、运输物品，从中查获毒品的；采用高度隐蔽的方式交接物品，明显违背合法物品惯常交接方式，从中查获毒品的；行程路线故意绕开检查站点，在其携带、运输的物品中查获毒品的；以虚假身份或者地址办理托运手续，在其托运的物品中查获毒品的。

(二)《武汉会议纪要》

2014年12月，最高人民法院在湖北省武汉市召开全国法院毒品犯罪审判工作座谈会，并在会议讨论修订的基础上，于2015年4月7日由最高人民法院刑事审判专业委员会讨论下发《全国法院毒品犯罪审判工作座谈会纪要》(以下简称《武汉会议纪要》)。与《南宁会议纪要》、《大连会议纪要》相比，《武汉会议纪要》坚持从严打击毒品犯罪，扩张或提高部分毒品犯罪的惩罚幅度，同时又对毒品犯罪的死刑适用标准予以进一步限制和收缩，表现出最高司法者不无犹豫的毒品犯罪刑事政策。

1. 从严惩罚吸毒者的毒品犯罪行为

(1) 吸毒者在购买、运输、存储过程中被查获的定性

《武汉会议纪要》彻底抛弃了《南宁会议纪要》中原则上定非法持有毒品罪的立场，明确将运输过程中被查获的吸毒者运输毒品行为确定为运输毒品罪，只不过附加了毒品数量较大的条件。这就意味着，吸毒者即使是运输毒品供自己吸食，只要数量较大，就应当以全部数量作为定罪量刑情节，不存在扣减可能用于自己吸食部分的情形。相比《大连会议纪要》中比较概括的规定，《武汉会议纪要》旗帜鲜明地表达了将吸毒者作为普通毒品犯罪行为人对待的严厉态度，其目的在于减轻控方的举证责任，同时堵截利用吸毒身份减轻或逃避惩罚的可能性。如有论者指出："我国吸毒人员数量庞大，是毒品犯罪的重要诱因，为从源头上遏制毒品犯罪、减少毒品流通，应当加大对吸毒者实施的毒品犯罪的打击力度。故而对吸毒者运输毒品行为的定性，不应在数量较大标准之上设定更高的合理吸

食量标准,否则容易放纵吸毒者实施的毒品犯罪。”[①]但是,上述理由缺乏法理上的正当依据。第一,吸毒行为只是一种行政违法行为,并不构成犯罪,要将该种身份作为从严从重打击的依据,缺乏立法上的支撑。第二,一般而言,吸毒者吸食毒品伴随着运输、存储、购买等行为,如果将吸毒者的存储和购买数量较大的行为作为非法持有毒品罪,而将其运输行为作为运输毒品罪,会导致刑法评价的不均衡。第三,诚然存在吸毒者利用吸毒身份逃避打击的可能性,但运输过程中查获的吸毒者所运输的毒品,既可能是吸毒者自我吸食的,也可能是吸毒者不用于自我吸食的,还可能是部分用于自我吸食的情形,上述三种情形在客观上都可能存在。从指控犯罪的证明责任分配来看,如果要指控吸毒者运输的毒品不是用来自我吸食的,则举证责任应当在侦查机关。而《武汉会议纪要》通过把三种可能性统一规定为运输毒品罪,豁免了侦查机关的举证责任,却加大了对自我吸食型运输毒品行为的惩罚力度,从行政违法行为提高到最高可判处死刑的运输毒品罪,很难说是一种科学理性的规定。

(2)“以贩养吸”行为人的数量认定

《武汉会议纪要》将“以贩养吸的被告人”修改为“有吸毒情节的贩毒人员”,不再强调“以贩养吸的被告人”情节的特殊性,并将数量认定的重点由《南宁会议纪要》以及《大连会议纪要》所规定的“查获毒品数量”修改为“购买毒品数量”。具体而言,《武汉会议纪要》规定:“对于有吸毒情节的贩毒人员,一般应当按照其购买的毒品数量认定其贩卖毒品的数量,量刑时酌情考虑其吸食毒品的情节。”这就意味着,吸毒者贩卖毒品的数量,并不由查获的数量来确定,而应当由其购买的全部数量来确定,即使其购买后因损毁、遗失等情形而灭失的毒品数量也应当统计入贩卖数量中,进而以此数量为基础确定法定刑幅度。很明显,与查获毒品数量作为基准相比,购买毒品数量作为贩卖毒品的数量基准更为严苛。因为,在实践中,确实存在吸毒者购入数量与查获数量有较大缺口的情形,该缺口的形成可能与已经卖出有关,也可能与灭失有关,还可能为吸毒者自我吸食有关。《武汉会议纪要》一律将上述缺口情形推定为卖出数量,不再进行具体区分,表面上是对吸毒者毒品犯罪行为的从严打击,实质上可能代表着一种有罪推定的思想。为了减轻举证难度,为了堵截处罚漏洞,在“宁枉勿纵”与“宁纵勿枉”的抉择中基于吸毒者的原罪和对侦查机关的妥协选择了前者,并将证明自己吸食数量的举证责任置于吸毒者自身,全然不考虑我国刑事诉讼中控辩不均衡的现实,不

① 高贵君等:《〈全国法院毒品犯罪审判工作座谈会纪要〉的理解与适用》,载于《刑事审判参考》102集,法律出版社2016年版,第137—138页。

啻是一种舍法治之本、逐效果之末的做法。申言之，让吸毒者自己举证证明部分毒品为自己吸食或赠与他人，以排除该部分数量作为贩卖数量，不免有些强人所难。从整个刑法体系来看，相类似的情形中，为减轻侦查机关举证责任，我国刑法在职务犯罪中设置了巨额财产来源不明罪作为堵漏条款，配置了较低的法定刑以平衡较低的证明程度，而该种有利于被告人的举证责任降低导致的法定刑降低并未体现于吸毒者以贩养吸的情形之中。

2. 扩大其他毒品犯罪人员的处罚范围

为体现严厉禁毒的刑事政策，《武汉会议纪要》也对其他毒品犯罪人员的处罚范围进行了扩大规定。

(1) 对于贩毒人员住所或车辆处查获的毒品原则上推定为贩卖的毒品

《武汉会议纪要》规定："贩毒人员被抓获后，对于从其住所、车辆等处查获的毒品，一般均应认定为其贩卖的毒品。"有论者分析了上述规定的原因："毒品犯罪隐蔽性强、取证难度大，而且实践中从贩毒人员住所等处查获的毒品多系用于贩卖。为严厉打击毒品犯罪，降低证明难度，《纪要》采用了事实推定的证明方法，即根据行为人贩卖毒品及从住所等处查获毒品的事实，推定查获的毒品是用于贩卖。"[①]但是，上述理由值得商榷。第一，严厉打击毒品犯罪的需要只能够体现于立法层面，可以通过立法的修正以适应毒品犯罪的新形势与新变化。对于司法层面而言，严格执行法律才是最高标准。在对法律条文进行解释时，不应当直接援引刑事政策作为扩张或从严适用法律的依据，而应当把法律条文的严格适用作为司法者解释的边界，否则就会导致司法者取代立法者的地位，从法律的实施者变成法律的制定者，这不符合我国宪法对司法机关基本性质和职能的规定。从我国刑法的条文来看，无论是总则还是分则，均没有强调毒品犯罪应当特殊从严打击，那么司法者只能够严格依据法条进行适用，不能以抽象的情绪和形势需要作为司法解释的依据。如果基于上述论者的逻辑，很难想象我国刑法中毒品犯罪之外的任何一种犯罪不属于需要严厉打击的范畴，既然所有的犯罪在刑事政策上都有严厉打击的必要，是否都可以扩张行为方式的范围？第二，基于毒品犯罪的隐蔽性是否可以降低毒品犯罪的证明程度，也是一个值得思考的问题。在贩卖毒品行为人住所或车辆上查获的毒品，是否应当作为贩卖毒品罪的数量予以纳入，取决于行为人是否对该毒品具有贩卖故意或出卖目的，而无论是贩卖故意还是出卖目的均属于贩卖毒品罪的构成要件要素，需要控方予以证明

① 高贵君等：《〈全国法院毒品犯罪审判工作座谈会纪要〉的理解与适用》，载于《刑事审判参考》102集，法律出版社2016年版，第136页。

其是否存在，而不属于可以通过推定降低其证明责任的要素。正如我国学者所指出的："刑事诉讼奉行无罪推定原则，必须严格遵循举证、质证的证明程序。因此，推定的适用范围不能涉及犯罪要件事实。无罪推定原则对刑事诉讼中的证明责任进行了预先分配，国家承担着证明刑事案件被告人有罪的责任。'在刑事指控中，正当程序要求对构成指控的犯罪之每一项必要事实都要证明到确信无疑的程度。'这种证明责任是不可转移的。"[①]从某种意义上说，降低部分犯罪的证明程度实际上是对犯罪构成要件的虚无化与松弛化，不利于保障公民的基本权利。

（2）对于代购代收毒品的行为，进行区别对待

《南宁会议纪要》和《大连会议纪要》规定，对于不以牟利为目的为他人代购毒品的行为，如果达到数量较大的情形，则以非法持有毒品罪定性，上述规定包括了以运输方式实施的为他人代购毒品行为也应当以非法持有毒品罪处理。《武汉会议纪要》基于吸毒者运输数量较大毒品应当定性为运输毒品罪的认识，规定在代购毒品的场合，如果代购者在运输的过程中被查获数量较大的毒品，代购者构成运输毒品罪。如果不是在运输环节被查获或无法证明有运输行为，在数量较大的代购场合，才可以成立非法持有毒品罪。上述规定是为了协调与吸毒者本人运输毒品构成运输毒品罪的规定而设置的，提高了代购者成立运输毒品罪的范围，提高了处罚程度。对于代购者变相加价牟利的情形，《武汉会议纪要》在《大连会议纪要》的基础上明确规定了"从中牟利"的具体认定标准。即代购者只要通过代购行为获取必要交通、食宿等支出之外的任何费用，均属于"从中牟利"行为，单独成立贩卖毒品罪。即使托购者系用于自己吸食而不成立犯罪，代购者也因其具有加价行为而构成贩卖毒品罪。对于购毒者接受物流快递毒品的行为，《武汉会议纪要》规定，在无法证明购毒者系为了实施其他毒品犯罪的情形下，应当以非法持有毒品罪定性。同样，对于购毒者委托他人代收物流快递毒品的场合，代收毒品者如果接收的毒品达到数量较大，则成立非法持有毒品罪。

（3）对于利用网络实施的毒品犯罪，以扩大入罪范围为基本导向

《南宁会议纪要》和《大连会议纪要》对于网络涉毒行为的定性没有明确规定，但网络逐渐成为毒品交易、毒品制作信息的重要传播方式和载体，这就涉及如何理解网络这个载体在法律上的性质和定位。《武汉会议纪要》规定，行为人利用信息网络实施的贩卖毒品行为，应当定性为贩卖毒品罪；利用网络在境内非

---

① 张保生：《推定是证明过程的中断》，《法学研究》2009 年第 5 期。

法买卖用于制造毒品的原料或者配剂的行为，应当构成非法买卖制毒物品罪；利用信息网络传授制造毒品等方法，则构成传授犯罪方法罪。实际上，这种规定是把信息网络视作一种犯罪方式或犯罪手段，如通过网络联络买家并达成交易的行为，与通过电话或面谈达成交易的行为在本质上都具有毒品流通的危险性，且在行为方式上仍然属于贩卖的通常语义之中。值得思考的是，利用网络传授制造毒品方法的行为应当仅限于针对特定个体的传授活动，不应当包括在公共网络空间发布的不以任何特定个体为对象的行为，即使该信息足以使他人了解制造毒品的方法，也不应当成立传授犯罪方法罪。因为，传授犯罪方法应当以特定个体实施特定犯罪为目的而进行传授为要件，否则就过于扩大了处罚的范围。《武汉会议纪要》只是概括表达通过网络传授制造毒品方法的情形构成传授犯罪方法罪，并未具体限定成立的范围，应当说有进一步限定的必要。尽管在网络涉毒行为的定性上，《武汉会议纪要》以扩大入罪范围为基本特征，但是考虑到与刑法其他罪名的协调性和罪刑法定的边界，在网络空间是否能够作为"场所"的问题上，还是采取了谨慎的限缩态度，这无疑是值得肯定的。具体而言，对于利用信息网络组织吸毒行为的定性上，如果把互联网理解为场所，则可能成立容留他人吸毒罪。但是，互联网作为虚拟空间，与容留他人吸毒罪中的场所侧重于物理层面的意义相比，很难说具有一致性。因为，虚拟空间与物理空间相比，并不存在任何可能容留吸毒者或庇护吸毒者的实际可能性，自然不应当理解为场所。正是基于上述考虑，《武汉会议纪要》并未规定利用互联网组织吸毒行为成立容留他人吸毒罪。只不过，规定了通过互联网组织他人吸毒的过程中，如果组织者还实施了引诱、教唆、欺骗他人吸毒等行为的，可以按照其引诱、教唆、欺骗行为定罪处罚。

3. 具体化居间介绍买卖毒品及运输毒品的共犯认定标准

(1) 居间介绍买卖毒品

《武汉会议纪要》首先区分了居间介绍买卖毒品与居中倒卖毒品的界限，强调是否具有牟利性是两种行为最本质的区别。要成立居间介绍买卖毒品行为，则居间者不应当具有牟利性。以此为基础，对于居间介绍买卖毒品的行为，《武汉会议纪要》强调居间者具体受购毒者还是贩毒者委托应当作为和谁成立共犯的基本判断标准。如果居间者受购毒者委托，则应当与购毒者成立共同犯罪。购毒者系为了贩卖而购买的，则居间者与购买者共同成立贩卖毒品罪；如果购毒者系为了自己吸食而购买，则居间者与购买者共同成立非法持有毒品罪；如果购毒者系自己吸食，但在运输过程中被查获，则居间者和购买者仍可成立运输毒品罪。但是，如果居间者同时为购毒者与贩毒者居间的情形，则一般应当以与贩毒者成立共同犯罪为原则，除非居间者与以贩卖为目的的购买者关系更为密切，才可能与购毒者成立共同犯罪，只不过仍是成立贩卖毒品罪的共犯。

(2) 运输毒品罪的共同犯罪

《武汉会议纪要》主要规定了同行运输毒品成立共同犯罪的标准。具体而言，应当从三个方面进行判断：是否明知同行他人带有毒品；有无共同运输毒品的意思联络；有无实施配合、掩护他人运输的行为。应当说，上述三个标准作为判断运输毒品共同犯罪的成立具有一定的参考价值，但不够全面。众所周知，共同犯罪的成立是刑法总则规定的内容，并不会基于个别犯罪的特殊性而设定较宽泛或较严苛的标准，而是具有统一的适用标准。依据我国刑法的规定，共同犯罪是指二人以上共同故意犯罪。具体到运输毒品罪中的同行运输场合，同行者在主观上必须有共同运输毒品的故意，在客观上必须有共同运输毒品的行为。从这个意义出发，《武汉会议纪要》中提出的前两个标准与主观上的共同运输毒品故意有关，第一个标准实际上是第二个标准的组成部分，不适合独立成为一个平行标准。值得思考的是，同行者之间具有共同运输毒品的意思联络是否就意味着具有运输毒品的共同故意？一般而言，对同一犯罪行为的意思联络就可推定共同犯罪故意的存在。但是在同行运输毒品的场合，更为重要的是何等程度的意思联络才足以达到共同运输毒品故意。如果同行者彼此知道对方运输毒品，但是并不受雇于同一雇主，且对运输的目的地及毒品的数量、种类均缺乏联络或沟通，只是偶然知晓并同行的场合，似乎不应当肯定同行者具有运输毒品共同犯罪故意的存在，尽管可能存在一般意义上的共同运输毒品意思联络。同样，即使在客观上同行者具有相互帮助、配合或掩护他人运输毒品的行为，也必须考察该行为是否是基于共同运输毒品的故意支配之下而实施的。因此，同行者运输毒品的场合，还是应当回到刑法总论关于共同犯罪成立的一般原理进行分析，不能够以典型性的某个要素作为判断共同犯罪成立的充分标准，只能把上述三个标准作为判断共同犯罪成立与否的线索或提示。另外，《武汉会议纪要》还规定了受雇于同一雇主的同行或分段运输毒品成立共同犯罪的情形，在肯定受雇于同一雇主同行或分段运输应当成立运输毒品罪共同犯罪的一般原则的前提下，具体规定两种情形不属于共同犯罪：受雇于同一雇主运输毒品，但缺乏共同犯罪故意或共同犯罪行为的情形；受雇于同一雇主分段运输同宗毒品，但缺乏犯罪共谋的情形。上述两种情形都属于缺乏共同运输毒品故意或共同运输毒品行为的典型样态，不作为共同犯罪处理具有妥当性。

4. 进一步限制毒品犯罪死刑适用

虽然《武汉会议纪要》总体上体现出严厉打击毒品犯罪的思想，但是死刑的适用却趋于进一步限制的态度，力图实现死刑只适用于极少数罪行极其严重的犯罪分子。在宏观层面，《武汉会议纪要》提出了确定死刑适用时应当考虑的具体因素：毒品数量、犯罪性质、情节、危害后果、被告人的主观恶性、人身危险性、当地的禁毒形势等。在微观层面，对运输毒品罪的死刑适用、毒品犯罪共同犯罪的死刑适用、贩卖毒品的上下家的死刑适用、新型、混合型毒品案件的死刑适用等方面作出了具体规定。

（1）严格控制运输毒品罪的死刑适用

《武汉会议纪要》坚持了《大连会议纪要》的基本精神，严格控制运输毒品罪的死刑适用，特别是对于受人指使或受雇运输毒品且具有初犯、偶犯情节的行为人，规定了更为严格的死刑适用标准。如《大连会议纪要》规定，毒品数量超过实际掌握的死刑数量标准，被告人及其辩护人辩称受他人指使、雇佣运输毒品，但是案件证据不能证明被告人系受人指使、雇佣运输毒品的，可以依法判处死刑。但是《武汉会议纪要》则规定："对于不能排除受人指使、雇佣除此运输毒品的被告人，毒品数量超过实际掌握的死刑数量标准，但尚不属数量巨大的，一般也可以不判处死刑。"比较上述两种规定可以看出，在没有证据证明确系受人雇佣指使运输毒品的场合，《武汉会议纪要》的规定了更有利于被告人。因为，在不能证明存在雇佣或指使的情形与有证据证明存在雇佣或指使的情形之间，还存在着很大的模糊空间，包括既无法证明存在雇佣或指使也无法证明不存在雇佣或指使的情形，对于这种情形的处理，《武汉会议纪要》强调只要无法排除行为人系受人雇佣或指使时，也应当严格控制死刑的适用。如有论者指出："主要考虑毒品犯罪隐蔽性强，部分案件难以达到'有证据证明确属'受雇的证明标准，如果在量刑时完全不予考虑，又有悖于罪责刑相适应原则。"[①]当有利于被告人的事实存在疑问时，该证明不能的责任应当由国家承担，而利益则应当由被告人享有，这是符合事实存疑有利于被告原则，也是刑法谦抑性原则的体现。正如我国台湾学者所言："罪疑惟轻原则指犯罪事实存在与否在证据上尚有合理怀疑时，则本乎刑罚解释谦抑性的作用，应为有利于被告之推定。"[②]从诉讼层面来看，查明被告人是否受人雇佣指使是评价案件是否属于共同犯罪和被告人具体作用地位的重要环节，应当属于控方的举证责任。因此，在控方无法充分证明被告人不是被他人指使和雇佣的情形中，只要存在不能排除为他人雇佣指使的可能性，即使被告人无法充分举证证明，也应当获取事实存疑的诉讼利益。从经验层面来看，侦

① 高贵君等：《〈全国法院毒品犯罪审判工作座谈会纪要〉的理解与适用》，载于《刑事审判参考》102集，法律出版社2016年版，第148页。

② 林山田：《刑法通论》，1998年自版，第44页。

查机关对于有利于被告人的证据和线索往往不重视收集，而实践中运输过程中查获的被告人多存在受人指使雇佣的情节，因为从其收入、职业等因素大致可以推定其不能独立获取毒品并运输，但是要求被告人在羁押状态下去寻找获取证据证明该雇佣指使情节的存在，并不具有现实上的可能性。从控制毒品犯罪的需要出发，对于被别人利用、指使运输毒品的行为人无论如何严刑峻罚，只要不能够查获背后的毒枭或组织者，就很难切断毒品犯罪网络，从根本上减少毒品犯罪的发生。因此，《武汉会议纪要》的上述规定有利于指引侦查机关延伸对运输毒品行为的上下家侦查，一方面可截断毒品犯罪网络，另一方面也可准确查明运输毒品行为人在毒品犯罪中的真正地位和作用，确保罪刑相适应。

当然，对不能排除受人雇佣指使运输毒品的行为人严格限制适用死刑是有条件的，《武汉会议纪要》中附加了两个条件：一是初犯和偶犯；二是未达到数量巨大的。这就意味着，即使存在受雇佣指使情节，如果数量巨大的场合，也不应当排除死刑的适用。同时，死刑的限制适用必须存在初犯和偶犯的情节，这表明行为人的人身危险性较小。虽然《武汉会议纪要》对受雇或指使运输毒品的初犯和偶犯规定了极为严格的死刑适用条件，有利于限制死刑的适用，但是“数量巨大”这样一个超法规情节作为附加条件，在缺乏明确数量巨大标准的情况下，不利于清晰限定死刑适用的边界，这不能不说是个遗憾。

另外，《武汉会议纪要》对于同案中有多人运输毒品的场合，在有证据证明行为人系受人指使雇佣运输毒品的场合，《武汉会议纪要》规定，对于其中被动参与犯罪，从属性、辅助性较强，获利程度较低的被告人，一般不应当判处死刑。被动参与犯罪、从属性、辅助性较强等情节属于表明行为人在共同犯罪中起次要或辅助作用的依据，可以作为认定从犯的依据，属于法定从轻的情节，限制死刑适用具有正当依据。但是，把获利程度作为限制死刑适用的一个标准是否妥当则值得研究。运输毒品罪侵害的法益为人民健康，运输者是否获利及获利多寡与人民健康之间并无关系，也不会因为获利程度的提升而增加了该行为对人民健康的风险。因此，获利程度与法益侵害的程度并没有关联性。另外，从人身危险性的角度来看，在同等情形下，运输者获利多寡更主要地取决于毒品黑市的状况以及可供选择的运输者的范围等因素，与运输者的主观恶性之间也缺乏关联性，不能说获利程度表征着运输者的人身危险性。由上可以得知，获利程度与法益侵害性与人身危险性均无关，不应当把其作为死刑适用的标准之一。

(2) 审慎对待共同犯罪及上下家犯罪的死刑适用

对于毒品犯罪的共同犯罪的死刑适用，《武汉会议纪要》体现了审慎对待的原则，根据毒品数量是否达到巨大设置了不同的标准。对于毒品数量虽然超过实际掌握的死刑数量标准，但尚未达到数量巨大标准的，依法应当适用死刑的，原则上只对罪责最大的一名主犯判处死刑，一般不对两人以上同时判处死刑。即使两名主犯罪责都很突出，且均具有法定从重处罚情节，也要在二者之间尽可能寻求在主观恶性和人身危险性方面的具体差异，尽可能不对两名主犯同时适用死刑。对于毒品数量达到巨大的情形，也应当审慎对两人以上同时判处死刑，只有二名以上主犯罪责均很突出，或者罪责稍次的主犯具有法定、酌定从重情节，有利于全案量刑平衡且符合罪刑相适应原则，才可以判处两名以上主犯死刑。另外，在有同案犯未到案的案件中，如果在假定未到案犯到案后全案只适合判一人死刑的场合，不能基于只有一人到案的理由判处到案者死刑；在未到案犯与到案犯之间罪责大小难以划定的场合，如果该罪责大小的划定影响到准确适用死刑的，则不应当对到案犯判处死刑。上述规定遵循了这样的逻辑：共同犯罪与单独犯罪相比，其法益侵害性取决于毒品数量等情节，并不取决于参与人数的多寡。因此，在毒品数量等情节相同的情况下，单独犯与共同犯罪的法益侵害性应当同等评价，不能够基于人数多寡而区别对待。那么，相同的法益侵害，在单独犯中只可能适用一人死刑的场合，在共同犯罪中原则上最多只应当适用一人死刑。但是，在法益侵害特别巨大的情形下，单独犯基于惩罚的可能性也只能适用一人死刑，对共同犯罪的各行为人也可以基于其罪责同时适用死刑。从司法技术层面来看，上述纪要的规定对于减少和控制共同毒品犯罪的死刑适用范围是有积极作用的。

对于贩卖毒品罪的上下家死刑适用，《武汉会议纪要》以同宗毒品作为基本标准，规定买卖同宗毒品的上下家，在毒品数量刚超过实际掌握的死刑数量标准时，原则上不应当对上下家同时适用死刑，而应当考虑上下家在同宗毒品交易中的作用大小，即使要适用死刑也应考虑作用大的参与者，不能简单的以购买者或贩卖者作为标准。在数量达到巨大的场合，也应当审慎考虑同时适用上下家的死刑。该规定重点考虑了同宗毒品的交易行为只有一个行为，只不过基于立法的规定，在购买者具有出卖目的时，分别对上家和下家独立评价为两个贩卖毒品行为，成立两个贩卖毒品罪分别定罪处罚。很明显，单个的毒品交易行为并不因为立法上的设置比普通的共同犯罪具有更大的法益侵害性，在死刑适用时就应当考虑两个犯罪行为共同分担一个毒品交易行为的法益侵害性。

(3) 具体化新型、混合型毒品案件的死刑适用标准

针对新型毒品和混合型毒品案件的不断增加，《武汉会议纪要》规定了麻古

和K粉两种常见新型毒品的死刑适用标准。其中，麻古系以甲基苯丙胺为主要成分的片剂类混合毒品，其甲基苯丙胺含量较低，在死刑适用数量上可以参考甲基苯丙胺的两倍左右标准；K粉在死刑适用数量上可以比照海洛因的数量标准10倍左右。上述规定考虑到了新型混合毒品危害性小于海洛因、冰毒等传统毒品的事实，设定了高于传统毒品的死刑适用标准，应当说是一种理性的思考方向。同时，《武汉会议纪要》还规定，对于其他滥用性和危害性较小的新型混合毒品，原则上应当排除死刑的适用。

5. 其他规定

除了上述比较内容，《武汉会议纪要》还在毒品数量认定、毒品犯罪的财产刑适用及缓刑和减刑、毒品再犯等方面作了具体的规定。其中，在毒品数量的认定方面，确定了两种以上毒品的案件中，应当以海洛因作为基准进行折算和累加。如果刑法和司法解释规定了该种毒品与海洛因的比例的，按照规定比例折算累加；如果刑法和司法解释未规定折算比例，则以《非法药物折算表》确定的比例为依据；如果都未规定比例的，则斟酌确定折算比例。在毒品犯罪的刑罚适用方面，规定了严格适用缓刑的原则，并加大了适用财产刑的力度。在毒品再犯方面，规定一般不适用缓刑且应当从重处罚。

（三）其他司法解释

2000年4月20日，最高人民法院审判委员会通过《关于审理毒品案件定罪量刑标准有关问题的解释》（以下简称《审理毒品案件的解释》），对刑法未明确规定定罪量刑标准的较为常见的部分毒品的数量和其他量刑情节进行了规定。《审理毒品案件的解释》一共六条，具体内容主要包括：确定了苯丙胺类毒品（甲基苯丙胺除外）、大麻、可卡因、吗啡、杜冷丁、盐酸二氢埃托啡、咖啡因、罂粟壳等毒品的“数量大”、“数量较大”标准；列举了四种具体情形作为刑法第347条第4款中规定的“情节严重”；对麻黄碱、伪麻黄碱、醋酸酐、三氯甲烷、乙醚等制毒物品的“数量大”、“数量较大”标准进行了明确；明确了非法种植大麻行为的“数量大”和“数量较大”标准。

但是，自进入21世纪以来，我国流行的毒品种类却不断发生变化，最为显著的变化即是新型毒品的流行范围和流行种类不断增加。据中国药物依赖性研究所在2001年3月至2002年1月期间对全国10个省、自治区、直辖市的15个地区进行的中枢兴奋剂及相关非法精神活性物质滥用的流行病学调查提示，中枢兴奋剂和相关精神活性物质的滥用已波及全国范围的大多数地区，其中以东南沿海城市和交通、商贸中心城市为主。流行病学的调查也表明，我国流行的新型毒品种类不仅包括摇头丸、病毒等，还包括可卡因、氯胺酮、大麻、安钠咖、三唑仑等物质。[①] 而对于氯胺酮、安钠咖、三唑仑等新型毒品的定罪量刑标准,《审理毒品案件的解释》则并未规定。因此,2007 年 11 月 8 日,最高人民法院、最高人民检察院、公安部制定了《办理毒品犯罪案件适用法律若干问题的意见》,在《审理毒品案件的解释》的基础上,规定了二亚甲基双氧安非他明、氯胺酮、美沙酮、氯氮卓、艾司唑仑、地西泮、溴西泮等新型毒品的数量标准,并对毒品犯罪的管辖、明知认定、纯度鉴定等问题进行了规定。此外,我国是制毒物品生产、销售大国,因为制毒物品具有双重性,既可作为化工原料或配剂,广泛应用于生产生活之中,也可能流入非法渠道加工、制造毒品。因此,在我国对毒品犯罪的高压威慑下,部分行为人利用我国制毒物品生产、管理、销售过程中存在的漏洞,获取制毒物品运往国外生产、制造毒品,并最终返销我国。鉴于制毒物品犯罪活动的不断增加,根据国务院于 2005 年制定的《易制毒化学品管理条例》中所确定的易制毒化学品种类,最高人民法院、最高人民检察院、公安部于 2009 年 6 月 26 日制定了《办理制毒物品犯罪案件适用法律若干问题的意见》,对制毒物品犯罪的认定、定罪量刑的数量标准、被告人的主观明知等问题作出了规定,以期统一法律的适用,更为有效地遏制和打击制毒物品犯罪。

2016 年 1 月,最高人民法院审判委员会通过《关于审理毒品犯罪案件适用法律若干问题的解释》,针对氯胺酮类毒品和制毒物品犯罪日趋猖獗的现实,降低了氯胺酮类毒品和制毒物品入罪和法定刑升格的数量标准,增加了甲卡西酮等 12 种新型毒品的定罪量刑标准,并对部分毒品犯罪规定了定罪标准和"情节严重"标准,比较全面地规定了常见毒品的定罪量刑数量标准。另外,为促进毒品案件侦查的法治化和规范化,2016 年 5 月,最高人民法院、最高人民检察院、公安部联合发布《办理毒品犯罪案件毒品提取、扣押、称量、取样和送检程序若干问题的规定》,对于毒品案件中毒品的提取、扣押、称量、取样、送检程序进行了具体的规定,力图规范毒品取证的科学性、规范性和统一性。

第三节 禁毒刑事司法解释的正当性建构

禁毒刑事司法解释的大量存在是一种客观事实,问题是存在本身不能推导出正当性。刑法解释的正当性一般表现为合法性、明确性与合理性,而这并不能从禁毒刑事司法解释的解释主体、解释形式予以证成。与刑法典中毒品犯罪定

① 夏国美等:《社会学视野下的新型毒品》,上海社会科学院出版社 2009 年版,第 87 页。

罪量刑规范相比，我国禁毒刑事司法解释在数量、内容等方面都具有明显的优势。有学者认为，我国之所以存在大量的司法解释，与我国刑事立法的不完备性和司法人员素质不够高有关。首先，我国刑法在法律虚无主义的影响下，立法比较粗疏。主要表现为：《刑法》规定的具体犯罪的罪名过少；对罪状的规定不够具体、对犯罪构成大多缺乏必要的描述；对法定刑规定的幅度过大等。在立法上不能提供足够的法律支持的情况下，最高人民法院和最高人民检察院为了适应不断出现的新情况、新问题和惩罚犯罪的实际需要，发布了大量的刑法司法解释。其次，我国目前的法官素质还不高，尤其是中西部地区基层法院的法官还有相当一部分人没有系统地受过严格的法律专门训练。虽然《法官法》的颁布实施，提高了成为法官的门槛；全国统一司法考试的推行也有助于法官素质的提高。但法官素质的提高是一个长期的、渐进的过程。① 但是，也有学者指出，我国的司法解释无论是从数量、涉及的范围还是在司法、审判中的地位来看，都可被视为除法律、法规和规章之外最重要的“法源”。其不但可以规定法律所未规定之事项，而且还可以改变法律的规定。这一现象固然有其客观起因，也发挥过一定的积极作用，但总体上却与现代司法理念背道而驰，在实践中也暴露出了诸多弊病，因而对其消极面必须有所认识并保持警惕，同时在制度层面探讨可行的解决之道。② 以禁毒刑事司法解释为例，司法解释的内容包括了罪名的确定、罪状的描述、共犯的认定、故意的认定、证据的认定、刑罚的适用等全方面的内容，从某种意义上，刑法典中关于毒品犯罪的规范在实际司法适用中有事实上的边缘化倾向。特别是，当禁毒刑事司法解释的内容超越了刑法的规定，这就产生了司法权和立法权混淆的焦虑，也产生了对其正当性和合法性的质疑。纵观我国自 1979 年刑法颁布以来的禁毒刑事司法解释，其正当性多有值得商榷和检讨之处，有待进一步的重构。

一、危险的立法化倾向

刑事立法与刑事司法的界限是实现权力制约和监督的重要方式，也是保障公民权利和自由的重要手段。如德国学者罗克辛所指出的：“刑事惩罚表现为国家对公民自由进行的这样一种重要的干涉，以至于这种惩罚条件的合理性只能存在于这个机关的确定之中：即作为选举产生的人民代表机关的议会，这个机关最直接地代表了作为国家权力机关承担者的人民。通过法治原则表达出来的

---

① 利子平：《论刑法司法解释的依据》，《南昌大学学报》2009 年第 5 期。

② 陈林林、许杨勇：《司法解释立法化问题三论》，《浙江社会科学》2010 年第 6 期。

分权，把法官从立法的作用中解放出来了，从此专心致志于法律适用的工作。同时，也把行政机关从对惩罚共同发挥的作用中完全排除出去了，从而得以防止在这个领域中发生各种滥用权力的事。”[①]因此，司法机关行使的司法权是适用法律的权力，而非创制法律的权力。当司法机关不仅行使司法权，还以“司法解释”为名行使实质的立法权时，必然会使立法权空洞化和边缘化，无法形成权力的监督和约束，自然不利于遏制权力的滥用。如法国学者所言：“一切权力，不论来自智识，还是来自世俗，不论属于政府还是属于人民、哲学家、大臣，不论是为了这种或那种事业，都包含着一个天生的缺陷、弱点和弊病，因而应当加以限制。”[②]这个限制就是司法权的边界——在法律的范围内适用法律，具体到刑事司法权而言，即是在刑事立法的范围内进行法律的适用，不得超越刑事立法，不得创制刑事立法，不得与刑事立法冲突。反观我国的禁毒刑事司法解释，自 1979 年刑法制定以来，围绕毒品犯罪的定罪量刑，最高司法机关出台了大量的禁毒司法解释，在某种程度上已取代了刑事实定法规范，成为非常重要的事实上的“禁毒刑事立法”。如果把我国近三十年来的禁毒刑事司法解释汇编成册，其条文或规范甚至可能超过整个刑法法典，遑论毒品犯罪的刑法规范。当禁毒刑事司法解释在数量、范围、性质、和效力上都与禁毒刑事立法具有同质性，刑事立法和刑事司法的边界就开始模糊不清，这是一种有悖罪刑法定原则和法治原则的司法解释立法化现象。

（一）禁毒刑事司法解释立法化的表现

1. 禁毒刑事司法解释形式上的立法化

刑事立法在形式上表现为具有体系性的条文，在实质上表现为具有内在联系的规范集合。具体而言，我国刑法在形式上分为总则、分则、附则三个部分。其中，总则、分则各为一编，编下则划分为章、节、条、款、项，以条文计算的话，共计 452 条。而我国的禁毒刑事司法解释一般也表现为具有体系性和规范性的条文，有的还规定了解释的生效时间等内容。这种规范性和体系性使禁毒刑事司法解释在形式上与刑事立法具有类似性。如最高人民法院于 2000 年制定的《关于审理毒品案件定罪量刑标准有关问题的解释》，其不仅有规范的名称，还有标明制定解释的目的的序言，正文部分共计 5 条，条下设款，款下设项，与刑事立法的机构和形式基本一致。此外，为了进一步统一、规范地进行司法解释，最高人民法院先后在 1997 年、2007 年专门发布了《关于司法解释工作的若干规定》和

① ［德］克劳斯·罗克辛：《德国刑法学总论》，王世洲译，法律出版社 2005 年版，第 82—83 页。
② ［法］基佐：《欧洲文明史》，程洪奎等译，商务印书馆 1998 年版，第 232 页。

《最高人民法院关于司法解释工作的规定》。前者共设 17 条，后者扩充至 31 条。这些条文分别就司法解释的具体立项、制定依据、行权主体、制定程序、解释文件分类及其适用范围、解释内容的效力及适用方式等作了具体规定。在名称上，依其性质与内容分设解释、规定、和批复三类。这就使最高人民法院事实上获得了对法律文本的最终解释权，也使司法解释获得与国家立法类似的法律效力：它们对各级法院司法裁判具有直接的法律约束力，成了法院裁判案件时必须优先考虑和适用的规范依据。[①]

2. 禁毒刑事司法解释内容上的立法化

禁毒刑事司法解释在内容上的立法化主要表现为创制新的法律规范，这种内容上的创制不仅存在禁毒刑事司法解释之中，也存在于其他犯罪类型的刑事司法解释之中，可以说，是一个具有普遍性的现象。有学者把我国最高司法机关制定的部分刑事司法解释的创制性区分为三种表现方式：对刑法规范作补充性修改；绝对越权解释；相对越权解释。[②] 就禁毒刑事司法解释而言，上述三种形式的创制性都存在。

如《最高人民法院关于适用〈全国人民代表大会常务委员会关于禁毒的决定〉的若干问题的解释》第 14 条中关于《关于禁毒的决定》第 12 条的解释即存在对刑法规范的补充性修改。《关于禁毒的决定》第 12 条规定了毒品犯罪中"供犯罪使用的财物，一律没收"，《最高人民法院关于适用〈全国人民代表大会常务委员会关于禁毒的决定〉的若干问题的解释》第 14 条则将"供犯罪使用的财物，一律没收"扩大到供犯罪使用的全部财物，不再局限于 1979 年刑法第 60 条规定的没收"供犯罪所用的本人财物"。这种解释很明显会得出很荒唐的结论，是对刑法规范的扩大性修改。假定一个毒品犯罪团伙雇佣不知情的出租车驾驶员，采取长期包租出租车的方式进行毒品运输，且驾驶员确不知情的情况下，按照上述司法解释的逻辑，这台出租车也属于没收的范围。再比如，毒品犯罪行为人利用租用的政府公房及国有设备进行毒品制造，则公房和设备也应当属于没收的范围。

再如，2007 年 11 月 8 日，最高人民法院、最高人民检察院、公安部制定了《办理毒品犯罪案件适用法律若干问题的意见》第 1 条对犯罪地的解释即属于绝对越权解释，依据我国刑事诉讼法的规定，管辖确定的原则是以犯罪地为主，以

---

① 陈林林、许杨勇：《司法解释立法化问题三论》，《浙江社会科学》2010 年第 6 期。

② 论者认为绝对的越权解释与相对的越权解释的区别在于：绝对的越权解释没有任何形式或实质上的依据，而后者则总有一些似是而非的理由，形式上在依法行使权力，实质上早已逾越自己的权限范围。陈兴良、周光权：《刑事司法解释的限度——兼论司法法之存在及其合理性》，《法学》1997 年第 3 期。

被告人居住地为辅。但是该司法解释却将“犯罪地”解释为“犯罪预谋地，毒资筹集地，交易进行地，毒品生产地，毒资、毒赃和毒品的藏匿地、转移地，走私或者贩运毒品的目的地以及犯罪嫌疑人被抓获地等”，这就在事实上解构了“犯罪地”的概念，使毒品犯罪的管辖成为我国刑事追诉活动中的另类。按照平等适用法律的原则，为何不能将故意杀人案件的管辖地参照毒品犯罪的犯罪地标准解释为“犯罪预谋地，雇凶资金筹集地，杀人进行地，杀人工具生产地，藏匿地、转移地，犯罪嫌疑人被抓获地等”呢？还有，《最高人民法院关于适用〈全国人民代表大会常务委员会关于禁毒的决定〉的若干问题的解释》第18条第2款中关于海洛因的纯度折算规定，百分之二十五的折算标准从何而来？该款解释对应的刑法规范为何？均无法获知，这样的解释实在与立法无异。当我们面对立法机关制定的刑事法律条文，再对照如上所述的创制性司法解释，只能感觉到立法权和司法解释权之间的同质性和重合性。

（二）禁毒刑事司法解释的合法性限定

任何法律都需要解释，但解释不同于立法。解释与立法的区别就在于：立法为解释划定了语义的边界，解释只能在法律语言的可能含义范围内进行明确。如拉伦茨指出：“解释的标的是‘承载’意义的法律文字，解释就是要探究这项意义。假使要与字义相连结，则‘解释’意指，将已包含与文字之中，但被遮掩住的意义‘分解’、摊开并且予以说明。透过解释，我们可以‘谈论’这项意义。换言之，我们用其他词语更清楚、更精确地表达它，使它可以传达给他人。解释程序的特征是：解释者想谈论文字本身，并不想对它有何增减。”①进一步而言，司法解释尽管是最高司法机关所作出的，但也应当是一种对法律文义的解释，只有在法律条文的可能含义之中进行解释才具有合法性。这是罪刑法定原则的要求，也是司法权的本质属性的要求。

1997年刑法确立了罪刑法定原则，强调了刑法的人权保障价值。从根本意义上，罪刑法定原则的价值就在于防止集权所导致的权力滥用，因为刑罚是一种强度最大的国家暴力，肆意地发动刑罚对于个体自由的伤害往往是无法弥补的，甚至可能造成社会的不可预期的恐慌。为了确保公民的自由，实现依法治国的理念，就应当区分立法与解释，防止解释成为立法，进而破坏公民的可预期性。因为，“当国民实现能够根据成文刑法预测自己的行为性质时，就不会因为不知道自己的行为是否会受到刑罚处罚而感到不安，也不会因为不知道自己的行为

① ［德］卡尔·拉伦茨：《法学方法论》，陈爱娥译，商务印书馆2003年版，第194页。

是否会受到刑罚制裁而不敢实施合法行为，从而导致行为萎缩的效果。”[①]那么，如何才能保障个体的可预期性呢？那就是要确保刑事立法成为刑事司法的唯一依据，而不能任由司法机关通过司法解释的形式创制新的刑法规范。因此，尽管司法解释有其存在的必要性与价值，但是这种存在必须限定在刑法规范的可能含义之内，而不得逾越刑法规范的含义边界。

具体而言，禁毒刑事司法解释应当舍弃抽象性的规范汇编形式，对应刑法条文本身进行解释，并把司法解释的任务确立为“在特定的法律语词的语义空间之内，选择那些就使用了该法律语词的特定法条而言可最恰当地赋予该法律词语的涵义”。[②] 这就意味着包括禁毒领域在内的刑事司法解释都应当回归自己的本位，把自己看作法律的仆人而非法律的主人，谦抑和克制地对待创制法律的冲动。申言之，这也与司法权的内在属性有关，如有论者指出：“因为法院不是民选机构，裁判还有审限和资源的限制。法官不可能从社会的、道德的、政治的、经济的角度，进行充分调查与研究论证后，再做出裁判；法官也没有能力依据自己的良知和直觉，对社会中的重大政治、道德问题临时进行判断，并使这个判断为大众所接受。因此，法官只能依据法律判断，并且在判断之际，他一般不直接考虑道德与伦理问题，也不对司法可能产生的社会后果作精确的预测。此外，现代司法制度要求法官做出裁判时必须阐明判决理由，目的也是将法官的判断限制在法律规定的范围之内，防范法官将个人的政治、道德理念渗入司法过程。”[③]

但是，作为禁毒刑事司法解释的合法性来源的“法律语词的可能含义”的边界究竟是一个确定的点还是一个不稳定的区间呢？任何法律语词都是以概念的形式出现的，而概念本身是一种拟制，其与所代称的客观事物之间未必具有精确的重合性。因此，在法律语词的中心含义地带，往往比较清晰，但是到了其边缘地带，则具有一定的模糊性。以“毒品”这样一个法律语词为例，其中心地带是指具有依赖性、毒害性和法定性的物质，日常用于吸食的海洛因、鸦片、冰毒等物质能够比较清晰的归类为毒品，但是，含有微量咖啡因的物质，如红牛饮料能否归类为毒品，则是毒品概念的边缘地带。如果认为类似红牛饮料的物质不属于毒品，那么含量要达到多大的物质才能算作毒品呢？从某种意义上说，任何可能被归类于毒品的物质，在其以极小的剂量和极小的纯度出现时，都已经处于毒品含义的边缘模糊地带了。从这个意义上说，“法律语词的可能含义”的边界应当以

---

① 张明楷：《刑法分则的解释原理》，中国人民大学出版社 2004 年版，第 6 页。

② ［德］齐佩利乌斯：《法学方法论》，金振豹译，法律出版社 2009 年版，第 66—67 页。

③ 陈林林、许杨勇：《司法解释立法化问题三论》，《浙江社会科学》2010 年第 6 期。

模糊含义为界，当含义逐渐模糊之时，就应当收缩解释的步伐，引入正当性的论证。因此，悲观主义者正是在这个意义上试图否定解释和立法的边界，但渐趋于模糊和渐趋于明确两种不同的方向是可以厘清的，不能认为“法律语词的可能含义”无法精确界定就否认其边界的存在。这种内核清晰、边缘模糊的语义边界实际上是通过清晰的语义内核来保障刑法的安定性和可预见性的，同时，通过边缘模糊的语义边界来实现“对法律安定性的需要和对情境取向的正义的需要之间进行折冲樽俎”。①

二、禁毒刑事司法解释的合理性构建

把司法解释的边界限定于“法律语词的可能含义”可以保证其合法性，但并不能够当然证成其合理性。因为，在“法律语词的可能含义”的范围之中，仍然存在无数种不同的可能性。要在法律语词的多种含义可能性中进行选择或确定，这就需要一定的程序和标准来证成其合理性。从我国禁毒刑事司法解释的历史和现实来看，这种程序和标准几乎处于虚无化的状态，刑事司法解释的不说理性使得其更像刑事立法，而非刑事司法权的表达。让司法权回归的最重要方式应当是司法解释的正当化理由论证，只有司法解释的合理性建立在可验证和可辩论的程序和标准之上，司法解释才能够真正获得正当性。那么，什么样的程序和标准可以证成解释的合理性呢？拉伦茨认为，当一种表达方式依照其语言用法有多种意义可能性时，通常应当使用法律的意义脉络、历史上的立法者的规定意向、目标及规范想法等标准进行权衡和抉择。他认为，法律的意义脉络不仅通常可以用来推知具体情况下，多种意义可能性中哪种可能性是适当的，而且还可以促成个别法律规定间事理上的一致性。也就是说，当多种意义可能性存在之时，应当优先考虑有助于维持该规定与其他规定之间事理上的一致性。在依据法律的意义脉络尚不能抉择的多种意义可能性存在时，则应当介入解释的历史性因素，探求历史上的立法者的规定意向、目标及规范想法。② 具体而言，刑事司法解释的合理性应当从以下几个方面证成：

（一）程序正当

所谓程序正当，是指刑事司法解释的发动程序和过程应当是正当的。我国的刑事司法解释大多是由最高司法机关主动发起的，并不是针对现实个案的迫切需要，也没有发动司法解释的实质条件和标准。也就是说，具体个案的当事人

---

① ［德］齐佩利乌斯：《法学方法论》，金振豹译，法律出版社 2009 年版，第 67 页。
② ［德］卡尔·拉伦茨：《法学方法论》，陈爱娥译，商务印书馆 2003 年版，第 205—209 页。

并无权利向最高司法机关提起司法解释的请求，即使出现个案当事人或其他公民要求最高司法机关对某个法律规范或法律条文进行司法解释，最高司法机关也没有明确的审查、接受机制，甚至也不承担答复义务。这种司法解释的发动程序与其说是不正当的，还不如说是不受限制的程序。回到司法权的属性，司法权应当是收缩、谦抑和被动的，特别是刑事司法权，这种收缩性更为突出。司法机关作为适用法律的机关，其解释法律的发动也应当是谦抑和被动的，不应当是主动、积极的，不然就会违背司法权的被动属性。从逻辑上来说，作为适用法律的机关，司法机关在没有现实案件发生时，是不存在适用法律的必要性的，自然也没有解释法律的必要性。而我国最高司法机关在解释法律方面很明显过于积极、过于主动，甚至显得过于迫切。如有学者指出："实践中也基本形成了这样一个惯例：只要某个新出台的法律与法院的审判工作有关，最高人民法院都会颁布一个与之配套的司法解释。"①这种迫切的背后总很难排除扩张司法权力的可能性，但缺乏的是司法权行使的必要性与正当性。

因此，我国有学者建议，在制定司法解释的发动程序上，可以参考我国台湾地区的"司法院"大法官会议制度。在解释程序上，台湾地区"司法院"大法官会议解释法律时遵循"不告不理"的原则。其不能主动解释法律，只能在下级法院、有关机关及其当事人向大法官会议提出解释请求并且附具理由时，才能启动大法官会议的解释程序。同时，并非所有的请求都能启动法律解释，大法官会议可以以理由不成立而不予解释。论者还以此为基础提出了构建我国司法解释程序的具体构想：第一，建立声请解释制度，也就是说要对声请解释的主体和声请解释的条件作出规定。能够声请对法律进行解释的主体只能是法律的应用者或者实施者，而且只有在个案实施、适用法律的过程中才能声请解释法律。比如有关国家机关在法律应用上发生分歧时，可以声请解释法律；各级人民法院的法官在审理案件过程中对法律的解释与有关法律、法规发生重大分歧时，可以该法院的名义声请解释；有关公民、法人或其他组织不服国家有关部门对其实施的行政、司法行为，经过司法机关终局裁决认为该裁决适用法律有歧义的，可以声请对该法律进行解释等。第二，明确司法解释程序的规定。在程序上应当实行"被动解释"，只有特定的主体向最高人民法院大法官会议提出法律解释的声请并且符合声请解释的条件时，才有可能启动法律解释程序，否则最高人民法院大法官会议不能擅自解释法律。这就避免了将法律解释活动转化为立法活动。大法官会议对声请进行审查，决定是否作出解释，然后大法官会议把解释的结果或者拒绝解

---

① 陈林林、许杨勇：《司法解释立法化问题三论》，《浙江社会科学》2010年第6期。

释的理由转交给最高人民法院，由最高人民法院发布。[1] 笔者认为，这种意见是有道理的。当然，在具体的司法解释程序上，还可以进一步探索和完善。比如，大法官会议的组成人员、表决通过人数、不同意见是否公布、提请司法解释的具体事由和审查机构等，都可进一步探讨。

（二）正当化理由的引入

一个司法解释是否具有合理性，还应当考察其作出解释的依据或正当化理由。因为，既然存在对法律语词的多种意义可能性，选择其中一种作为法律语词的"正确"意义，这个过程并非可以依赖强制和武断获取正当性，而应当提出作此选择的正当化理由。如德国学者所指出的："支持某一法律语词在其语义空间内作某种解释的人，应当使其决定正当化，即为其决定提供理由。也就是说，解释应以论辩的方式展开。……简言之，法律解释——即在各种可能的语义中确定恰当语义的活动——实质上即是在支持对特定法律语词赋予此意义或彼意义的各种理由进行衡量的过程。"[2]既然司法解释是一个提供正当化理由的过程，判断司法解释是否具有合理性的标准就是其正当化理由是否存在，是否与其他理由相比更具说服力。

但是，我国的刑事司法解释，包括禁毒刑事司法解释在内，显然没有进行"论辩"、"理由选择"的意识，甚至基本不提供具体的理由。以《最高人民法院关于适用〈全国人民代表大会常务委员会关于禁毒的决定〉的若干问题的解释》为例，整个文本共计 20 个条文，几乎全部是一种判断和结论，没有任何正当化理由的说明。如其第三条关于非法持有毒品罪中的"非法"一语，即旗帜鲜明地指出，"非法"是指违反国家法律和国家主管部门的规定。除此之外，并无一句说理表明其因何只把国家法律和国家主管部门的规定作为非法的"法"，不把地方性法规、地方规章、自治条例、单行条例及地方主管部门的规定作为"法"。如果是从文义解释的角度，"国家主管部门的规定"是指何种规范性文件也很不清楚。我国绝大多数司法解释充斥着这种含混而武断的解释模式。当最高司法机关解释法律都不叙述理由，如何要求各级法院的判决书中要注重说理呢？

因此，不说理的司法解释背离了解释的本质属性——说理性，很难获取社会及公民对于司法解释的认同，更难以树立司法解释的公信力。因此，有必要在强

---

① 魏胜强：《司法解释的错位与回归——以法律解释权的配置为切入点》，《法律科学》2010 年第 3 期。

② ［德］齐佩利乌斯：《法学方法论》，金振豹译，法律出版社 2009 年版，第 68 页。

调司法解释合法性的同时，注重正当化理由对于司法解释的支撑作用。特别是对禁毒刑事司法解释而言，这种正当化理由更加重要。因为，禁毒刑事立法中规定了最高为死刑的法定刑，对毒品犯罪行为的定性和量刑则应当更加慎重，如果只是武断而模糊的解释，则无法保证刑罚适用甚至是死刑适用的正当性。申言之，无正当化理由的解释也是无法反驳的解释，这种无法反驳的解释有悖于解释的开放性和论辩性，其正当性或正确性无法得到证成或检验。那么，什么样的正当化理由足以支撑刑事司法解释的正确性呢？

首先，应当考虑法的统一性。所谓法的统一性，是指“在解释法律时，甚至赋予统一的观点以一种特殊的意义：因为与一部美学的艺术作品相反，一种法律的文本，一项法律，应该是毫无矛盾的，这样它才能够均衡地和不随心所欲加以应用”。[①] 易言之，在解释法律的过程中，应当注重法律条文之间的联系，相同法律语词出现在同一部法律中的不同条文时，应当要作相同的解释，才能保证法的统一。如德国学者所言：“维护‘法的统一性’，即使法律解释的结果在逻辑上和目的上与法的整个体系，至少是与其同位阶和更高位阶的规范不相矛盾，同时尽可能地保持术语的统一，也是法律解释的目的之一。在这里，解释的论据来自各法律规范彼此之间的关联（体系解释）。在更为广泛的意义上，体系解释是指将个别的法律语词作为整个体系的一部分，即将其置于整个法律，甚至整个法秩序的意义关联中来理解。”[②]以运输毒品罪刑法条文中的“运输”一词的解释为例，《最高人民法院关于适用〈全国人民代表大会常务委员会关于禁毒的决定〉的若干问题的解释》第 2 条第 1 款将其解释为“采用携带、邮寄、利用他人或者使用交通工具等方法非法运送的行为”，《最高人民法院关于审理破坏野生动物资源刑事案件具体应用法律若干问题的解释》对运输珍贵、濒危野生动物罪中的“运输”也作了基本一致的解释。[③] 这就是司法解释考虑法的统一性的具体表现。之所以在进行刑事司法解释时应当考虑法的统一性，更深层的原因在于正义的实现。因为正义原则要求平等对待相同情形，如果对相同的法律语词在不同的刑法条文中作出不同的司法解释，这就有悖于正义的原则。

其次，应当考虑立法目的。立法目的是立法者制定该法律规范或法律条文的意图。关于立法者的意图，究竟是指立法者在立法时的意图，还是指把立法者置于现实环境下的可能意图，一直存在争议。把解释的目标确定为对历史上立法者意图的考察是主观解释，把立法者的意图或目的放置于现实环境

① ［德］H.科殷：《法哲学》，林荣远译，华夏出版社 2002 年版，第 211 页。
② ［德］齐佩利乌斯：《法学方法论》，金振豹译，法律出版社 2009 年版，第 74 页。
③ 该解释第 2 条规定，运输，包括采用携带、邮寄、利用他人、使用交通工具等方法进行运送的行为。

下的考察则是客观解释。历史上的立法者制定法律时的原本意图往往很难寻求，因为立法者往往是一个机构或群体，其立法时的意图很难还原和把握。因此，如德国学者考夫曼所言："今天法学中占主导的观点赞成解释目标是法律的今日的目的。那么，主观解释只能是客观解释的一个辅助工具。"①那么，具体到禁毒刑事司法解释之中，就需要明确的禁毒刑事立法的立法目的，并以立法目的作为指引确定法律语词的适当含义。从刑法的立法目的来看，刑法是一种法益保护的法律，或者说，刑法存在目的就是为了保护法益。禁毒刑事立法自然也不能例外，其立法目的也应当是保护法益。因此，要确定毒品犯罪的侵害法益，并把这种侵害法益作为解释禁毒刑事立法的重要引导和线索。上文已论及，毒品犯罪侵害的法益为人民健康，侵害方式为危险方式，大多数毒品犯罪是抽象危险犯。那么，在对禁毒刑事立法进行司法解释时，面对法律语词的多种意义可能性，就应当适用保护人民健康这样一个标准进行检讨，并确定适当的语词含义。

最后，当立法目的并不单一的情况下，在各种目的所引导的法律语词的可能含义存在对立或冲突时，司法解释就应当站在正义的立场，从利益衡量的角度，评估各种立法目的所蕴含或表达的利益，使解释的结论趋于利益最大化，协调和平衡上述各种解释标准。如德国学者所指出的："总的来讲，法律解释是一个论辩性的选择和决定过程。这一过程常常需要照顾到不同的、相互竞合的目的，并且原则上要努力在相互竞合的不同利益之间达成让人认为是公正的妥协，并且在这一前提下实现效益的最大化。这些考量构成了决定分析的一般格式，正如在法律漏洞填补，以及尤其是在立法者的（立法）考量中（人们）所做的一样。这样的分析一般来说是使在目的导向的决定过程中起作用的多种因素得以清晰地呈现，从而使人们更容易对不同目的的冲突进行理性的讨论，并发现以最适当的方式最大限度地实现这些目的的解决办法。"②在禁毒刑事法律的司法解释过程中，必然会面临多元而交错的利益，在不同利益的权衡和抉择中，清晰地表达出利益权衡的过程，把司法的正当性建立在论辩基础之上，而非专断之上，这才是刑事司法解释获取公信力和实现正义的正确道路。具体而言，在进行利益权衡时，应当胸怀正义之念，心存刑罚之恶，不求刑法万能，把刑法作为有限和谦抑的社会规训手段，把刑法限定在保护法益和保护自由的范围之内，而不把刑法作为实现社会最大福利的唯一或重要手段。

---

① ［德］阿图尔·考夫曼、温弗里德·哈斯默尔：《当代法哲学和法律理论导论》，郑永流译，法律出版社2002年版，第382页。

② ［德］齐佩利乌斯：《法学方法论》，金振豹译，法律出版社2009年版，第85页。

第四节　几个具体司法解释的正当性质疑

一、何谓“贩卖”

《最高人民法院关于适用〈全国人民代表大会常务委员会关于禁毒的决定〉的若干问题的解释》第2条对“贩卖毒品”的解释为“明知是毒品而非法销售或者以贩卖为目的而非法收买的行为”，这种解释是否正当和合理呢？[①]

（一）“贩卖”的语义边界

作为一个法律语词，解释“贩卖”应当从其语义出发，即首先确定其语义为何，如果“贩卖”只有一种语义，则无须进一步权衡和解释，如果“贩卖”具有多种语义可能性，则还需进一步论证。从“贩卖”一词的结构来看，司法解释在解释“贩卖”的语义时是将其作为选择式的两个词语的，认为“贩卖”的语义应当是“贩”或者“卖”，凡是具有“贩”或者“卖”的含义皆属于“贩卖”。所谓非法销售即是指“卖”，而“以贩卖为目的而非法收买”则是“贩”之谓。之所以可以将收买毒品解释为“贩卖”，就是因为“贩”作为独立的词语时有“买进”之义。有学者分析：“从贩卖的一般含义来说，‘卖’显然是指出卖，但‘贩’并不仅有买进的含义，而是有多种含义：一是指贩卖货物的人，如《管子·八观》：‘悦商贩而不务本货，则民偷处而不事积聚。’二是买货出卖，如《史记·平准书》：‘贩物求利。’三是卖出，如《荀子·王霸》：‘农分田而耕，贾分货而贩。’四是买进，如《史记·吕不韦列传》：‘往来贩贱卖贵，家累千金。’”[②]按上述论者的逻辑，正因为“贩”字的多义性，“贩卖”的语义自然具有多种可能性：如果把“贩”理解为“卖出”，则“贩卖”应为出卖之义；如果把“贩”理解为“买进”，则需要进一步分析“贩卖”是选择式的词语组合还是并列式的词语组合，如果是前者的话，则就如司法解释的界定一样，应当理解为买进或卖出，如果是后者的话，则应当理解为买入后卖出的行为。因此，从语义来看，“贩卖”至少具有三种含义可能性：出卖；买进后出卖；买进或出卖。如果再考虑“贩卖”一语通常的附随主观意义是否包括牟利性，则“贩卖”的语义

---

① 尽管《全国人民代表大会常务委员会关于禁毒的决定》的内容已为97刑法所吸收，并作了部分调整，但《最高人民法院关于适用〈全国人民代表大会常务委员会关于禁毒的决定〉的若干问题的解释》中与97刑法没有直接冲突的内容仍然具有事实上的法律效力，特别是解释毒品犯罪的罪状和定性等内容，不仅仍然是司法适用的重要依据，还在很大程度上影响到了我国主流理论界的看法。

② 张明楷：《刑法分则的解释原理》，中国人民大学出版社2004年版，第357页。

可能性更为多元。

但是,上述这种可能性含义是人为的组合结果,与"贩卖"的生活意义之间尚不具有同一性。法律语词的语义边界,应当是以日常生活中的语义为基础的边界,因为,刑法是用以规范普通人行为的规范的,这种规范的效力和正当性边界则是生活中一般人能够理解的规范,而生活中一般人能够理解的语言正是其日常生活意义。否则,罪刑法定原则所追求的保障公民的可预期性就无法实现。因为,公民实际上不是通过法律语词的逻辑含义或专业含义来理解法律语词的,而是通过对该语词的生活意义的理解来实现对刑法惩罚边界的把握,进而实现对于行为法律后果的一种概括的可预期性。如考夫曼所言:"社会共同生活的规则,并不是透过法律来告诉国家的人民。人民学会这些规则,是在日常的生活的沟通里,并且在相互间操作(就好像社会学用不优美的德文所说的'互动')。市民对于合法与不法的想象并不是在法律语言的范畴中进行,他是透过日常语言而被给定的。也因此,不法的意识,或者就如行为者在行为时的意识。他不是透过特殊的法律的想象所产生的,而是透过对于行为的社会意义的了解而影响的。也就是说,在行为者的意识中,是一种对于社会损害的意识。而行动者认知到他行为的社会意义内涵,总是不清楚的,或者是以被他浓缩的日常语言来认识的。"①因此,"贩卖"的日常生活意义实际上就是作为刑法边界的"法律语词可能含义",那么,"贩卖"究竟有什么可能含义呢?易言之,作为普通人,在社会生活中是在何种意义上使用"贩卖"一语呢?

日本学者前田雅英把法律语词的可能含义区分为三个层次:第一个层次为一般人都能预想到的含义(核心内部);第二个层次为一般人都难以想到的边缘部分,这种情况原则上就应当否定构成要件符合性;第三个层次为上述两者的中间部分,这种情况则应当考虑惩罚的必要性来决定。② 实际上,能够作为法律语义边界的语义只包括第一层次和第三层次,因为一般人都无法想象到的语义可能性已超出公民的可预期性,属于另类或生僻甚至是荒谬的含义,不应当作为法律语词的含义可能性考察。从日常语言的使用来看,先买入再出卖的行为是"贩卖"的典型含义,也就是前田雅英所指的第一个层次的含义。如"贩卖水果"、"贩卖香烟"、"贩卖货物",正因为是"贩卖"的典型方式为"先买入再出卖",长期从事这种行为方式的人才会被固定为"小贩"、"贩子"这样的名称。而第三种层次的"贩卖"含义则是需要进一步运用合理性标准进行抉择的,比如单纯的出卖行为、

---

① [德]考夫曼:《法律哲学》,法律出版社2004年版,第178页。
② 张明楷:《刑法分则的解释原理》,中国人民大学出版社2004年版,第357页。

赠与行为、低价售卖行为等。这些含义在一定场合下可以用“贩卖”进行表述，比如贩卖思想实际上表达的是赠与或传播思想。这些含义是否能够作为贩卖毒品罪中的“贩卖”的理解，就需要经过体系解释、目的解释进行决定。

值得一提的是，司法解释中将为了贩卖而实施的单纯的买入行为也解释为贩卖，则属于超出一般人想象的含义归纳，即是前田雅英所指的第二层次的含义，因其有悖于公民的预期可能性而不应当作为贩卖的含义。首先，通常情况下，买入通常是贩卖的组成部分，买入与卖出的递进或联合关系才是“贩卖”的典型方式，单纯的买入行为等同于“贩卖”似乎是超出了普通人的想象，前者一般为贩卖行为的对向行为或前提行为。在日常生活中，也几乎不会有人用“贩卖”来表述买入的含义。为了贩卖而购买毒品的行为可以成立贩卖毒品行为的预备行为，但是一种行为的预备行为不能等同或归属于该种行为。在日常表达中，不能将一种行为可能的准备行为也等同于该行为。正如杀人罪中对于杀人行为的界定并不包括为了杀人而购买刀具的预备行为。还如，为了吃饭而做饭是一种很常见的关联行为，做饭通常是吃饭的前提，但是做饭就是做饭，吃饭就是吃饭，把吃饭解释为做饭只是因为其是为了吃饭是荒谬的，也是超出一般人可能想象到的语义边界的。从语言逻辑上，这种解释也是没有依据的。A 行为的预备行为 B 是 A 行为这种表述自然存在问题。其次，我国台湾地区和我国大陆使用相同的汉语，从台湾地区的有关规定和解释来看，对于贩卖毒品的解释并未包括为了贩卖而购买的行为，而是在 1998 年修订的《毒品危害防治条例》中规定了“意图贩卖而持有毒品”的行为，作为加重持有毒品罪处罚。实际上，为贩卖而购买毒品的行为在台湾地区是作为一种持有毒品的行为来惩罚的，因为单纯购买也包含有持有行为，但肯定无法从语义上把购买等同于贩卖。当然，该司法解释是 1994 年制定的，当时我国刑法尚未确立罪刑法定原则，刑法中还保留类推。结合当时的历史条件，出现这样的解释似乎可以理解。[①] 但引人深思的是，在刑法理念和社会价值已发生很大变化的 10 多年后，仍有很多学者和司法机关以司法解释为蓝本展开自己的观点，几乎没有学者质疑“以贩卖为目的的收买毒品行为为贩卖行为”观点的不妥适性。这也折射出刑法人权保障的意识尚有待深入，刑法工具主义和重刑威吓思想仍然影响着贩卖毒品行为的理性对待。[②]

---

① 况且，这种情况也不应该适用类推。类推所强调的是价值上的等价性，而以贩卖为目的的买受毒品与贩卖毒品不仅在形式上迥异，且在价值衡量上也不具有同价性。倘若购买人在购买后放弃了贩卖的意图，改为自己吸食，却仍然以贩卖毒品行为定性。与购买毒品仅为自己吸食的行为相比，其惩罚的对象好像就是思想了。所以说，即使用类推也很难说具有合理性。因为，行为与犯意同时存在是刑法的基本原则，具有贩卖目的时，行为人不仅没有贩卖的故意，也无贩卖行为，只有购买行为和购买的故意。

② 高巍：《贩卖毒品罪研究》，中国人民公安大学出版社 2007 年版，第 96 页。

(二)“贩卖”语义边界内的抉择

排除“为贩卖而购买”的含义之后,在确认“贩卖”的核心含义为买入后卖出以获取利润的行为基础上,在大致划定的“贩卖”的语义边界之内依然有多种语义可能性需要权衡和抉择。比如单纯的出卖行为、低价出卖行为、赠与毒品行为等都属于“贩卖”的非典型含义,是否可以作为“贩卖”的规范含义呢?

1. 单纯的出卖行为

1994 年的司法解释中把单纯的卖出行为表述为“销售”,在语义上,二者并无实质的区别。其实,早在 1994 年司法解释出台前的 1988 年,四川省人民检察院在适用 1979 年刑法中的贩卖毒品罪时,就对单纯的出卖毒品行为是否属于贩卖毒品行为请示过最高人民检察院,最高人民检察院的批复中肯定了单纯出卖毒品的行为也属于贩卖毒品罪,但同时规定应区分于又买又卖的情形,认为可以酌情从轻处理。① 之所以会有请示,批复中又认为可以酌情从轻,其正说明单纯的出卖毒品行为与典型的贩卖毒品行为——“买入后出卖以获取利润”还是有一定区别的,这个区别也表征着单纯出卖行为距离“贩卖”一语核心意义的距离。1994 年司法解释把单纯的出卖行为解释为“贩卖”正是一种在语义可能性范围内的目的解释。从贩卖毒品罪的侵害法益来看,贩卖行为是因为实现了毒品占有在不同主体中的转让,而这种转让从一般经验来看,产生了一种对于吸毒者健康的抽象危险。因为,出售者卖出毒品是吸毒者得到毒品的一般前提,而这种毒品的出卖行为就使毒品很大可能进入或迫近吸毒者可以吸食的范围或区域,使吸毒者健康受到侵害的可能性也大大提高。因此,单纯出卖或销售毒品的行为从法益保护的必要性来说,是具有充分理由进行规制的。那么,司法解释把“销售”作为“贩卖”具有结论上的正当性。

2. 赠与毒品行为

赠与毒品行为与低价卖出毒品的行为在形式上是以是否存在交易为区别的,但是在实质上这种区别并不清晰。从侵害法益的角度来看,二者均实现了毒品的转移占有,都产生了对人民健康的抽象危险,是否有对价,对价多少都不影响贩卖毒品罪侵害法益的大小。从语义的角度来看,笔者曾经认为赠与毒品的行为不属于“贩卖毒品”行为的可能语义边界之内,因此,尽管赠与毒品与销售毒

---

① 该批复全文如下:四川省人民检察院:你院《关于违反政府规定卖自己父辈、祖辈遗留下来的鸦片烟应否构成贩卖毒品罪的请示》收悉。经研究,现作以下答复:向他人出卖父辈、祖辈遗留下来的鸦片以及其他毒品,构成犯罪的,可直接适用刑法第一百七十一条的规定以贩卖毒品罪论处,帮助出卖的中介人,应以共犯论处。鉴于向他人出卖父辈、祖辈遗留下来的毒品,不同于又买又卖的贩毒行为,可酌情从轻处理。参见 1988 年 8 月 12 日《最高人民检察院关于向他人出卖父辈祖辈遗留下来的鸦片以及其他毒品如何适用法律的批复》。

品在法益侵害种类、法益侵害程度上具有等质性，但因为罪刑法定原则的约束，不能将其纳入惩罚的范围。[①] 但是，从“贩卖”的可能性含义来看，实际上贩卖也有提供、交付、传播之义。如“贩卖思想”、“贩卖理论”、“连卖代送”表述等。从法的统一性角度来看，2007 年 7 月 8 日发布的《最高人民法院、最高人民检察院关于办理受贿刑事案件适用法律若干问题的意见》中规定：“国家工作人员利用职务上的便利为请托人谋取利益，以下列交易形式收受请托人财物的，以受贿论处：(1) 以明显低于市场的价格向请托人购买房屋、汽车等物品的。”事实上，在这里，司法解释即是把明显过低的价格出售解释为类似于“赠与”的“提供”。因为，对于受贿罪而言，明显低价的“出售”或“买进”实际上是一种不真正的有偿交易。那么，既然最高司法机关能够认为过低的对价不应当认定为有偿交易的话，从保持法的统一性角度来说，在贩卖毒品罪中，赠与毒品行为与低价出卖毒品之间都可以理解为一种提供行为。因为，从逻辑上，“倘若坚持从贩卖的一般语义‘倒卖’或‘出卖’来解释的话，依据民法原理，只包括以毒品易货币的转让，明显无法把以物易毒品、以劳务易毒品等行为纳入贩卖的范围之中。且在一般人看来，用毒品换取劳务也很难说是买卖。那么，既然贩卖行为可以超出一般语义包容互易行为等，何以不能包容赠与行为呢？倘若认为对价才是贩卖行为的实质所在的话，那么明显低于毒品市价的行为也必须排除于贩卖行为之外。”[②]因此，

---

① 笔者曾认为，在我国现行社会文化中，普通大众对于贩卖毒品的罪恶性受到媒体等的渲染而集中于其牟利的动机，这使社会大众接受赠与毒品也属于贩卖毒品的结论有可能超出了其预测可能性。而在社会主义初级阶段，贩卖行为与赠与行为在实质上的等一性让位于预测可能性更能有效保护法的安定性。那么，从一般的语言习惯上来看，贩卖毒品行为的可能含义中很难包含赠与毒品行为，虽然在法益保护的实质层面上，二者并无不同。所以说，将贩卖毒品行为在立法上修订为“提供毒品行为”能解决赠与毒品归属问题，既能够与罪刑法定原则相协调，也可以更加有效地保护法益。同时，笔者也曾对有偿性作为贩卖毒品的界限性标准提出一些思考，这也是很难在实质上区分低价出售毒品与赠与毒品之间法益侵害的症结。因为，是否有偿并不影响法益侵害的有无和大小。论者曾指出：“其实，对于一个法律术语的可能含义的界定并非是经验的标准。一个概念的含义源于习惯和使用者的理解和偏好，也取决于使用者的前理解。即使立足于刑法解释的角度，并不能脱离这些影响。所以说，对于贩卖一词的可能含义的界定也是规范的评判，或者说是价值的权衡的结果。把贩卖行为解释为一定要有偿符合一般的语言习惯，但是把有偿再解释为只要有交换物无论多少都可以的话，似乎又有些勉强。这就导致 100 元的毒品以 1 元的价格转让与 10 元的毒品无偿赠与两种行为在定性上的殊异。前者构成贩卖而后者则不构成贩卖。为了维护法律的可预测性和安定性这种价值，坚持有偿性是必然的结论，因为有偿是贩卖的一般习惯含义。而从法益保护优先的价值取向角度来看，似乎可以把贩卖毒品与赠与毒品等而视之。还有如倒卖火车票的行为，如坚持形式上的语义解释，100 元的火车票以 1 元的价格卖出也是倒卖。但是事实上我们并未严格坚持形式上的法的安定性价值。总而言之，贩卖毒品的可能含义中能否包含无偿的赠与毒品并不仅仅是一种语言直觉的标准，而是价值权衡的结果。只不过，在法治仍处于起步阶段的我国，对于入罪的问题在边界不清时采用严格的形式解释和一般人的语言习惯能更有效地限制入罪的范围，从而舒缓刑法的扩张性以保障人权。特别是我国长期以来对于贩卖毒品罪严刑峻罚的指导思想也迫切需要在入罪的解释时严格一些，当然也只能在一定的限度内。”参见高巍：《贩卖毒品罪研究》，中国人民公安大学出版社 2007 年版，第 103 页。

② 高巍：《贩卖毒品罪研究》，中国人民公安大学出版社 2007 年版，第 101 页。

把"贩卖"解释为"赠与"或"提供"可以说处于语义边界的模糊地带，但是其符合规范目的和法的统一性要求。当然，因为赠与确实处于"贩卖"的语义边界地带，究竟是边界之内还是边界之外的划定并不是恒定不变的，因此，还有从语义学角度进一步讨论的余地。

总之，司法解释关于"贩卖"的界定既存在超越法律语词意义可能性之处，也存在限定范围过于狭窄之处。

二、"制造"是什么

（一）司法解释的变迁

1994 年发布的《最高人民法院关于适用〈全国人民代表大会常务委员会关于禁毒的决定〉的若干问题的解释》第 2 条将"制造毒品"解释为"非法用毒品原植物直接提炼或者用化学方法加工、配置毒品的行为"，2008 年发布的《大连会议纪要》则指出："鉴于毒品犯罪分子制造毒品的手段复杂多样、不断翻新，采用物理方法加工、配制毒品的情况大量出现，有必要进一步准确界定制造毒品的行为、方法。制造毒品不仅包括非法用毒品原植物直接提炼和用化学方法加工、配制毒品的行为，也包括以改变毒品成分和效用为目的，用混合等物理方法加工、配制毒品的行为，如将甲基苯丙胺或者其他苯丙胺类毒品与其他毒品混合成麻古或者摇头丸。为便于隐蔽运输、销售、使用、欺骗购买者，或者为了增重，对毒品掺杂使假，添加或者去除其他非毒品物质，不属于制造毒品的行为。"前后两个关于"制造"的解释的区别在于是否包括物理方法，前者认为不包括任何形式的物理方法，后者认为包括以改变毒品成分和效用为目的的加工、配置等物理方法。

参与起草《大连会议纪要》的同志就将"制造"解释为包括部分物理方法的原因概括为四个方面："一是符合司法实践中打击制造毒品犯罪的需要。如制造毒品麻古的过程就是以甲基苯丙胺和咖啡因为主要原料的物理混合加工过程，司法实践中一般将制造麻古、摇头丸等新的混合型毒品的行为定性为制造毒品罪。二是符合制造毒品的立法原意。制造的字面含义是用人工使原材料成为可供使用的物品、将原材料加工成器物，自然包括物理方法的制造。三是目前理论界普遍认为制造毒品包括使用化学方法以外的方法使一种毒品变为另一种毒品等一些比较特殊的物理方法加工配制毒品，如在某种毒品中混合其他毒品等。四是我国加入并已生效的《1971 年精神药物公约》第 1 条对"制造"用语的解释有类似规定。该条第(9)项规定：制造是指所有可能藉以取得精神药物之过程，包括精炼以及将精神药物转变为他种精神药物之过程，亦包括精神药物制剂之配制。

第(6)项规定：制剂是指任何不论其物理状态为何，而含有一种或多种精神药物之混合物或溶剂。”[①]上述解释理由是否具有正当性，有待进一步的商榷。

(二)“制造”究竟改变了什么

从文义的角度来看，日常生活中使用“制造”一语确实包括化学方法，也包括物理方法。如“制造枪支”通常是指物理方法，“制造药品”则通常是指化学方法，“中国制造”则既包括物理方法，也包括化学方法。因此，“制造”一般是指把原材料加工为产品的行为。那么，从解释的边界来看，物理方法和化学方法均不违背语义可能性的边界。因此，我国有学者也认为：“制造通常是指使用原材料而制作成原材料以外的物。制造毒品一般是指使用毒品原植物而制作成毒品。包括以下几种情况：一是将毒品以外的物作为原料，提取或制作成毒品，如将罂粟制成为鸦片。二是毒品的精制，即去掉毒品中的不纯物，使之成为纯毒品或纯度更高的毒品，如去除海洛因中所含的不纯物。三是使用化学方法使一种毒品变为另一种毒品，如使用化学方法将吗啡制作成海洛因。四是使用化学方法以外的方法使一种毒品变为另一种毒品，如将盐酸吗啡加入蒸馏水，使之成为注射液。五是非法按照一定的处方针对特定人的特定情况调制毒品。”[②]但是，从规范目的和法的统一性角度来看，未必所有对毒品进行的物理改变和化学改变都应当属于“制造”。

从规范目的来看，制造毒品行为之所以进入刑罚规制的范围，就在于其实现了毒品从无到有的转变，或有此种毒品到彼种毒品的转变，产生了原本没有的对法益的抽象危险或提升了危险的程度。因此，无论是物理方法还是化学方法，凡是对毒品的改变不具有产生法益侵害危险或提升法益侵害危险的行为，都不应当解释为“制造”毒品中的制造行为。因为，如果一种对毒品的化学或物理加工行为，使毒品从有到无或从危害性较大的毒品变成了危害性较小的毒品，或者说，危害性没有任何变化的情况下，在对于刑法保护的法益——人民健康不存在创设或增加的侵害风险，刑法的发动和规制自然没有正当性。具体而言，分装毒品、稀释毒品、不改变成分、不改变成分和效用的混合毒品行为等都没有创设或增加毒品的危害程度，不应当解释为“制造”毒品。如有论者指出：“如果行为人只是对毒品的形态、包装加以变换，例如将糊状的鸦片进行干燥处理成为固态，将粉状海洛因压缩成块状等，并没有改变毒品的性质，也不能生产出新的毒品，其行为则不属于制造毒品的行为。”[③]但是，也有学者认为，某些情况下的分装、

---

① 高贵君、王勇、吴光侠：《〈全国部分法院审理毒品犯罪案件工作座谈会纪要〉的理解与适用》，《刑事审判参考》2008 年第 6 期。

② 张明楷：《刑法学》，法律出版社 2007 年版，第 828 页。

③ 郑蜀饶：《毒品犯罪的法律适用》，人民法院出版社 2001 年版，第 97 页。

物理混合、稀释、提纯等行为也可能具有改变毒品效用的性质，对于改变毒品效用的上述物理方法，则应当解释为“制造”。[①]《大连会议纪要》对物理方法加工、配置毒品归入“制造”的标准也是采用了类似的“是否改变成分和效用”标准。

那么，作为制造毒品行为的“改变”，在本质上显然应当是法益侵害有无或法益侵害变化的“改变”，但把这种法益的改变进行具体化，应当理解成何种性质或程度的改变？

1. 毒品的物理混合

《大连会议纪要》认为，将甲基苯丙胺或者其他苯丙胺类毒品与其他毒品混合成麻古或者摇头丸的行为就属于“制造毒品”的行为，其论证逻辑为这种混合虽然是一种物理混合，但改变了“成分和效用”，形成了与甲基苯丙胺或者其他苯丙胺类具有不同成分和不同效用的毒品——麻古或摇头丸。问题是，麻古、摇头丸与甲基苯丙胺或者其他苯丙胺类毒品相比，是如何实现所谓的“成分和效用”的改变？这种改变是否是刑法所关心的产生或增加法益侵害的改变呢？假设，相同数量的麻古与甲基苯丙胺中所含的甲基苯丙胺成分也相同的话，则谈不上成分的改变，即使其他添加物有所不同，但刑法关心的成分还是甲基苯丙胺成分，其对人体健康的作用机制和原理并未发生变化。至于其效用的不同，可能与个体差异有关，也可能与使用习惯有关。从吸食者个体的感受角度而言，可能吸食冰毒时加入咖啡因或加入酒精都可能产生不同的效用，但这种效用的变化并不具有刑法意义。比如，行为人同时购买甲基苯丙胺、咖啡因和其他非毒品添加剂，然后混合吸食，实际上这种混合吸食的是麻古，与直接购买麻古在行为方式和效用上并无区别，对身体的毒害性也不会有任何概括性的不同。如果把行为人的这种混合行为解释为“制造”，则吸食者就会构成制造毒品罪，而直接购买麻古的吸食者则不构成任何犯罪，这很明显是有悖刑法的平等适用的。况且，其发生毒害性且为刑法所关注的成分——甲基苯丙胺的性质、纯度、成分并没有变化。

因此，只有在毒品混合行为导致同等数量、纯度的毒品产生了对健康的更大的危险性，[②]才应当将此种毒品混合解释为“制造”。如摇头丸的合成就可以理解为“制造”，尽管其也是毒品的混合，但是在相同的纯度和毒品数量的情况下，

---

① 高艳东：《制造毒品罪疑难问题之解析》，《江西公安高等专科学校学报》2004 年第 2 期。

② 有论者认为，当毒品的物理混合行为只是对特殊吸食者的具体效用性有提升作用，也应当解释为“制造”。论者指出：“虽然混合后的毒品的抽象效用性并未提高，但确能对部分吸毒者产生比混合前任何一种毒品更大的效用性。”参见高艳东：《制造毒品罪疑难问题之解析》，《江西公安高等专科学校学报》2004 年第 2 期。笔者认为，这种认识是错误地把握了制造毒品犯罪的侵害法益，制造毒品罪的侵害法益是人民健康，侵害方式为抽象危险。抽象危险的认定标准不需要考虑个体在特殊情况，只考虑一般人使用这种混合毒品后是否能够产生更大的健康危险。

产生了对人民健康的更大的危险。具体而言,摇头丸是亚甲二氧基甲苯丙胺的俗称,是一种苯丙胺类的合成化合物。与苯丙胺的中枢神经系统兴奋作用相比,摇头丸还有致幻作用。其药理作用属于一种新的药理学分类,是一种具有精神活性作用的药物,其兴奋作用低于可卡因和苯丙胺,但兼具苯丙胺的兴奋作用和麦司卡林的致幻作用,滥用者主要是利用其致幻作用而非兴奋作用。对多数人而言,使用摇头丸后那种脱离现实的妄想和视幻觉的感受虽低于麦司卡林或LSD等迷幻药,但是得意洋洋、自鸣得意的感觉却比麦司卡林或LSD强烈,实质上的作用是十分相似的。据统计,摇头丸能够造成多种心理障碍,包括失眠、抑郁、焦虑及精神错乱,在滥用者中大约有四分之一的人有恐慌症和妄想症。还能造成永久的脑细胞和肝细胞损伤,毒性几乎高于其他任何致幻剂。① 因此,这种对苯丙胺的混合和加工产生了与苯丙胺不同的健康危险,即精神上的致幻作用导致的精神障碍,产生了刑法关心的法益危险的增加,应当解释为"制造"。

2. 提纯、稀释和分装

《大连会议纪要》中还使用排除法对"制造"毒品进行解释,规定:"为便于隐蔽运输、销售、使用、欺骗购买者,或者为了增重,对毒品掺杂使假,添加或者去除其他非毒品物质,不属于制造毒品的行为。"实际上,司法解释是想将用物理方法进行提纯和稀释毒品行为排除出"制造"毒品行为,但是在严打毒品的舆论背景下,又不能彻底地贯彻这一思想,而是采取了折中的解释,即在物理方法进行的提纯和稀释毒品与制造毒品的界限上添加了主观目的的标准。只有为了"便于隐蔽运输、销售、使用、欺骗购买者,或者为了增重"的目的提纯或稀释毒品,才能不作为"制造"毒品,为了其他目的而进行的提纯或吸食毒品,仍然视作"制造"毒品。问题是,主观目的的限定应当是犯罪主观方面的限定,不应当是制造毒品行为中"制造"的组成部分。易言之,从犯罪成立的体系来看,首先,要确定是否有制造毒品的行为,再判断其是否具有合法性,目的实际上是一种主观违法要素,而不能作为制造与否的解释标准。更近一步而言,行为人出于什么样的目的提纯或稀释毒品只是对违法性和责任的有无或大小具有影响,不应当对构成要件符合性产生影响。而作为"制造毒品罪"中的客观行为的"制造"的解释,只是对行为方式的界定。因此,司法解释的这种解释方法在方法论上是不正确的。

那么,提纯或稀释毒品是否属于"制造"毒品呢?笔者认为,还是应当还原到制造毒品的侵害法益上来进行检讨。也就是说,提纯或稀释毒品是否实现了毒品由无到有或者由此种到彼种的转变,而且,这种种类的转变与法益侵害要具有

① 夏国美等:《社会学视野下的新型毒品》,上海社会科学院出版社2009年版,第75—76页。

关联性。就提纯毒品而言，使用化学方法进行的毒品提纯可分为两种情形：第一种情形为只是改变了纯度，清除杂质的提纯；另一种则是在清除杂质的化合方式的过程中实现了毒品性质、作用机理的变化，增加了毒品的危害性。第一种情形如行为人购买了纯度极低的海洛因后，为提高纯度追求更大的吸食快感，使用化学方法将杂质去掉一部分。这种情形并未增加刑法规制的有效毒品成分——海洛因的性质、数量，自然也未增加对人民健康的危险程度。① 同样，使用物理方法单纯改变毒品纯度的行为，如对液体海洛因进行蒸馏的行为也未增加对人民健康的危险程度，不应当解释为“制造”。第二种情形中的提纯行为则应当解释为“制造”，因为毒品纯度提升的化学过程中，作用于人体能够产生毒害性的毒品成分的作用方式一旦发生变化，可能产生同等数量和纯度下更大的健康危险性。如鸦片到吗啡的提纯过程，鸦片中最重要的毒品成分是吗啡，一般鸦片成品中吗啡含量在百分之十，吗啡的制造过程实际上就是去除鸦片杂质的过程，这个提纯过程不仅实现了吗啡纯度的提升，还改变了吗啡作用于人体的方式，从鸦片的吸食扩大到注射方式，增加了对人体的健康的危险。再如吗啡到海洛因的变化，表面上也有可能实现吗啡纯度的提升，如 100 克纯度为百分之三十的吗啡进行化学加工形成海洛因的过程中，可能会使吗啡的纯度提高到百分之四十，②这个过程实际上也通过化学方式附加了两种乙酰组织，而取代部分杂质的乙酰组织则增加了海洛因分子的类脂化合物的溶解性，使其分子更快地渗入人的大脑，然后连上附加的组织，产生出吗啡。③

再看稀释毒品的行为，有论者指出，一般情况下不应当把稀释毒品解释为“制造”毒品，理由有三：其一，将稀释行为解释为“制造”行为不符合立法原意，会扩大打击范围。因为毒品吸食者往往在吸食之前会对毒品进行稀释，如果稀释也算制造的话，大多数毒品吸食者也构成了制造毒品罪。其二，制造毒品罪的本质在于使毒品从无到有或提高了毒品的效用，而稀释毒品并未增加毒品的危害，甚至在一定程度上还减少了毒品的危害。因为高纯度的毒品对吸毒者的危

---

① 在相同数量的情况下，纯度高的毒品与纯度低的毒品相比，使用相同的吸食方式吸食的话，对于吸食者的健康而言，确实前者比后者危害性更大。但是，单纯去除杂质的行为虽然提高了纯度，却减少了数量，真正对健康发挥危害作用的成分并未增加。因此，不能把单纯取出杂质的提纯行为理解为“制造”。以 1 克纯度为百分之一的海洛因为例，使用化学方法将部分杂质进行清除，并未改变海洛因成分的情况下，使这 1 克海洛因变成 0.5 克纯度为百分之二的海洛因。那么，吸食 1 克纯度为百分之一的海洛因与吸食 0.5 克纯度为百分之二的海洛因，在对健康危害的方式、机理、后果上并不会有实质的差异，而只是一种吸食方式的差异。

② 这个纯度提升的数量只是一种假定，并没有可验证的事实支撑。

③ [美] O.瑞、C.科塞：《毒品、社会与人的行为》，夏建中等译，中国人民大学出版社 2001 年版，第 331 页。

害要大于低纯度的毒品。其三，将稀释毒品解释为制造毒品会产生逻辑矛盾。论者引述了一个案例进行分析，该案例中，行为人将 1 400 克海洛因溶解到三个可乐瓶中，可乐瓶中装满用水稀释后的海洛因进行运输。论者认为，假定三个可乐瓶中有 1 600 克水，把稀释理解为制造的话，行为人就已经制造了 1 600 克毒品，在运输到达目的地后又从中提纯出 1 400 克海洛因，此行为又制造了 1 400 克毒品，那么，行为人就一共制造了 3 000 克毒品，与行为人实际上只能出售的 1 400 克毒品相比，自然具有逻辑上的矛盾。论者也指出，并非所有的稀释毒品行为均不应当视为“制造”，在生产过程中，为便于吸毒者吸食而将毒品稀释成低纯度的配剂则属于制造毒品。[①] 笔者认为，上述观点的部分理由是符合规范保护目的的，但是贯彻法益原则的话，结论应当是所有的稀释毒品行为都不是“制造”毒品行为。因为，即使是行为人在制造、生产毒品的过程中，为方便吸食者吸食而将毒品稀释成为配剂的行为只是一种附随行为或事后不可罚的行为。或者说，行为人在制造毒品时，是否稀释为配剂都已经不影响制造毒品行为的性质和形态，这个稀释的行为属于制造毒品行为的事后不可罚行为。在进入贩卖领域之中再进行稀释为配剂的行为可评价为贩卖毒品行为的预备行为，但不能评价为“制造”行为。不然就违背了法的统一性原则，统一性原则要求同样事实相同对待，那么，生产过程中的稀释、贩卖过程中的稀释、吸食过程中的稀释，只要行为方式相同，就应当评价为相同行为。既然吸食过程中的稀释行为因其不会增加法益侵害而不能认定为“制造”毒品行为，自然也不能对生产制造过程中的稀释行为特殊对待，这种行为的可罚性只能来源于制造、贩卖毒品罪的共同犯罪之中。

至于分装毒品的行为，认为其属于“制造”毒品行为更加欠缺正当性。分装行为既不能产生新的毒品，也不会对毒品的性质、种类、作用机理有任何改变，甚至不会影响毒品的物理样态，在本质上与无中生有的毒品制造具有很大的差异，不能将其解释为“制造”。

三、数罪不并罚

从 1994 年《最高人民法院关于适用〈全国人民代表大会常务委员会关于禁毒的决定〉的若干问题的解释》到 2000 年《南宁会议纪要》，再到 2008 年《大连会议纪要》，在走私、贩卖、运输、制造毒品罪的罪数、并罚问题上，司法解释一脉相承的共识是：凡实施走私、贩卖、运输、制造毒品行为之一的，即以该行为定罪；若对同一宗毒品实施了两种以上行为的，毒品数量不重复计算，不实行并罚；若

① 高艳东：《制造毒品罪疑难问题之解析》，《江西公安高等专科学校学报》2004 年第 2 期。

对不同宗毒品实施了两种以上行为的，毒品数量累积计算，也不实行并罚。上述司法解释实际上确立了一种特殊的数罪不并罚制度，不仅没有刑法的明确规定作为支撑，也没有理论上的正当性依据。

司法解释认为，行为人实施走私、贩卖、运输、制造毒品罪中两个以上行为时，若是同一宗毒品，则应当视为一罪；如果是不同宗毒品的话，则构成数罪，但只累计数量，仍不并罚。其之所以做出如此规定，除了把走私、贩卖、运输、制造毒品罪归类为选择性罪名之外，其他理由并不清晰。有学者认为，选择性罪名是指"一个刑法分则条文规定了几个犯罪，这几个犯罪之间存在内在的联系。在同一案件中，行为人的行为符合一个犯罪构成为独立一罪，符合数个犯罪构成也不进行数罪并罚的罪名。"①问题是，选择性罪名为何符合数个犯罪构成也不成立数罪呢？更不进行并罚呢？

我国刑法理论通说认为，确定罪数的标准应当是犯罪构成标准，因为，"我国刑法中的犯罪构成，是主客观要件的统一，是犯罪成立要件的整体，行为符合犯罪构成，犯罪即可成立，所以判断罪数是一罪还是数罪，应当以犯罪构成为标准，行为具备一个犯罪构成的，是一罪；行为具备数个犯罪构成的，是数罪。"②以走私、贩卖、运输、制造毒品罪为代表的选择性罪名中，实际上具有多个犯罪构成的。比如，行为人实施了走私毒品的行为，就符合了走私毒品罪的犯罪构成，行为人继续实施贩卖毒品行为，又符合贩卖毒品的犯罪构成。那么，行为人有两个独立的行为，分别符合了两个犯罪构成，按照司法解释的逻辑，只构成一罪——走私、贩卖毒品罪，这实在让人不解。有论者认为，之所以不能数罪并罚，甚至也不能按一罪从重处罚的原因是不得重复评价的原则。③ 但是，禁止重复评价原则适用的前提恰恰是构成一罪方不得进行重复评价，上述论者实际上是一种循环论证。还有，之所以司法解释认为不构成数罪，可能是基于走私、贩卖、运输、制造毒品罪的四种行为方式具有本质上的等同性和行为上的牵连性或连续性。如有论者指出："行为人在故意实施某个犯罪行为的时候，几乎都驱于一定的功利心理，都会追求犯罪的高效率和连贯性，他们在一个总的犯罪目标的指导下，总会连续实施一系列行为，或者是在实施某一个行为时总会触犯一系列不同的行为对象，这种行为的倾向性和习惯性是任何行为人在一般情况下都会具备的，是一种"人之常情"的表现。……行为人往往就是在这样一个总的犯罪目的或犯罪意图的支配下而连续实施选择性罪名中的各项犯罪，各项犯罪在符合选择性

① 蒋兰香：《论选择性罪名》，《河南政法管理干部学院学报》2001年第1期。
② 高铭暄、马克昌：《刑法学》，高等教育出版社、北京大学出版社2007年版，第199页。
③ 蒋兰香：《论选择性罪名》，《河南政法管理干部学院学报》2001年第1期。

罪名的同时，有时也会构成了连续犯的犯罪形态。选择性罪名和连续犯在主观方面的这种相似性决定了二者必须采取相同的处罚原则即以一罪论处。”[①]

但是，即使按照这种论证，司法解释也是自相矛盾的。例如，两个行为人各自走私一批数量相同、种类相同的毒品入境后，再继续进行贩卖，按照司法解释的观点，这属于同宗毒品的两种行为，应当构成走私、贩卖毒品一罪，但不累计数量和并罚；相似的情况下，两个行为人分别走私一批数量相同、种类相同的毒品入境后，交换毒品后进行贩卖，按照司法解释则应当累积数量处罚，却仍是一罪。其隐含的逻辑是把走私、贩卖、运输、制造毒品四种行为作为特殊的一种行为，按照连续犯的理论进行处罚。但是，尽管刑法中对走私、贩卖、运输、制造毒品四种行为规定了相同的法定刑，毕竟其属于四种不同的行为，在行为方式、侵害程度上也有一定的差异，如何能够抹灭犯罪行为的形式和实质差别进行抽象和概括成一种行为？这是对罪刑法定原则的违背。正如盗窃罪与诈骗罪在数额较大和数额巨大的情况下法定刑相同，但不能把两者抽象为相同的行为。如我国台湾地区“司法院”的“大法官会议”释字第 152 号解释所指出的，作为连续犯的连续罪名应当是构成要件相同的罪名，“盖连续数行为所成立之数个犯罪，其构成要件相同，而非基于概括的犯意者，固不成立连续犯；其系基于概括之犯意者，仍分别处罚，则失之苛刻；如基于概括之犯意，连续数行为所侵害之法益性质相同而其构成要件互异者，亦按连续犯论处，又失之宽纵，难以遏阻犯罪，维持社会安宁秩序及刑罚之公平。”[②]退一步而言，即使采纳连续犯的罪名同质、同种理论，放弃对构成要件相同罪名的坚持，走私、贩卖、运输、制造毒品四种行为是否成立连续犯，也需要受到主观上是否基于概括犯意的限制，而得不出我国司法解释不加区分的概括性规定所强调的结论。因为，行为人如果只有走私的故意，完成毒品走私之后，再产生贩卖的故意对同宗或另一宗毒品进行贩卖，都不能说成立连续犯，构成一罪。再退一步，即使行为人基于概括的故意先进行走私、再进行贩卖毒品的行为，可以成立连续犯的话，那么，按照连续犯的理论，也得不出同宗毒品不累加数量而不同宗毒品累加数量的结论。从连续犯的处罚原则来看，连续的多个行为应当同等评价，或者都累积计算数量，或者都不累积计算数量，这样才符合平等原则和正义理念。比如行为人甲、乙分别制造了 500 克毒品，然后分别对自己制造的 500 克毒品进行贩卖的行为，在法益侵害的程度上与行为人甲制造 500 克毒品交由行为人乙进行贩卖的行为，而行为人乙制造了 500 克毒品对

---

① 吴情树：《论选择性罪名的立法基础》，《河北科技大学学报》2009 年第 3 期。

② 甘添贵：《罪数理论之研究》，中国人民大学出版社 2008 年版，第 151 页。

应地交由甲贩卖的行为是相等的,都只有 1 000 克毒品被制造出来进行了销售,吸食者所能得到的毒品也是 1 000 克,但按照司法解释的惩罚原则,两种情形则会得出大相径庭的结论。

因此,司法解释中确立的特殊"数罪不并罚"制度是欠缺正当性依据的,应当回归罪数理论的基本原则,秉持正义和平等的理念,重构走私、贩卖、运输、制造毒品罪竞合的处罚制度。

四、明知的推定

2007 年 11 月 8 日,最高人民法院、最高人民检察院、公安部制定了《办理毒品犯罪案件适用法律若干问题的意见》,列举了 7 种情形作为推定明知的参考,随后,2008 年的《大连会议纪要》在上述 7 种情形基础上增加了两种,认为所列举的 9 种情形可以推定明知的存在。这样一种解释方式是否合理,有待进一步研究。

(一) 明知的性质

明知是故意犯罪的认识要素,作为故意犯罪的成立前提,毒品犯罪行为人要认识到自己所实施的为毒品犯罪行为方能成立犯罪。以实践中最具争议的运输毒品罪为例,要认定行为人成立犯罪,必须在主观方面确定其明知其所运输的物品为毒品而运输,在客观方面要有运输毒品的行为。从这个意义上说,明知是一种认识到犯罪事实的心态,明知的推定实际上是一种心态的证明过程。但《大连会议纪要》中却把"走私、贩卖、运输、非法持有毒品主观故意中的明知"界定为"行为人知道或者应当知道所实施的行为是走私、贩卖、运输、非法持有毒品行为"。这明显是混淆了明知的推定过程与明知本身的性质,也混淆了故意和过失的区别。如有学者即对这种界定提出了批评:"从刑法总则第 14 条、第 15 条关于故意犯罪与过失犯罪的规定来看,'明知'标明的是故意心理。'应当知道'反映的是一种过失心理。从事实上看,'明知'是一种现实的认识;'应当知道',只是具有明知的可能性,而并没有现实的认识。刑法没有明文规定过失可以构成的犯罪,只能由故意构成;换言之,当根据总则原理以及分则规定,某种犯罪要求行为人明知符合构成要件的事实时,该犯罪属于故意犯罪,过失不可能成立该罪。如果将该故意犯罪解释为包含过失犯罪,则违反罪刑法定原则。所以,将'明知'解释为'知道与应当知道',便是将故意犯罪解释为包含故意犯罪与过失犯罪,明显违反罪刑法定原则。应当认为,这种解释已不是罪刑法定原则所允许的扩大解释,而是罪刑法定原则所禁止的类推解释。"①因此,上述司法解释中的

① 张明楷:《刑法分则的解释原理》,中国人民大学出版社 2004 年版,第 54 页。

表述是不妥当的，从其所想要表达的内容来看，应当表述为“明知”的推定或者说“应当推定知道”，而不能表述为“可以认定其‘应当知道’”。

（二）如何推定明知

明知的认定是证明的难题，因为明知的内容属于主观领域，是人的思想和意识。在思想和意识领域，无法通过经验验证的方法证明其想法或意识的内容是否存在，只能进行一种有赖于关联事实对明知建立一种内心确证。如有学者所指出的：“我们只能依靠推定，主要依据被告人的行为、语言、源于其他事实的第二手材料来推定被告人行为时究竟主观上想着什么。”[①]对于毒品犯罪而言，进行主观明知的推定，则更为重要，也更为艰难。首先，毒品犯罪一般缺乏现实的危害结果，通常是一种危害公共健康的抽象危险犯，无直接的被害人，所以在表征主观明知的证据方面比较薄弱，在供述之外很难有全面的证据证明其主观明知。其次，毒品犯罪的行为方式比较隐蔽，犯罪具有瞬时性和片段性，且毒品的形状和物质属性又通常超出一般人的接触范围和认识能力，所以也给行为人主观明知的认定带来困难。因此，在很大程度上，毒品犯罪的主观明知都有赖于推定。具体而言，明知的推定具有以下特点：

首先，明知的推定并不是一种武断的猜测。因为，毒品犯罪主观明知认定直接影响到犯罪是否成立，而毒品犯罪又是法定刑很高的犯罪，明知的推定必须兼顾于人权保障和打击犯罪的双重需要。如果过度强调打击犯罪，则明知的认定容易丧失客观性，有走向武断推测的可能，不利于保障人权；如果片面强调人权的保障，则会使明知的推定过于谨慎和保守，从而不利于打击犯罪。因此，英美刑事审判中，对主观明知的推定和犯罪事实的认定需要达到排除合理怀疑的程度。有美国学者指出，尽管刑事审判的任何其他原则都不像该原则使如此之多的事实上犯了罪的人得以无罪释放，但是，几乎没有人对检察机关证明行为人的罪过超过合理怀疑的原则提出批评。[②] 之所以会出现这种现象，就在于疑罪从无的理念更利于保障人权。

其次，明知是一种个案的证据判断和证明的过程，不适合建立一般性的客观化标准。如我国台湾地区学者所指出的：“历史证明，过度僵硬的证据评价规则，基本上是愚蠢的想法。证据价值千差万别，因案而异，不可能借由硬性条文而统一规定其证据价值的高低顺位。虽然‘防范法官恣意’是正当的目的，但是，法制史上的法定证据评价规则，却不是适合于达到这个目的的手段，因为这些固定规

---

① ［美］Richard G. Singer、John Q. La Fond：《刑法》，中国方正出版社 2003 年版，第 58 页。

② ［美］道格拉斯·N.胡萨克：《刑法哲学》，谢望原等译，中国人民公安大学出版社 2004 年版，第 31 页。

则多半犯了严重的心理错误。'个别经验一般化'与'集体偏见法条文',可以说是法制史上法定证据评价法则的根本症结。"①从这个意义上来说,明知的推定应当是一种与特定场景、特定事实和特定个体有关的证明过程,需要针对个案进行具体判断的过程。因为,作为主观明知的推定,是特定个体是否具有某种心态的推定,相同的客观表现或相同的语言对于不同的人,可能折射出的是不同的心态。就像精神病人的鉴定一样,如果不进行个体的交流和特定场景中的评估,是无法建立一般性的精神病人标准的。因此,司法解释出于统一司法适用、避免法官恣意的目的进行主观明知推定的一般化规则建构未必能够获取正当性。换个角度来说,最高人民法院在现有条件下尝试进行排除主观明知的情形列举,可能更具有正当性。比如说,明确规定哪些情形不得推定主观明知的存在。此举更有利于人权保障和实现疑罪从无的原则。

(三) 具体标准的商榷

在司法解释明示的9种情形中,很多来源于禁毒司法一线的经验概括,从概率上讲,这些情形中主观明知的存在概率至少应该在百分之九十以上,但是都在一定程度上存在难以排除的合理怀疑。但是,为了百分之九十以上的定罪率,我们究竟可以容忍多大比例的无辜者被错误追究呢?这是我们必须深思的问题。2009年震惊全国的莫卫奇无罪案件的背后,正是各种思想、各种力量在人权保障和严打犯罪之间的对峙,也折射出司法解释中所列具体情形的不周延性。该案中,莫卫奇的行为方式正符合《大连会议纪要》所规定的第8种情形:行程路线故意绕开检查站点,在其携带、运输的物品中查获毒品的。经历了两次死刑判决后,云南省高级人民法院最后作出了无罪判决,认为能够证实莫、谢两人在受他人蒙骗、主观不明知的情况下实施了运输毒品的行为,故不构成犯罪。但是,正如其辩护律师所指出的:"虽然有《办理毒品犯罪案件适用法律若干问题的意见》的指导,但对箱包运输案的处理,多年来其实已形成一种模式,只要在运输过程中存在不符合常理的所谓的情形,一般都会认定毒品运输者是知情的,按相关法律判以运输毒品罪。"②就第8种情形而言,行为人故意绕开检查站点的行为只是提供了一种行为人可能逃避检查的可能性,从一般经验上,这种可能性是存在的,但是是否达到了排除合理怀疑的程度,则不无疑问。特别是可能适用死刑的案件中,其证明的标准是否可以因为严打禁毒的需要降低到"很大可能性"的程度。从根本上说,这种证明标准的降低可能与我国过于宏大的禁毒叙事有关。

---

① 林钰雄:《严格证明与刑事证据》,法律出版社2008年版,第87页。

② 贾冬婷:《男子受骗携毒被错判死刑获赔 律师称其像中彩票》,见 http://news.ifeng.com/society/5/200911/1127_2579_1454071.shtml,2010年9月2日。

当情绪化的危害性宏大叙事掩盖了审慎的法益证成，证明标准更容易趋于根据常识和可能性进行有罪推定，而忽视严格证明标准的权利保障功能。

我国有学者指出，因为主观明知的推定是从现有的事实及规则加上未知的事实对判决结果的推定，“于是，推定永远存在风险，认定永远可能出错。为了防止万一出错，必须留有余地。方法就是：（1）宁可无罪推定也不要有罪推定。（2）凡是推定定罪的，都要从轻，不能判处死刑。（3）允许辩护或反证。”[①]正如上述论者所言，在对明知存在怀疑或犹豫的地方，即使这种怀疑或犹豫可能性很小，也要站在人权保障的高度，审慎对待这种怀疑，怀疑所引导出的结论应当是不予推定。因为，误判一个无辜的人对于司法公正的伤害要大于成功为九十九个人正确定罪，一个倒在充满偏见和武断的证据规则之下的无辜生命是对这种规则本身正当性的最大颠覆和解构。

五、当地的禁毒形势

《武汉会议纪要》规定：“应当全面、准确贯彻宽严相济刑事政策，体现区别对待，做到罚当其罪，量刑时综合考虑毒品数量、犯罪性质、情节、危害后果、被告人的主观恶性、人身危险性及当地的禁毒形势等因素，严格审慎地决定死刑适用，确保死刑只适用于极少数罪行极其严重的犯罪分子。”[②]该规定把当地的禁毒形势作为死刑裁量的一个情节，与毒品数量等法定情节相并列。值得思考的是，应当如何认识当地的禁毒形势在死刑适用中的地位和性质？

（一）当地禁毒形势不属于法定的量刑情节

法定量刑情节，是指法律明文规定其具体内容，能够影响量刑轻重的事实情况。既包括刑法总则规定的各种犯罪共同适用的情节，也包括刑法分则规定的对特定犯罪适用的情节。[③] 法定量刑情节需要在实定法上具有明确的规定才能够成立。我国刑法第61条规定：“对于犯罪分子决定刑罚的时候，应当根据犯罪的事实、犯罪的性质、情节和对于社会的危害程度，依照本法的有关规定判处。”再看我国刑法分则第347条至357条关于毒品犯罪的规定，列举了数量、暴力、

① 李世清：《毒品犯罪的刑罚问题研究》，吉林大学博士论文，第156页，2007年印。

② 把当地的禁毒形势作为量刑情节在《大连会议纪要》中就已出现，该纪要规定：“对被告人量刑时，特别是在考虑是否适用死刑时，应当综合考虑毒品数量、犯罪情节、危害后果、被告人的主观恶性、人身危险性以及当地禁毒形势等各种因素，做到区别对待。近期，审理毒品犯罪案件掌握的死刑数量标准，应当结合本地毒品犯罪的实际情况和依法惩治、预防毒品犯罪的需要，并参照最高人民法院复核的毒品死刑案件的典型案例，恰当把握。”但在《南宁会议纪要》中，并未将当地毒品形势作为量刑情节予以规定。因此，可以说，在规范性司法文件中第一次出现当地毒品形势作为量刑情节应当为《大连会议纪要》，并被《武汉会议纪要》所延续。

③ 周光权：《刑法总论》，中国人民大学出版社2016年版，第423页。

武装等量刑情节,却没有规定当地禁毒形势作为法定量刑情节。由此可见,无论我国刑法总则还是分则,均没有规定禁毒形势可以成为法定的量刑情节。

（二）当地禁毒形势不应当属于酌定的量刑情节

我国刑法除规定法定量刑情节作为量刑依据以外,还允许酌定量刑情节作为量刑的依据。但是,酌定量刑情节并非是没有限度的情节,而是必须与法定量刑情节具有同质性的情节。申言之,只有影响到法益侵害性大小和人身危险性大小的情节才能作为酌定量刑情节,因为,决定一个人受到何种惩罚,只能够取决于法益侵害程度和再犯可能性,法益侵害程度划定了惩罚的边界和幅度,而再犯可能性则表征着行为人的人身危险性,基于预防的需要影响着确定刑的具体选择。如果一种情节与法益侵害程度与再犯可能性都没有关系,则不适合成为酌定量刑情节。

1979 年刑法制定期间,就有观点认为,“形势”应当作为定罪量刑的重要依据,否则就很难理解同一行为在不同的地区和不同的时间作不同处理的合理依据。但多数的观点则认为,“形势”本身并不是量刑的根据,量刑的根据只能是犯罪的性质、情节及社会危害程度等。正基于此,1979 年刑法并没有将“形势”列入量刑原则的条文之中。① 之所以《大连会议纪要》和《武汉会议纪要》会把当地禁毒形势作为量刑情节,很重要的一个原因在于我国各地毒品犯罪实际掌握的死刑数量标准轻重不一。为了解释这种死刑实际掌握数量不统一的正当性,才产生了当地毒品形势作为量刑情节的需要。一方面要限制和减少死刑的适用,另一方面要严厉打击毒品犯罪,这就意味着如果统一实际掌握的死刑数量标准,则在靠近毒源地的地区会有大量的死刑适用,而远离毒源地的区域则几乎无人适用死刑,这就会导致毒品犯罪的死刑过于集中在部分省份,无法体现全面从严禁毒的政策需要。但是,从刑法理论来看,当地禁毒形势不仅与法益侵害性无关,也与再犯可能性无关,不仅不适合作为酌定量刑情节,还可能破坏我国刑事法治的统一。设想,相同数量的毒品犯罪行为在其他情节相同的情况下,仅仅因为犯罪行为实施地点的不同而有生死之别,这很难说符合刑法面前人人平等原则。另外,从一般预防的角度来看,毒品犯罪越严重的地区似乎更应适用更为严厉的刑罚,而不是毒品犯罪越严重的地区死刑标准越高的现状。因此,无论是基于刑法面前人人平等原则还是一般预防的需要,都不应当把当地毒品形势作为酌定量刑情节,特别是在毒品犯罪的死刑适用场合。

① 高铭暄:《中华人民共和国刑法的孕育诞生和发展完善》,北京大学出版社 2012 年版,第 54 页。

第四章　维新抑或守旧

——禁毒刑事司法适用的艰难转型

刑事司法适用，是指司法机关适用法律进行刑事诉讼的过程和活动。因此，行使刑事司法权的机关都可以成为司法适用的主体。作为刑事立法与犯罪事实的连接活动，刑事司法的核心应当是具体事实的认定和对应法律规范的寻找，并在此基础上进行涵摄后确定法律后果。因此，正如日本学者所指出的："可以把刑事司法作为一个系统来把握。这个系统由复数的要素，即侦查、起诉、审判、上诉等要素组成，各个要素一方面各自发挥自己的机能，另一方面互相联系在一起，服从时间性的进展，也服从整体的共同目的。使这个系统发生作用的是警官、检察官、律师、法官等的专业人员。这个系统是一个包括看不见、摸不着的巨大而复杂的系统，搞清这个系统的全貌和要素之间的相互作用，是不容易的。不过近年来，人们在很大范围内认同了这种结构的必要性。"①可以说，刑事司法的适用一方面专注于个案的认定，另一方面则服务于社会正义的实现，是一个有着内在联系的系统。

从形式上说，最高司法机关的关于刑事法律的司法解释也应当属于刑事司法适用的范畴，但是，因为其实际上也超越了司法权的限度，进入到了立法的领域，其所面对的既可以是未知的案件，也可以是普遍性的案件，却几乎不触及具体的案件。因此，从实质上说，刑事司法解释是一种准立法活动，不是这里所指的适用具体案件的司法活动。但是，与抽象性和规范性的刑事司法解释不同，最高人民法院的判决或裁定活动是针对具体个案的事实认定与法律涵摄，应当属于刑事司法适用。

禁毒刑事司法适用，是司法机关适用法律进行毒品犯罪的刑事诉讼活动的过程，既包括毒品犯罪的侦查、起诉，也包括毒品犯罪的审判和执行。当然，在整个禁毒刑事司法适用的过程中，审判具有中心地位。因为刑事审判是对具体个案是否构成犯罪、构成何罪、如何量刑的终局性判定。但是，对毒品犯罪的侦查发动、起诉提起和刑罚执行也是整个禁毒刑事司法适用的重要组成部分。自1979年《刑法》、《刑事诉讼法》制定以来，我国禁毒刑事司法适用走在粗疏到明

---

① ［日］松尾浩也：《日本刑事诉讼法》，张凌译，中国人民大学出版社2005年版，第384—386页。

确、片面到全面、实质到形式的渐进之路上，无论是宏观的原则建构、观念维新、制度变革，还是细微的侦查程序、疑罪从无、刑罚人道适用，都发生了根本性的变化，这种朝向法治、公正、人道的变化还在不断的进行之中。但是，这个进程也是一个焦虑与希望、苦痛与狂欢、偏见与麻木并存的进程，三十年来的禁毒刑事司法适用的艰难与苦楚、徘徊与争议，也将沉重倒影在通往法治的艰辛道路上。

第一节 禁毒刑事司法适用中的若干困境

一、诱惑侦查之合法性焦虑

诱惑侦查，亦称为警察圈套、犯罪挑唆，其含义有广义、狭义之分。从广义的角度，诱惑侦查是指国家追诉机关以隐性或乔装侦查手法，利用诱饵者唆使相对人实施犯罪并借此予以逮捕、追诉的侦查方式。[①] 从狭义的角度，诱惑侦查则是指"侦查机关自己（或者让他人协助）劝诱、鼓动第三者实施犯罪，当第三者实施犯罪时将其拘捕（或收集证据）的侦查方法"。[②] 广义与狭义的区别在于：诱惑侦查的范围是否包括卧底警察、控制下交付等边缘方式。实际上，卧底警察、控制下交付等方式与诱惑侦查之间存在着很大程度的关联性和相似性，特别是在对个体权利的介入程度上都处于合法与不合法的边缘模糊地带。因此，有必要采广义说，以求更为全面和周延地探究诱惑侦查相关问题。

诱惑侦查是一种特别的侦查手段，大多数国家都出于侦破特殊案件的需要而有节制地承认诱惑侦查方式，因为部分犯罪行为一方面具有严重的危害性，另一方面却难以获取证据，这就产生了国家使用诱惑侦查方式的现实要求。如有美国学者指出："并非所有的犯罪行为都会报警，特别是那些所谓无被害人的犯罪。这些犯罪通常有积极的参与人却没有'现实'的受害者。像卖淫、毒品交易、赌博等被普遍视为无被害人的犯罪。正因为这类犯罪中参与人缺乏任何向警察部门报案的驱动，为了有效地执行法律，则需要秘密警察参与这些犯罪活动以侦查和发现这些行为。因此，一名警察可能购买克拉克、可卡因以收集充分的证据用于指控和起诉贩卖毒品者。"[③]但是，诱惑侦查的使用却可能使国家从打击犯

---

① 林钰雄：《刑法与刑诉之交错适用》，中国人民大学出版社 2009 年版，第 350—351 页。

② ［日］加藤克佳：《毒品犯罪的侦查》，［日］西原春夫：《日本刑事法的重要问题》（第二卷），金光旭等译，法律出版社、成文堂 2000 年联合出版，第 147 页。

③ ［美］Richard G. Singer、John Q. La Fond：《刑法》，中国方正出版社 2003 年版，第 481 页。

罪的角色转向制造犯罪者，从而引发个体对国家行为和定位的混淆和怀疑，还可能有悖于罪责自负的原则。因此，各国一般都严格限定其发动程序和范围，力求实现打击犯罪与保障人权之间的平衡。

(一) 诱惑侦查在我国禁毒司法中的使用与认定

因为毒品犯罪在我国一直处于高发态势，兼之毒品犯罪的特殊性和隐蔽性使正常侦查手段具有一定的局限性，在严打毒品犯罪的氛围下，为拓宽打击毒品犯罪的渠道，克服正常侦查手段的局限性，我国各级侦查机关在禁毒活动中均不同程度使用诱惑侦查手段。如有论者指出："毒品案件典型的诱惑侦查是在贩卖毒品案件中，由侦查人员装扮成吸毒者与毒贩接触，经过讨价还价后，在毒贩将要交付毒品时，以现行犯的形式将其拘留。这种侦查方法，是侦破隐蔽性无被害人犯罪的锐利武器。据不完全统计，昆明市每年二千多件毒品案件有近10%左右是采用诱惑侦查侦破的。"[①]自改革开放以来，我国对毒品犯罪的侦查方式从传统侦查方式的使用，到部分地区引入诱惑侦查方式，再到全国大部分地区均有使用诱惑侦查方式，这些变迁表现出在毒品犯罪的侦查中，诱惑侦查方式的重要性日渐增大。

在百度搜索中输入"毒品乔装"四个字，就可发现大量的网页是有关诱惑侦查的。[②] 从具体方式上看，我国在禁毒司法中使用的诱惑侦查方式既包括犯意引诱、机会提供型引诱、数量引诱，还包括控制下交付、卧底取证等多种方式。之所以诱惑侦查手段在我国禁毒刑事司法中得到大量运用，可能有以下几个方面的原因：

1. 诱惑侦查的使用有利于克服现有缉毒条件的落后性，实现较高的禁毒效益

对于毒品犯罪这种无被害人的犯罪，要进行侦查并破获的难度一般高于有直接受害人的犯罪类型，而传统的侦查方式受制于经费、设备、条件、专业人员的有限性和落后性更难实现对毒品犯罪的侦查。如有论者指出："随着毒品犯罪不断向集团化、智能化、国际化方向发展，毒贩作案手段也越狡诈隐蔽，侦破毒品犯罪案件的难度越来越大，而我们的缉毒部门，由于普遍存在的专门人员少、经费不足、技术装备落后等原因，面对点多、线长、时效性强的毒品犯罪，要实现将毒品堵在境外和尽可能在边境一线查获的要求，往往力不从心。"[③]因此，要在经费

---

① 王凯石：《论毒品犯罪中的诱惑侦查》，《四川大学学报》2004年第3期。

② 仅看相关网页的标题就可得出这样的结论——诱惑侦查在我国一些地区已成为重要的侦查方式。如《"空手套狼"联系毒品交易，乔装民警将计就计设局》、《狗熊玩具内藏毒品，民警乔装送"货"上门擒毒贩》等，见 http://www.baidu.com/s? wd=%B6%BE%C6%B7%C7%C7%D7%B020&pn=10&tn=5666com_pg，2010-10-19。

③ 郑蜀饶：《毒品犯罪的法律适用》，人民法院出版社2001年版，第212页。

保障有限、技术设备短缺的情况下有效提高毒品犯罪的查获率，采用诱惑侦查即成为一种具有高效益的方式。因为，使用诱惑侦查方式查缉毒品犯罪，可以大幅度降低办案成本，减少办案风险，提高办案的准确性，是一种“低投入”高产出的侦查方式。当然，这里所指的“低投入”只是从侦查部门的角度进行计算的，并未计入其他潜在或因诱惑侦查诱发的成本，如司法公信力降低的成本、社会正义模糊的成本等。此外，诱惑侦查是一种主动介入犯罪行为中的侦查方式，其与犯罪行为的发生具有同时性，甚至可能提前于犯罪行为的发生，实际上使高度隐蔽性的毒品犯罪变成了侦查机关参与、监控下的一种犯罪行为。这样就有利于证据的准确全面收集和把握，也有助于形成证据链，降低公诉机关证明案件事实的难度。

2. 诱惑侦查的使用有利于控制毒资出境，提前阻断毒品犯罪的发生和延伸

我国毗邻重要的毒品产区——金三角地区，主要毒源地处于境外。从我国毒品犯罪的通常线路来看，很多时候是境内的毒品犯罪分子携带毒资从境外购买毒品后，走私入境、通过层层贩卖和运输，最后发展为零星贩卖，最终流向吸毒者。那么，诱惑侦查方式可以提前介入到携带毒资到境外购买毒品的行为人，为其提供在边境或境内购买毒品的“机会”，实现毒资的截获和后续犯罪流程的瓦解。如有论者指出：“国内一些不法分子与境外毒枭相勾结，携带巨额资金出境购买毒品，加剧了走私、贩毒活动的恶性发展。以往，由于受旧的侦查破案观念的束缚，对于那些明知其携带巨款准备购买毒品的人，也只能坐等贩毒分子将巨款带出境外购得毒品带入境内后才‘人赃俱获’，予以打击。这种做法遏制不了走私、贩毒猖獗的势头，反而使相当数量的案件因难于控制而得逞，在一定程度上助长了境内外毒贩的侥幸心理，不利于对走私、贩毒活动的打击。毒资的大量流出，必将导致毒品的大量流入。因此，要做到有效遏制毒品流入，就必须最大程度地控制毒资的流出。查处毒品预谋案件，将毒贩携巨款购毒的行为侦破在犯罪预备阶段，无论在理论上还是在实践中都具有十分重要的意义。”①但是，即使是提供毒品诱惑本有犯意的行为人的诱惑侦查方式，虽可以缴获毒资，提前阻断后续毒品犯罪，但其也可能导致侦查机关的利益驱动，从而产生不可预期的负面后果。

（二）诱惑侦查的合法性与正当性困境

在法治社会，侦查权的发动必须具有其法定依据，按照其法定条件和法定程序进行。但是，我国刑事诉讼法所规定的刑事案件侦查方式并不包括诱惑侦查

① 胡志磊、张剑平：《论贩毒预谋案》，《云南法学》1996年第1期。

方式,这就产生了诱惑侦查的合法性危机。如果从刑事法治的角度来看,对毒品犯罪等部分犯罪采用诱惑侦查方式,而对绝大多数犯罪不采用诱惑侦查方式既有违侦查权的法定性原则,也有违正义和平等原则。

1. 合法性之困

我国宪法第5条规定:"中华人民共和国实行依法治国,建设社会主义法治国家。国家维护社会主义法制的统一和尊严。一切法律、行政法规和地方性法规都不得同宪法相抵触。一切国家机关和武装力量、各政党和各社会团体、各企业事业组织都必须遵守宪法和法律。一切违反宪法和法律的行为,必须予以追究。任何组织或者个人都不得有超越宪法和法律的特权。"所谓法治,是指法律成为国家、社会、个体行为的最高准则,特别是对于国家权力的行使而言,必须有明确的法律授权,也必须在法律的范围内运行,不得以任何理由超越法律的边界。因为,只有法治才能为个体自由与国家权力之间划定明晰的界限,防止国家权力过度干预个体的自由。从这个意义上说,作为国家权力的侦查权,必须在法律规定的范围之内,以法律规定的方式行使方具有合法性。如我国刑事诉讼法第82条把侦查界定为"公安机关、人民检察院在办理案件过程中,依照法律进行的专门调查工作和有关的强制性措施",这说明侦查的前提和唯一依据只能是法律的授权。

我国包括刑事诉法在内的法律并未规定侦查机关可以使用诱惑侦查的方式进行侦查,这就使事实上存在的诱惑侦查的合法性处于灰色地带。比如,尽管在毒品犯罪的侦查中多使用诱惑侦查的方式,但无论是机会提供型的诱惑侦查,还是犯意引诱型的诱惑侦查,基本不会在法律文书中出现"诱惑侦查"、"特殊侦查"、"特情"等表述,这也是侦查机关、司法机关欠缺明确法律依据的无奈之举。如某市中级人民法院判决书在确认被告人被诱惑侦查的事实时如此表述:"被告人李某某系协助公安工作人员,被告人唐某某受李邀约,帮李一同工作,二人行为均不构成犯罪。"[①]从逻辑上,"协助公安工作人员"从事毒品犯罪如何有法律上的正当事由阻却犯罪?因此,因为欠缺明确的法律授权,我国司法机关、侦查机关在对毒品犯罪侦查中存在的诱惑侦查或者采取语焉不详的态度,或者采取"只做不说"的态度,即使人民法院确认了诱惑侦查的事实,也一般不在判决书中指出和论证,而是采取一种内心确信的态度,并依据相关司法解释把其作为酌定量刑情节使用。如有论者所言:"更多的情况是,许多案件扑朔迷离,公安机关对特情参与侦破的案件讳莫如深,不愿向法庭提供证据,在这种情况下,法院往往

① 陈忠林:《刑事案例诉辩审评——贩卖制造毒品罪》,中国检察出版社2005年版,第32页。

偏重于慎重的方式，在量刑上作一些保留。”[①]但是，诱惑侦查的存在与否很多时候影响的不仅是量刑，还可能影响证据是否采信，并最终影响犯罪的认定。因此，作为超法规侦查方式存在的诱惑侦查有必要通过立法的形式予以确定。

2. 正当性之忧

如果默认或回避诱惑侦查方式的合法性，或者把诱惑侦查方式作为一种任意侦查方式，推定其具有概括的合法性。[②] 在具体的侦查过程和司法认定中也因为缺乏关于诱惑侦查程序的具体规定，而存在诱惑侦查随意、司法认定标准不统一的情形。主要表现为：各地侦查机关发动诱惑侦查的程序、案件种类、管理模式上还比较粗糙，导致诱惑侦查有滥用的情形；在司法认定方面，事实相同的情况下，有些法院认定为存在诱惑侦查，有些法院则不认定诱惑侦查的存在；还有，即使认定存在诱惑侦查时，有的法院将其作为非法证据排除，有的法院则将其作为量刑情节考虑，还有的法院不予考虑诱惑侦查对定罪量刑的影响。如有论者指出：“尽管如此，我国却未出现有关诱惑侦查的司法判例，因此人们无法确切的知道司法机关对诱惑侦查的态度，同时我国也无有关诱惑侦查方面任何法律上的规定和相关的司法解释。对侦查机关使用诱惑侦查手段应遵循什么程序，什么样的诱惑侦查是合法的、可以接受的？什么样的诱惑侦查获得的证据是不可采？对这些问题都存在着法律空白。因而在实践中诱惑侦查的使用基本上处于无控制的混乱状态。”[③]具体而言，我国毒品犯罪的侦查和认定中，诱惑侦查的适用和处理存在如下问题：

（1）诱惑侦查的规制和约束不严

诱惑侦查作为一种特殊的侦查方式，如果不严格限制其使用方法和程序，则可能过度干预公民隐私，损害法律的正当性价值。但因为我国没有具体的法律规制诱惑侦查，甚至连相关的法规都没有，作为内部规范性文件存在的只有公安部在1963年制定并下发的《刑事侦察工作细则(试行)草案》，其中对刑事特情建设的原则、分类及管理使用作了规定；后在1984年8月制定并下发了《刑事特情工作细则》。但上述规范性文件或者过于陈旧，或者过于概括，而且其法律效力较低，因此在实践中往往执行不够严格。这就使诱惑侦查的使用在某种程度上处于一种无序的状态，不同地区，不同部门均会在内部设置一些比较笼统的程序，但这种不公开的程序实际上不利于监督和约束。

---

① 郑蜀饶：《毒品犯罪的法律适用》，人民法院出版社2001年版，第220页。

② ［日］田口守一：《刑事诉讼法》，刘迪等译，法律出版社2000年版，第32页。

③ 周瑾：《诱惑侦查基本问题的研究》，西南政法大学硕士学位论文，第28页，2004年印。

比如，在某些地区的禁毒部门，收取保证金或没收毒资、贩毒工具后，将原本不符合逆用特情条件的犯罪嫌疑人逆用为特情，以致发生所谓逆用特情在改变强制措施后失控，甚至重新犯罪的情形。如 1995 年，某市公安机关在侦破一起特大贩毒案后，将所抓获的四名案犯逆用为特情后释放，其中 1 名案犯则在 1997 年因走私毒品而被广东警方击毙。[①] 此外，在特情的日常管理、监控方面，也缺乏有效的制度约束，在一些地区甚至出现了特情以特情引诱为幌子公报私仇、陷害报复他人的情形。如 2003 年案发的甘肃省兰州市特情伙同警察"制造"毒品犯罪一案，即是特情人员出于获取奖金的目的、恶意制造掺假毒品诱人犯罪的典型案件。在该案中，特情人员马进孝在个别公安人员的默许或授意下，"制造"毒品后，诱使或欺骗受害人运输毒品，导致三名受害人被判处死刑或死刑缓期两年执行，后在复核时方被纠正而案发，震惊全国。[②]

上述问题的出现都与诱惑侦查的监督、管理制度不够健全和严格有关。如有论者所指出的："根据我国公安部 1984 年制定的《刑事特情侦查工作细则》规定，特情侦查的审批权属于公安机关主管领导。然而，特情侦查从决定到具体行使的整个过程都由公安机关负责，其中没有一个为法律认可的中立'第三者'的介入和制约，其程序的公正性值得质疑。"[③]因此，在监督不力、约束不严的情况下，诱惑侦查的使用更有可能被滥用，从而冲击诱惑侦查制度本身乃至司法公信。由此可见，只有建立严格的程序和管理制度，引入公开性的力量，把诱惑侦查的使用置于第三方或其他司法机关的监督之下，才能确保诱惑侦查在正当的范围内使用。

(2) 特殊预谋案件的滥用

所谓特殊预谋案件，主要是指为阻断毒资外流出境的一种由公安机关或特情充当卖方的诱惑侦查方式。这种侦查方式既可表现为提供机会型诱惑侦查，也可表现为犯意引诱型诱惑侦查。与公安机关或特情通常充当买方的诱惑侦查方式相比，特殊预谋案件在正当性上颇受争议。其一，行为人持有现金进出我国境内的行为本身并不具有犯罪性，即使其持有现金的目的是为了购买毒品，但这只是一种犯意的流露，尚未进入犯罪的预备阶段。所谓预备行为，是指为了实施犯罪而准备工具或创造便利条件的行为，筹措或携带毒资还不能说是为了贩卖、运输毒品而进行的必要的、有危险性的预备行为。如果该行为本身可以被认定

---

① 郑蜀饶：《毒品犯罪的法律适用》，人民法院出版社 2001 年版，第 220 页。

② 张嫱：《接连炮制假毒品案撂倒 5 名"缉毒英雄"疯狂马进孝被判 15 年》，见 http://www.lzbs.com.cn/xwpl/gz/2005-06/16/content_392500.htm。

③ 游伟、谢锡美：《论犯罪特情侦查及其制度设计》，《政治与法律》2001 年第 5 期。

为贩卖、运输毒品的预备行为，那么就过于提前了预备行为的起始点，进入到了犯意流露的阶段。如有论者认为："诱惑侦查违背了先有犯罪事实后有立案侦查的刑事诉讼程序规定，纯属凭空启动侦查程序，是一种侦查倒置行为。即便是对于提供机会型诱惑侦查，也并非无懈可击。试想，诱惑人员本可将处于萌芽状态的犯罪扼杀在摇篮之中为何偏要提供机会让其发生？这有何正当性？更何况，有犯罪倾向并不必然导致犯罪行为的发生，否则，我们便无法理解刑法中的中止犯。"[①]其二，特殊预谋案件所采取的方式具有很大的侵入性和诱导性，极易失控而产生滥用的危险。如有论者所言："贩毒预谋案的侦破则是我公安人员和'特情'以'卖主'的身份'假卖'毒品以查获毒资。前者是'以钱买毒'、毒品在罪犯手中，其犯罪行为客观存在，一般不会出现差错；后者是'以毒获钱'，钱在行为人手中，在未用于购毒之前，就钱本身而言并不具有社会危害性，只有当行为人携款是为了购买毒品，并为购毒实施了相应行为的时候，其社会危害性才表现出来。二者关系的变化和颠倒，看似简单，实则不然，弄不好就可能出现诱人犯罪的情况，从而出现错案。从这一点上讲，贩毒预谋案比起一般的贩毒案件更易出现诱人犯罪的情况。例如某甲携款到边境准备做玉石生意，某乙知道后对甲说'玉石生意不好做，做毒品生意赚钱'，某乙就是诱人犯罪。侦查实践中尤其应注意。"[②]其三，贩毒预谋案件的实质就是公安机关或特情携带、持有毒品寻找买主的行为，但是，公安机关或特情携带、持有毒品行为的合法性从何而来？这不得不说是个问题。因为国家对毒品制定了非常严格的管理制度，就是因为毒品本身具有非常严重的社会危害性。如果公安机关或特情是携带真实的毒品进行"交易"，其不仅没有合法的依据，而且有使毒品流入社会的可能性，一旦毒品失控后流入社会所造成的危害究竟由谁负责？如果公安机关或特情是携带虚假的毒品进行"交易"，则该行为应当属于制造假的毒品案件，进一步而言，更像是公安机关实施的诈骗行为。这样一种过度而危险的诱惑侦查方式对于侦查机关公信力的伤害程度是不言而喻的。

(3) 法律后果缺乏正当性

一旦人民法院确认存在诱惑侦查，其法律后果如何？在我国的司法实践中采用的标准也不明晰。司法实践中一般把影响定罪量刑的诱惑侦查区分为犯意引诱和数量引诱，前者是指引诱本无犯意的人产生毒品犯罪的故意，进而实施毒品犯罪，后者是指行为人原本就有毒品犯罪的故意，但其只有实施较少数量的犯

① 孙本鹏、王超：《试论诱惑侦查合法性的证明》，《法律适用》2004 年第 7 期。
② 胡志磊、张剑平：《论贩毒预谋案》，《云南法学》1996 年第 1 期。

意，在特情引诱下实施了较大数量的毒品犯罪。司法机关一般认为这两种情况是非法的诱惑侦查方式，应当予以禁止，但并不作为非法证据排除，也不作为违反正当程序驳回起诉，而是作为依据司法解释将其作为酌定量刑情节使用，或者作为犯罪未完成形态认定。如有论者指出，在处理不法的诱惑侦查所致的毒品犯罪时，应当兼顾法律上的合理性和我国司法实践的现实情况和需要，不能过分削弱对毒品犯罪的打击。一般情况下作为酌定量刑情节，严格死刑适用；在贩毒预谋案件中，作为犯罪未遂进行处理。[①] 但是，这样的法律后果是不符合法律规定的，也不符合人权保障的治国理念。因此，从 20 世纪末期以来，这种现象正在受到社会的关注和批评。然而，在欠缺法律明确规定的情况下，司法机关的法律适用也受制于严打毒品犯罪的目的正确导向，对于正当法律程序的坚守在一定程度上显得有心无力。但是，争论和批评的背后正是正当法律程序与目的正当之间的拉锯，是推进诱惑侦查立法化和规范化的强大动力。

二、盘查之任意性发动

在毒品犯罪案件的破获过程中，盘查已成为一种重要的发现、破获案件的手段。如遍布边境地区的固定检查站、机动性卡点，在车站、机场的随意盘问和检查，但盘查和搜查在毒品案件中的发动却具有任意性，欠缺正当理由的说明，容易引起对公正执法的怀疑，并可能产生过度介入公民隐私和自由的忧虑。此外，盘查与搜查的界限在实践中也比较模糊，随意检查行李、人身、随意留置的情况多有发生，这与我国长期以来的国家主义思想有关，也与部分执法机关对个体权利漠视的思维定势有关。

《中华人民共和国人民警察法》第 9 条规定："为维护社会治安秩序，公安机关的人民警察对有违法犯罪嫌疑的人员，经出示相应证件，可以当场盘问、检查；经盘问、检查，有下列情形之一的，可以将其带至公安机关，经该公安机关批准，对其继续盘问：（一）被指控有犯罪行为的；（二）有现场作案嫌疑的；（三）有作案嫌疑身份不明的；（四）携带的物品有可能是赃物的。"从法律的规定来看，盘查区分为两种形式：当场盘查和留置盘查。当场盘查的发动在程序上需要人民警察出示证件，在实体上则需要针对"违法犯罪嫌疑的人员"。但是，何谓"违法犯罪嫌疑"，我国既没有法律规定，也没有判例指导，更没有第三方机关或机构进行独立审查，这就在事实上形成了公安机关自我约束的盘查发动实质标准。因此，"违法犯罪嫌疑"的实质性在实践中基本被形式化，而成为一个形式或废弃的

---

① 郑蜀饶：《毒品犯罪的法律适用》，人民法院出版社 2001 年版，第 223—224 页。

标准，这就使盘查的发动几乎没有任何边界和限制。

在禁毒活动中，公开查缉是一种很普遍的盘查方式。如有论者指出："公开查缉是指在毒品流入境内、辖区的交通要道上设立关卡，对车辆、人员、货物、场所进行检查，以截获贩运、携带的毒品。这是根据毒贩活动规律获取有关情报，在毒贩可能经过的道路或特定地点设卡查缉的一种行之有效的禁毒查缉措施。"①在实践中，某些卡点对多数车辆都进行检查，通过检查和盘问确定是否有可疑线索，并决定是否采取下一步的留置或其他措施。但是，这种"地毯式"的盘查方式实际上背离了盘查的实质性发动限制。从法律的规定来看，应当是先有违法犯罪嫌疑，才能够进行盘查，但在公开查缉毒品中，很多时候却是先进行不分对象、不加区分的撒网式盘查，通过盘查过滤发现违法犯罪嫌疑。② 这种现象的出现与严打毒品的刑事政策有关，也与盘查的监督不力有关。从逻辑上讲，不加区别、任意性地发动公开查缉，相当于把每一个经过关卡的人都作为"有违法犯罪嫌疑的人"，这是一种漠视基本人权的思维模式，也是一种不符合现代法治精神的专断做法。从国外的实践来看，以美国为例，在临近边境的固定检查卡哨进行盘查时，如果所有的经过车辆都接受相同程度的拦阻和短暂的身份询问，不涉及车辆的检查和搜索的话，可以不提供合理怀疑的证明，但是，一旦要对车辆内部进行搜索、检查，则必须提供合理怀疑的证明并向法院申请令状后，方得进行检查和搜索。而在其他不靠近边境的地区，只有在发生严重犯罪之后，才可以在道路上设置路障对车辆进行任意性的检查。③ 从限制警察权力滥用，切实保障人权的角度，通过盘查进行的毒品查缉应当要符合"违法犯罪嫌疑"标准，该标准应当接受司法审查，以甄别盘查发动是否合法。这样才能够更大程度上保护人权，促进禁毒执法的公平。

除了盘查发动标准的形式化之外，盘查在毒品查缉中还往往突破必要的界限成为了变相的刑事强制措施。因为我国没有在法律上明确区分盘查的具体措施与刑事强制措施之间的界限，这就导致某些公安机关在毒品的查缉中越过必要性的界限，过度使用盘查方式进行实质上的侦查。如有论者指出的："实务上警察在盘查中大量使用刑事强制措施的现象普遍存在。例如，在街头盘查中，警

---

① 张国良等：《昆明警方对毒品的公开查缉与启示》，载罗秉森等：《禁毒问题研究》，中国人民公安大学出版社 2004 年版，第 296 页。

② 据相关媒体报道，某边防检查站每天大约检查 2 000 张车辆，2008 年共破获毒品犯罪案件 250 起，抓获犯罪嫌疑人 119 人，查获毒品 125.181 千克。从上述数据可以看出，每天检查 2 000 辆车辆，却平均不到每天查获一起毒品犯罪案件。见 http：//news.yntv.cn/category/10101/2009/04/08/2009 - 04 - 08_702328_10101.shtml，2010 - 10 - 20。从侦查资源的使用效率来看，未必是一种很高效的查缉方式。

③ 王兆鹏：《美国刑事诉讼法》，北京大学出版社 2005 年版，第 279—280 页，286 页。

察对不具有合理怀疑的公民进行强制验血、验尿，或者在涉嫌出售毒品的酒吧、夜总会等特定营业场所进行临检时，将在场所有的人带至公安机关做采样检查。再如，在留置过程中，剥夺他人自由的时间超过了核查身份所需要的必要的限度。在入户进行身份检查时，对住宅进行搜查。警察为规避法律的约束，借盘查之名而行侦查之实的现象极为普遍。”[①]这种盘查方式有失公平性和必要性，是打击犯罪优先的价值取向在盘查活动中的折射。需要反思的是，严打犯罪与保障公民权利之间的天平应当是平衡的，而不是永远倒向严打犯罪一边，因为，从根本上说，严打犯罪也只是保障公民权利和自由的一种手段，国家的终极目的是为了公民权利的实现。

三、特殊群体毒品犯罪之规制困境

所谓特殊群体毒品犯罪，是指孕妇、哺乳期妇女、儿童、艾滋病人、残疾人等实施或参与的毒品犯罪。自 20 世纪初以来，我国开始大量出现特殊群体参与毒品犯罪的现象，并呈逐年上升的趋势。据不完全统计，仅 2009 年 1 月至 10 月，云南省共查破组织利用特殊人员贩毒案件 394 起 555 人（其中特殊人员 535 名）。[②] 另据资料显示，2009 年上半年，新疆警方共破获组织利用特殊人群贩毒案件 7 起，抓获 27 人。2009 年 2 月 13 日，乌鲁木齐市公安局禁毒支队在乌鲁木齐国际机场抓获一名从云南乘飞机带毒的哺乳期妇女，当场从其携带的行李箱中查获海洛因 176 克。2006 年 7 月 27 日，昆明市公安局侦破一起以孕妇和哺乳期妇女为主的新疆籍妇女携带大量毒品案，查获嫌疑人员 30 名，其中孕妇 19 名，未成年儿童 4 名。[③] 特殊群体毒品犯罪在司法适用中的特点主要表现为：其一，特殊群体毒品犯罪行为人实际被定罪量刑的很少；其二，对特殊群体毒品犯罪行为人采用逮捕等羁押性强制措施很少，一般是采用取保候审或监视居住等措施；其三，特殊群体毒品犯罪的再犯现象突出，犯罪类型主要是受雇运输毒品。正因为特殊群体毒品犯罪在司法适用上很难得到有效的惩罚，就使特殊群体参与犯罪的现象日益严峻。在司法实践中，之所以会出现特殊毒品犯罪定罪难、量刑难、羁押难等现象，与我国司法适用中存在的选择性适用法律、社会保障体制不健全等原因有关。

我国刑法只是规定对审判时怀孕的妇女和犯罪时未满 18 周岁的行为人不

---

① 高峰：《比较法视野下的盘查措施》，《现代法学》2006 年第 3 期。

② 自宁、后锋：《关于四川省凉山州籍人员毒品犯罪案件的调研与思考》，见 http://bbs.yizuren.com/viewthread.php? tid=50953，2010-10-20。

③ 艾尔肯·沙木沙克：《新疆毒品犯罪现状及其防治对策探讨》，《犯罪研究》2010 年第 3 期。

适用死刑，而16周岁以上的行为人应当对所有毒品犯罪承担刑事责任，14周岁以上不满16周岁的行为人还要对贩卖毒品罪承担刑事责任，并未对诸如艾滋病人、残疾人、孕妇等特殊人群有定罪上的任何特殊对待。只要不属于刑法明确禁止适用死刑的个体，无论其是否有严重疾病，抑或是重大残疾，从事严重毒品犯罪时都可以适用死刑。但是在司法实践中，上述部分特殊群体在从事毒品犯罪被抓获后，往往并不进入刑事审判程序。这在一方面有损刑法平等适用的原则，另一方面放纵了特殊群体毒品犯罪，不利于威慑和遏制特殊群体从事毒品犯罪，这也是特殊群体毒品犯罪再犯率高的一个重要原因。试想，两个人相约运输毒品，其中一个人是怀孕的妇女，另一个人则未怀孕，在其他自然情况、犯罪事实完全相同时，孕妇往往可以不被追究刑事责任，而另一个人则可能面对包括死刑在内的刑罚。这如何体现法律的平等适用和司法威信?

此外，在侦查阶段，特殊群体也很大程度上在实践中享有法外"特权"。即使数量很大的毒品犯罪，侦查机关一般对特殊群体的毒品犯罪行为人采取非羁押的刑事强制措施，如监视居住、取保候审等。但我国刑事诉讼法并未规定特殊群体应当采取非羁押的刑事强制措施，只是规定对部分特殊群体犯罪行为人可以采取非羁押的刑事强制措施。如我国刑事诉讼法第51条规定："人民法院、人民检察院和公安机关对于有下列情形之一的犯罪嫌疑人、被告人，可以取保候审或者监视居住：（一）可能判处管制、拘役或者独立适用附加刑的；（二）可能判处有期徒刑以上刑罚，采取取保候审、监视居住不致发生社会危险性的。取保候审、监视居住由公安机关执行。"相关司法解释中也只是明确了可以取保候审或监视居住的具体情形中包括"应当逮捕但患有严重疾病的，或者是正在怀孕、哺乳自己婴儿的妇女"，且也没有作为排他性规范进行规定，而是采用"可以"的表述。这说明，司法实践中对于特殊群体毒品犯罪行为人之所以不使用刑事拘留、逮捕等羁押性强制措施，并非是法律禁止采用这些措施，而是另有苦衷。

那么，是什么力量促使侦查机关和司法机关在特殊群体毒品犯罪案件中不能完全严格依法羁押或定罪量刑呢？如果说是出于人道主义的精神，但是这种现象在特殊人群实施的其他犯罪类型中并未得到充分体现。[①] 笔者认为，对特殊群体的"法外施恩"现象有着更为深层的原因：

---

① 从相关媒体对孕妇实施的其他犯罪的报道来看，在杀人等暴力犯罪类型中，即使是孕妇，也会被采取刑事拘留等羁押性强制措施。如有报道称："2010年8月8日，新安晚报以《男童尸惊现嫂子娘家》为题报道了发生在涡阳县高公镇的一起杀人案。记者昨天从涡阳警方获悉，杀死8岁小叔子的凶手正是他的嫂子静静，而24岁的静静如今已怀有7个月身孕。目前，静静已被警方刑拘。"见 http：//news.sohu.com/20100819/n274312067.shtml，2010年9月12日。

（一）特殊群体的羁押、执行场所建设落后

从严格执行法律的角度来看，对于从事毒品犯罪的特殊人员不予羁押和定罪量刑是有违法律的平等实施的。但是，从现实条件来看，从事毒品犯罪的特殊人员数量多，特别是孕妇和哺乳期的妇女多，如果采取刑事拘留、逮捕乃至判处刑罚，都没有适合的场所进行关押和执行，更加没有充足的物质保障。比如，羁押场所的医疗条件、膳食标准、生育费用等问题无法解决，况且，当婴儿出生后，婴儿是继续随母亲一起关押还是送入社会福利院等？这些现实存在的困境凭借司法机关一己之力是无法解决的。因此，在国家尚未健全社会保障机制，解决上述特殊人员的医疗、社会福利等问题之前，要对数量众多的毒品犯罪特殊群体进行羁押缺乏现实的可行性。但是，现实的可行性和经费的不足又不能成为牺牲法律平等适用的正当理由，而且，这种“法外施恩”现象一旦长期化，就会引导更多的特殊人员参与毒品犯罪，从根本上也不利于毒品犯罪的控制。所以，建立特殊群体羁押场所、完善社会保障机制，促进社会福利水平提升可能才是解决上述问题的根本之途。

（二）打击重点不够清晰和明确

长期以来，在毒品犯罪的司法适用过程中，运输毒品罪成为进入刑事诉讼过程的一种比例最高的犯罪。但是，这与毒品犯罪的规律不尽相符，在毒品从种植、制造到吸食的过程中，运输毒品行为只是一个中间环节，在吸食者数量、毒品犯罪查获率处于稳定状态时，打击运输毒品行为对于遏制和减少毒品制造、毒品吸食这两个毒品犯罪的起点和终点环节影响并不明显。因此，打击毒品犯罪的重点应当是走私、制造毒品和贩卖毒品，是前者产生了供给，是后者实现了毒品进入终端消费市场。但是，在走私、运输、制造、贩卖毒品四种犯罪法定刑相同的情况下，而毒品运输行为又属于行为简单、破获率高的一类犯罪，从理性人的角度出发，当侦查机关、司法机关不需要对吸毒人员是否增加这个根源性问题承担道德或行政责任的话，其最理性的选择就是把毒品犯罪的打击重点集中于运输毒品行为。但是，司法资源又具有有限性，这就导致侦查资源和司法资源不能同等对贩毒团伙等幕后组织给予和运输毒品相同的对待，因此，作为特殊群体毒品犯罪的雇佣者、组织者——毒枭或毒贩却长期存在。在特殊群体经济条件有限、法律规制无力的情况下，只要组织者、雇佣者和吸食者长期存在，要实现毒品问题的根本遏制甚至是明显减少是很困难的。对于毒枭或贩毒集团而言，雇佣特殊群体运输毒品的成本肯定低于正常人群，一是特殊人员承担的惩罚风险低，二是特殊人员生存条件低于正常人。在对特殊群体无法有效羁押和定罪量刑的情况下，在刑事司法的打击重点未发生事实上、根本上的转变的情况下，受雇从事毒品犯罪的特殊群体会日趋壮大，也会进一步侵蚀已有的禁毒成果。因此，有必要改变现有的毒品犯罪刑事司法打击重点，把打击重点和司法资源更多地投入到走私、贩卖毒品犯罪上，减少特殊群体的雇佣者和组织者，方能够更有效地控制特殊群体毒品犯罪。

四、充满争议的毒品犯罪死刑适用

我国刑法对走私、贩卖、运输、制造毒品罪规定了最高为死刑的法定刑，是否应当规定为死刑，是立法正当性的问题，上文已有过论述。但是，在立法规定有死刑时，如何适用死刑，则是司法适用的问题。在司法实践中，毒品犯罪的死刑标准最不易捉摸，往往具有区域性、时间性。也就是说，相同的情节发生在不同的地区，死刑是否适用存在差异；相同的情节发生在同一地区的不同时间段，死刑适用也不尽一致。造成这种现象的原因主要是对毒品犯罪的危害性认识不统一，而之所以毒品犯罪的危害性认识会有明显差异，则与我国刑法理论通说中对毒品犯罪危害性的叙事过于空泛、宏大有关。因此，有必要检讨死刑适用的一般性标准和毒品犯罪的危害性标准，推进毒品犯罪死刑适用的规范化、平等化。

（一）死刑司法适用的一般性标准

尽管立法中存在死刑的规定，但死刑最终得到适用和执行，还有待于司法适用。那么，在死刑的司法适用中，应当遵循什么样的原则或一般性标准呢？现行刑法对于死刑适用的概括性标准为“罪行极其严重”，与 1979 年刑法中的“罪大恶极”相比，“罪行极其严重”更注重客观危害。如有学者认为，在“罪行”与“恶性”之间，二者的地位不尽相同。天平的砝码是倾向于“罪行”这一客观方面的，因此，在衡量和认定“罪行极其严重”时，必须要以犯罪的客观实害为准绳，从客观实害中衡量行为人的主观方面及其主观恶性，并以此权衡在客观上和主观上都达到了罪行极其严重的情形，才可以适用死刑。[①] 但是，何谓客观实害和主观恶性，这取决于对犯罪侵害法益和主观恶性的不同认识；同样，对“极其严重”的理解，也是一个有关立场和价值取向的问题。

1. 客观标准——客观实害极其严重

刑法是一种保护法益的法律，只有对于法益造成侵害的行为才有可能进入刑法视野，刑法不应该有超越法益的其他保护目的，这才能保障个体享有充分的自由，也才能实现法治国的目标。一般而言，所谓法益，“是指个人或全体的价值或利益，对其所可能造成之侵害或危险，是构成要件所欲加以防阻的，此即法价

---

① 钊作俊：《死刑适用论》，人民法院出版社 2003 年版，第 51—52 页。

值或法利益，法益在犯罪论体系中之地位与行为刑法相呼应，因为行为刑法评价之对象，正是以法益侵害之外界变动结果为重点。”[①]具体而言，法益的功能就在于表征犯罪行为侵害程度的大小，也是刑罚是否适用以及刑罚轻重的标准。在法治国理念下，国家权力必须服务于个人自由和个人实现的功能，因此个人法益是刑法最重要的保护对象，社会法益和国家法益是一种为个人法益提供保障的超个人法益，其正当性来源于为个人法益的保护提供了制度基础或实现了个人法益的提前和周延保护。从这个意义上，法益具有以下特点：(1) 法益必须与利益相关联。因为利益才是人类社会所需求的一种目的物，所有的法律，都是为了利益的协调而出现的。(2) 法益必须与法相关联。某种利益之所以成为法益，就在于法对于这种利益的确认。(3) 法益作为犯罪所侵害或者威胁的利益，必须具有可侵害性。也就是说，所谓侵害或者侵害的危险，都必须是一种事实的或因果的现象，故价值观本身不是法益。(4) 法益必须与人相关联。因为刑法的目的是为了保护人的利益，所以只有人的利益才能作为法益。(5) 法益必须与宪法相关联。刑法讲什么作为法益保护，必须符合宪法的原则。[②] 正因为法益所具有的客观性、可感知性、符合目的性特点，其作为评价客观实害的标准才更具有可行性。

因此，死刑适用的客观标准——客观实害极其严重，应当是法益侵害程度极其严重。具体而言，最值得刑法保护的法益遭到最严重的侵害才应当适用死刑，而法益侵害的程度与法益侵害类型、法益侵害方式有关。在立法规定有死刑的罪名的司法适用中，首先，应当考虑具体案件的侵犯法益究竟是什么？其侵害程度如何？比如，生命权是公民之所以存在的基础，自然是最值得保护的法益，也是死刑适用最值得考虑的侵害法益。与生命权相比，在同等条件下，健康、自由、财产等法益的重要性要低于生命权。其次，要考虑法益侵害的方式，同等条件下，实害方式要重于危险方式。危险方式尽管也是对法益的侵害，但其毕竟不是现实的侵害，只是一种实害的可能性，因此在其他情况相等时，其保护位阶应当低于实害方式。

2. 主观标准——主观恶性极其严重

死刑适用的主观标准隶属于客观标准，因为客观标准所保护的是刑法的安定性，这种安定性为死刑的适用划定了比较清晰的界限，主观标准只能在此界限内进行排除性的适用。也就是说，主观恶性标准并不是积极标准，而是消极标

① 高金桂：《利益衡量与刑法之犯罪判断》，元照出版公司 2003 年版，第 40—41 页。
② 张明楷：《刑法分则的解释原理》，中国人民大学出版社 2004 年版，第 134—135 页。

准，其功能在于把符合客观标准的案件中那些不具备最严重主观恶性的行为进行排除。因为，构成主观恶性的因素或多或少与道德、情感有关，而道德和情感的主体性、易变性使主观恶性往往会处于一种不稳定的状态，会因评价主体、评价时期的不同而产生不同的结论。

因此，主观恶性的评价，首先应当考虑那些与侵害法益密切相关的心理态度。如英国学者阿斯温斯认为："不仅应该根据犯罪意图或信念证实被告具有必要的罪过；还应该证实被告的意图、明知或轻率与被禁止的损害有关。因此，如果犯罪的行为要件'正在引起严重伤害'，对应原理就会要求过错要件应该是对引起严重伤害的意图或轻率，而不是对更轻微结果（如单纯攻击）的意图或轻率。"①比如，同是杀人后毁尸灭迹的行为，以残暴的心态在杀人的同时就希望尸体严重毁损与杀人后才产生毁尸灭迹的意图应该有所区别。前者毁尸的意图与杀人行为是一体的，而后者的毁尸意图则与杀人行为之间没有关联性。其次，应当考虑行为人形成人格的过程是否具有自主性。如果行为人的暴虐、冷酷人格与其幼年时不得不接受的虐待经历存在紧密联系，那么即使其主观恶性何其严重，也应当区别于人格形成过程较少被异常因素介入的行为人。最后，应当考虑行为人的心态和意图是否有外力直接促发，而这种外力不具有普遍性。如果行为人的罪恶意图是在受害人的引诱、凌虐之下形成，则要区别于那些罪恶意图很稳定的行为人。

（二）毒品犯罪死刑适用的具体原则

毒品犯罪是一种危害人民健康的抽象危险犯，在可以适用死刑的罪名中，属于距离实害比较遥远的犯罪类型。因此，毒品犯罪的死刑适用应当比故意杀人罪等严重暴力犯罪要更为谨慎，更为严格。因为，走私、贩卖、运输、制造毒品罪的行为人，其只是给吸毒者吸食毒品提供了一种可能性，这种可能性又进一步创设了一种危害健康的可能性，真正危害健康的结果发生还有赖于吸毒者的自主决定。从这样一个逻辑过程来看，走私、贩卖、运输、制造毒品罪的行为人与人民健康这样一个法益之间有着较远的伦理距离，且其危害健康的方式与故意伤害相比，在心理上所造成的恐惧性和紧迫感并不强烈。具体而言，毒品犯罪的死刑适用应当坚持以下原则：

1. 横向平衡原则

所谓横向平衡原则，是指毒品犯罪的死刑裁量既要实现内部的平衡和统一，也要实现外部的平衡和统一。内部的平衡和统一，是指在相同的时期内，死刑适

① ［英］维克托·塔斯洛斯：《刑事责任论》，谭淦译，中国人民大学出版社2009年版，第99页。

用在各个地区各个方面保持一致，既包括死刑犯罪的社会危害性平衡，也包括法官与法官之间、法院与法院之间、地区与地区之间的死刑适用平衡。[①] 外部的平衡和统一，则是指毒品犯罪的死刑适用标准要与其他死刑罪名在适用上具有类似或等同的客观实害和主观恶性。比如说，因家庭、邻里纠纷导致的故意杀人案件如果一般不适用死刑的话，那么对于毒品犯罪的初犯或从犯则无论如何也不应适用死刑。值得强调的是内部的平衡和统一，如果在相同时期，在毒品犯罪的死刑适用上因地区而异、因法院而异、因法官而异，则不符合刑事法治的平等性，也有悖正义的要求。

2. 坚持规范目的对死刑适用的限制

刑法之所以规制毒品犯罪，在于其对人民健康的抽象危险。抽象危险虽然是一种法定的、拟制的危险，但抽象危险的大小可以从转化为实害的迫切性、可能性等方面予以揭示。因此，毒品的数量不应当是唯一的情节，甚至也不是最重要的情节。应当从侵害法益的受损程度的评估入手，比如是否迫近了吸毒者，毒品的纯度、毒品的种类、毒品的流向是否趋于未成年人，等等。我国刑法关于毒品犯罪的法定刑设置选择了相对确定的法定刑，与死刑并列的是15年有期徒刑和无期徒刑，因此，只有那些对于人民健康的抽象危险趋于具体化，或者说存在可验证的增加危险的情节，如向未成年人出售、毒品纯度极大等，才可以在数量相等的情况下考虑死刑。

3. 事实上停止对运输毒品罪的死刑适用

运输毒品罪只是使毒品发生了空间上的位移，往往是走私、贩卖、制造毒品罪的行为构成部分，行为人一般并非毒品的所有者，也非毒品的销售者，更多的是受雇他人谋求运输回报的人。从其对吸食者的健康危害来看，是一种间接的、遥远的危险，除了需要介入吸食者的自主决定之外，还需要介入贩卖者的贩卖行为，从法益侵害的紧迫性来看，其不如贩卖毒品罪，从法益侵害的创设来看，其根本性不如走私和制造。因为，贩卖是直接提供了吸食者吸食毒品的可能性，而走私和制造则是实现了毒品在我国境内的从无到有，是法益侵害的根源所在。因此，运输毒品罪在死刑适用上应当实现事实上的停止。这种停止是一种司法上的停止适用，并不违背罪刑法定原则。如有论者指出，从司法适用的情况来看，我国自1997年刑法实施以来，每年实际使用的死刑罪名只有20多种，多数罪名处于长期闲置状态。[②] 这说明，运输毒品罪死刑适用的闲置是有理论和现实的

① 胡云腾：《死刑通论》，中国政法大学出版社1995年版，第246—256页。

② ［美］杰罗姆·柯恩、赵秉志：《死刑司法控制论及其替代措施》，法律出版社2008年版，第229页。

可行性的。

4. 革新对毒品犯罪死刑威慑力的迷信

死刑原本就是一种在实际威慑效力上存疑的刑种，对于毒品犯罪而言，这种威慑力更显得有些苍白。从毒品犯罪的不断上升和吸毒人员不断增加的态势来看，很难说对毒品犯罪的死刑适用有效地遏制了毒品犯罪的发生。一方面，贫困的现实和牟取暴利的心态使大量的人员参与毒品犯罪，或者零星贩毒，或者运输毒品，另一方面，改变贫困的现实则并非刑事司法所能完成的，在毒品犯罪的根源性问题——需求无法得到有效抑制的情况下，死刑适用只是一种效益很低的手段。如有学者指出："一部分贫困地区的农民外出贩毒，是毒品贩卖中的一支重要的'生力军'。对于这些极度贫穷又长期流浪的零星贩毒群体，是很难只靠'严打'的手段就能彻底解决问题的。"①更有甚者，我国一些边境地区，部分村民排队等候大毒贩选拔从事毒品贩卖的情形也屡见不鲜。如法国学者蒲吉兰分析了大量的边民替贩毒组织或毒枭进行毒品贩卖活动的深层原因，他说："但显而易见的事实是，金三角的毒枭正是利用大批熟悉地形的跨国居民进行小批量的贩毒。……而住在边境地区的其他民族都很贫困，而且许多人是文盲。例如在西双版纳，除基诺族以外，山区居民 2/3 是文盲，12 岁以上的人多数不识字。他们是处在社会边缘的人，像在其他地方一样，从事生产和贩卖毒品是维持生计最具诱惑力的手段。"②因此，应当理性看待毒品犯罪的深刻社会根源，理性对待死刑对毒品犯罪的实际威慑力，回归对生命的尊重，革新对死刑威慑力的迷信，也引导社会和公民理性认识死刑。

5. 辩证看待民意、禁毒形势与死刑适用

事实上，据有学者的调查显示，社会大众对于毒品犯罪的死刑适用并未形成普遍的认同。在 3 408 名被调查对象中，有多达 47.7%的人认为，最应该适用死刑的犯罪类型是严重危及人身安全的暴力犯罪，其次是贪污贿赂犯罪，占到了 17.9%，处于第三位的是危害国家安全的犯罪，占到了被调查人数的 15.8%，主张适用死刑比例最低的是盗窃、诈骗等普通经济犯罪，只占到被调查人数的 2.1%，居于倒数第二位的是毒品犯罪，占到了被调查人数的 6.5%。调查指出，之所以被调查对象对当前我国死刑适用较多的毒品犯罪，适用死刑的认可度较低，可能因为毒品犯罪与严重暴力犯罪、贪污贿赂犯罪、危害国家安全犯罪相比，在其观念里适用死刑的理由不那么充足，也与被调查对象对毒品犯罪无切身感

① 崔敏：《毒品犯罪发展趋势与遏制对策》，警官教育出版社 1999 年版，第 412 页。

② [法] 蒲吉兰：《犯罪致富——毒品走私、洗钱与冷战后的金融危机》，李玉平等译，社会科学文献出版社 2002 年版，第 60—61 页。

受有关。[①]

民意很显然不是死刑适用的重要或唯一因素，但民意对于死刑的适用也具有一定的影响。至少可以作为排除性的因素。也就是说，当某种犯罪类型不适用死刑，民意予以接受甚至支持，那么，可以参考民意而排除死刑适用。因为，死刑的适用在根本上是为了体现一种报应心理。当民众都觉得对一种犯罪不需要适用死刑，其死刑适用的正当性又从何说起呢？当然，如果民意积极推进某种犯罪类型适用死刑，则应当坚持罪刑法定原则，以刑罚的人道主义为基础，独立行使审判权。可以预见的是，随着吸毒人员的增加，特别是新型毒品的流行，支持毒品犯罪死刑适用的社会大众会呈下降趋势，因为新型毒品的依赖性并不像传统毒品那样强大，而且，新型毒品与鸦片战争之间并没有历史联系，因此，鸦片战争情节会因为新型毒品的扩大滥用而逐渐松弛和淡化，这也是在司法实践中对新型毒品量刑存在分歧和争议的原因所在。

此外，各个地区的毒情或者说禁毒形势不应当影响毒品犯罪的死刑适用。因为禁毒形势与禁毒政策、禁毒机制等行为人无法控制的因素有关，在确定死刑使用时如果考虑禁毒形势，则不利于实现刑法的平等适用，也是把社会责任附加于毒品犯罪行为人的一种非理性的思想。假设，行为人在边境地区贩卖 800 克海洛因才可能适用死刑，而在内陆地区 300 克就可能适用死刑，这无论如何是缺乏正当性理由的。

五、犯罪形态认定中的严打阴影

毒品犯罪的犯罪形态认定，在 30 年来的司法适用中，一直有着从严、从重的倾向，如司法实践中普遍把贩卖毒品罪的既遂标准确定为进入交易环节，把运输毒品罪的既遂标准确定为起运说。这种明显严峻而有损法的统一性的认识与严打毒品的刑事政策有关，如有论者指出："有的省份红头文件要求，查办和审理毒品犯罪案件，要在'定罪上标准放宽、责任上从重判处、经济上彻底搞垮'，其显而易见的功利与实用主义导致在犯罪形态问题上，司法官员紧紧围绕'重处'作结论，甚至在判决中完全回避犯罪形态问题。"[②]因此，在这种情绪化的严打思维指导下，司法机关对于各种毒品犯罪的既遂形态认定大大提前，普遍认为毒品犯罪是行为犯，只要实行行为开始即成立既遂。因此，在司法实践中，除了贩毒预谋案件，几乎没有成立未遂、中止的案件。关于犯罪既、未遂的标准，我国刑法理论

① 袁彬：《我国民众死刑基本观念实证分析》，载《刑法论丛》第 16 卷，第 45—46 页。

② 曾粤兴、贾凌：《走私、贩卖、运输、制造毒品罪形态研究》，《公安大学学报》2002 年第 2 期。

的通说是构成要件说。也就是说，犯罪既遂是指行为人所故意实施的行为已经具备了某种犯罪构成的全部要件。确认犯罪是否既遂，应当以行为人所实施的行为是否具备了刑法分则所规定的某一犯罪的全部构成要件为标准。[①] 问题在于，毒品犯罪构成要件的行为在未实施完毕，或者说法律所关心的法益危险未发生，如何能够成立犯罪既遂？

（一）贩卖毒品罪的既、未遂形态

司法实践中，一般认为贩卖毒品罪的既遂标准为毒品已进入交易环节，只要毒品已进入交易环节，则无论毒品是否被行为人售出获利，或者是否已实际成交，均不影响贩卖毒品罪既遂的认定。如发生在天津市的一个贩卖毒品的案例，行为人在贩卖毒品的过程中，未能收到对方交付的赃款即在交易现场被查获，一审法院认为构成贩卖毒品未遂，二审法院则认为“被告人刘旭在第四次出卖毒品的过程中，事先与买主约定，尔后携带毒品到约定地点进行交易，实施了贩卖行为，应认定为该次贩卖毒品行为为犯罪既遂”[②]。

这种观点的论证逻辑为：其一，将贩卖毒品罪作为行为犯是符合严惩毒品犯罪的形事政策的。一方面，因买卖是一种双务行为，购买毒品行为本身就必然意味着与之对应的出售毒品行为业已得逞，其助长了贩毒行为是不言而喻的事实。另一方面，购买大宗毒品往往是实施新的售毒行为的起点或必要前提，因而购毒行为又同时蕴含着进一步危害社会的现实危险性。接踵而至的出售毒品行为，是把购毒产生的对社会的现实危险性转化成了对社会的实际危害性。由此可见，贩毒过程中的这两个关联行为均不乏独立的、严重的社会危害性，只要实施了其中一个行为，就有以犯罪既遂论处的必要性。易言之，贩卖毒品行为的既遂不以行为人的犯罪目的实现与否为转移，亦不以贩毒行为过程中的全部行为实施完毕为必要。其二，刑法中规定的犯罪既遂形态一般是以实践中犯罪被查获的普遍样态为基础。具体而言，犯罪既遂形态设定的界限是以社会生活中常见多发的犯罪现象为依据的。对于贩卖、运输毒品罪来说，大量被抓获的毒品犯罪分子均停顿于购买了毒品尚未卖出，或者正在进行毒品交易人赃俱获的场合。真正已将毒品由卖方转移到了买方手上、毒品交易完成以后被抓获的，尚在少数。况且在某些毒品交易的现场，双方正在进一步讨价还价，或者正在清点钞票

---

① 高铭暄、马克昌：《刑法学》，高等教育出版社、北京大学出版社 2007 年版，第 160 页。

② 祝铭山：《走私、贩卖、运输、制造毒品罪》，中国法制出版社 2004 年版，第 63 页。该案的有争议的案情为：1998 年 2 月 5 日上午，王志香与被告人刘旭联系，提出要求购买海洛因 30 克，并约定了价格、交货地点和时间。当日下午 6 时许，被告人刘旭乘出租车从北京如约到天津市塘沽区高速公路出站口，将海洛因交给王志香时还未收到赃款即被公安人员当场抓获，缴获海洛因 28.03 克，并从刘旭身上搜出海洛因 2.17 克。后天津市高级人民法院以贩卖毒品 30 克既遂认定。

或鉴定毒品纯度，此时也很难确切界定是否已将毒品真正转移到了买方手上。其三，从运输毒品罪与贩卖毒品罪的罪刑关系来看，既然运输毒品罪以起运为既遂标准，那么也应当将贩卖毒品罪的既遂标准提前，以确保二者法定刑和危害性的协调。①

这种观点在理念上是以毒品犯罪的严重危害性为指导，并以严打毒品犯罪为倾向，对贩卖毒品罪的既遂标准进行了大幅的提前。但是，这种提前是否具有正当理由呢？其一，购买毒品通常是售出毒品的前提和准备，但并不尽然。而且认为单独的购买行为就与出售毒品具有同样严重的社会危害性缺乏支撑。论者用"现实危害性"和"实际危害性"两种表述界分危害性，很难看出二者有何不同。因为，既遂的判定标准并非以产生危害性为标准，而是齐备构成要件且具有立法所预期的社会危害性(通常表现为对于法益的侵害符合立法者所预期的完成程度)，而论者用模糊、宏大的"现实危害性"和"实际危害性"证成既遂状态缺乏理论支撑。而且，论者认为单独的贩卖行为与出售毒品行为二者均有严重的危害性，有扩大抽象危险犯适用范围的可能。如台湾学者王皇玉博士所指出的："因为他超越了抽象危险犯的危险拟制内涵，而形成一种危险的双重拟制。所谓危险的双重拟制，首先是将贩入毒品之人(有时可能只是持有较大量毒品之人就先被拟制为贩入)拟制为必然会制造一个将毒品贩卖出去的危险。其次，则拟制有购买者的存在(即使现实上尚未有具体的购买者)，且购买者会实际使用毒品而形成身体健康法益的侵害。这样的危险双重拟制，是一种将既遂的认定向前推移的作法。"②其二，犯罪既遂形态的设定并非完全以生活中常见的犯罪现象为依据。就以贩卖毒品罪为例，据有关资料显示，贩卖毒品罪的破获率在十分之一左右。可以想象，生活中百分之九十左右的贩卖毒品行为是交付完成的。而只有部分被查获的贩卖毒品行为处于交易环节。因此，并不能得出被查获的贩卖毒品行为的最常见形态为立法者所预设的犯罪既遂形态这样的结论。况且，"犯罪既遂形态的设定并非完全以生活中常见的犯罪现象为依据"这样一个命题的理论依据并不清楚。其三，论者先预设这样一个前提——运输毒品罪是即成行为犯，而贩卖毒品罪与运输毒品罪具有相同的社会危害性，为了确保罪刑关系的协调，贩卖毒品罪也应该是即成行为犯。但是，论者所预设的前提本身就是需要证明且争议较大的。根据论证的一般原理，从一个可疑的前提推导出的结论也是可疑的，不具有充分而有力的证明力。③

---

① 黄祥青：《浅析贩卖、运输毒品罪的既遂和未遂》，《政治与法律》1999年第3期。

② 王皇玉：《论贩卖毒品罪》，《政大法学评论》第84期，第259页。

③ 高巍：《贩卖毒品罪研究》，中国人民公安大学出版社2007年版，第172—173页。

因此，对于贩卖毒品罪的既遂标准应当回归其构成要件，看其行为是否齐备了构成要件。就贩卖毒品罪的构成要件而言，即为贩卖毒品行为，而所谓的贩卖毒品行为在形式上是一种交易或出让关系，在实质上是这种转移占有的行为使毒品有迫近吸毒者的抽象危险。因此，从法益保护的角度，把齐备贩卖毒品罪的构成要件解释为必须达到实际的毒品转让或交付是符合刑法规制贩卖毒品罪的规范目的的。如果只是进入交易现场，并未有毒品的转移占有，这种对人民健康的抽象危险如何创设？毒品的占有并未发生变化，其客观危险并未增加。如果把进入交易环节或交易现场就作为贩卖毒品的既遂，实际上惩罚的是一种意图，也就是贩卖或转移占有的意图，与法益侵害的客观性标准没有关系，是一种主观主义的严刑峻罚思维。此外，从一般人的法感情来看，行为人只是进入交易现场，正在商议如何交易，就已经算作贩卖既遂，这有悖于社会大众的法感情，也有悖于刑法的安定性。从解释学的角度来看，也是对"贩卖"这个语词的超出一般人预期的解释，不仅不符合"贩卖"的一般语义，也不符合社会大众的一般预期。因此，把贩卖毒品的既遂理解为交付或转移占有，是符合语言习惯和法益保护原则的，是一种冷静、理性对待毒品犯罪的常识的回归。

（二）运输毒品罪的既、未遂形态

运输毒品罪的既遂形态，司法实务中一般认为是一旦起运即成立运输既遂形态。如周某某、白某某运输毒品案中，被告人周某某和白某某从畹町携带毒品准备返回内地时，当二人乘车到黑山门时即被畹町边防检查站工作人员查获，从周某某体内排出毒品 290 克。德宏州中级人民法院和云南省高级人民法院均认定其构成运输毒品罪既遂。[①] 但是，把运输毒品罪的既遂标准理解为起运就如同将故意杀人罪的既遂标准理解为动手一样，让人无法理解。之所以司法实践中会作如此提前的既遂理解，可能与司法机关严打毒品犯罪的重刑主义思想有关，也与过度迷信死刑对毒品犯罪的威慑力有关。如有学者论及重刑主义思想在司法适用中表现时指出，重刑主义在刑事审判实践中的表现为：其一，定罪量刑一味从重，误以为越严越重对犯罪的打击就越有力。具体到司法实践中，认为判重刑比轻刑保险，判重刑甚至是死刑一般不会被抗诉或遭到质疑；其二，只重视收集、认定不利于被告的事实、证据和情节，而对有利于被告的事实、证据和情

① 有论者就此案例解释运输毒品罪的既遂标准，认为行为人利用一定的手段和方式使毒品已经发生位移则为既遂。比如，如果行为人采取体内藏毒的方式运输毒品的话，则行为人吞下毒品就是行为的着手，吞完毒品开始乘坐公共车等交通工具则为犯罪既遂。因此，本案中行为人在明知是毒品的情况下采取吞服的方法乘坐公共汽车准备将其携带至广州，其运输行为已经完成。参见陈忠林：《刑事案例诉辩审评》，中国检察出版社 2005 年版，第 47—54 页。

节则不感兴趣，不予重视或重视不够，该收集的不收集，该质证、认定的不予质证、认定；其三，只要行为人的行为符合刑法分则规定，就对其定罪量刑；其四，在共同犯罪中，不区分主从犯，或者一律作为主犯量刑。[①] 重刑主义体现在运输毒品罪的形态认定上，就是力图使司法实践中大多数被查获的运输毒品形态确定为既遂形态，以求施以重刑。

但是，从运输毒品罪的构造和实行行为来看，把起运作为既遂标准是不妥当的。所谓运输，从其字面含义来看，通常是指使用工具实现了人或物的空间位置的变动的活动。[②] 从这个角度来看，运输毒品行为方式的本质在于使毒品实现了空间位置的变动。正因为毒品通过行为人的行为实现了空间位置的移动，在一般意义上使毒品处于流通状态，更迫近于毒品使用者可获取的状态，产生了抽象的对于人民健康的危险，方被作为犯罪行为进行规制。具体而言，运输毒品的本质在于，毒品在行为人支配下实现了空间位置的移动。毒品从其生产、制造到使用者的使用，很多时候存在空间上的距离，往往需要经过运输、贩卖等过程方可能实现。而空间上的移动并非仅是一种物理学意义上的位移，而是法规范视野下的自起点到目的地的一个连续的过程。因为，对于人民健康的危险，作为一种抽象的危险，从社会经验上来看，运输毒品的完成需要从起点到目的地的连续位移。从其他法律部门关于运输的规定来看，也可印证这种说法。在民事法律的运输合同中，运输应当是合同约定的始运地到目的地的一个过程，而非单个位移的片段。进一步而言，假定起运即视为运输的完成，则应当在形态上认定为既遂。那么，刚刚起运与运输到目的地在刑法上都被评价为运输毒品罪既遂，这既无法体现罪刑均衡原则，也是对法益原则的违背。试想，这两种行为对于人民健康这种法益的危险并非相同程度，而把不同程度法益侵害的行为方式在犯罪成立时进行相同评价，很明显抛弃了法益原则的界限功能和个别化功能。[③] 因此，运输毒品罪的既遂标准应当是运输行为完成，即行为人将毒品运到预期的终点视为既遂。

（三）走私毒品罪的既遂、未遂形态

关于走私毒品罪的既遂、未遂形态，我国司法实务界一般认为是以毒品是否进出境为标准。也就是说，当毒品已从境外进入我国境内或毒品从我国境内进入境外，就应当视为既遂。毒品走私行为在实质上是一种特殊的运输行为，即是以进出境为目的的运输行为，行为人在主观上具有实现毒品进出境的意图，在客

① 马松建：《论死刑政策与死刑司法控制》，载《刑法论丛》第16卷，第58—59页。

② 高艳东：《运输毒品罪疑难问题研究》，《广西政法管理干部学院学报》2004年第6期。

③ 高巍：《略论运输毒品罪几个问题》，《云南大学学报》(法学版)2009年第5期。

观上具有使毒品进出境的行为。值得思考的是，在走私毒品的既遂认定上，实务界基本上没有采用起运说做为既遂标准，这说明实务界对走私和运输设立了不同的标准，在走私毒品罪的既遂认定上坚持了构成要件齐备的标准，而把运输毒品罪的既遂标准突破构成要件的限制进行大大提前，以使其可以成为走私未遂的兜底条款。这折射出运输毒品罪既遂标准的过于严苛，从某种意义上讲，只要运输毒品罪的既遂标准为起运的话，走私、贩卖等毒品犯罪即使制定再严格的既遂标准，在实践中发现的走私、贩卖毒品罪如果不能认定为既遂的话，也可以作为走私、贩卖毒品未遂和运输毒品既遂进行竞合，进而可以按照运输毒品罪的既遂进行处罚。这很明显是使既、未遂形态的法益侵害程度的甄别功能处于一种空洞化的表现，也使不同毒品犯罪之间的区别趋于模糊。

在承认走私毒品罪的既遂标准为进出境标准的基础上，具体的认定中仍然存在一些分歧，特别是在通过海、空路径进出境的行为以及通过虚假申报骗关进出境的行为上，这种分歧更为突出。有论者认为，无论是采取骗关还是绕关的行为，只要是采取陆路走私的方式，均应当以跨越我国边境线作为既遂标准。[①] 另有论者则区分了骗关和绕关的不同既遂标准，认为如果行为人是直接通过海关走私毒品的，以是否通过海关作为既、未遂标准；如果行为人是采取绕开海关的方法走私毒品，则应当以是否穿越国（边）境线作为既、未遂标准。[②] 笔者认为，以行为人是否选择通过海关的方式走私毒品分别确定不同的既遂标准，是缺乏正当依据的。因为，毒品的进出境行为是一个客观的事实，只要毒品实现了进出境的行为，就对我国的海关监管产生了一种拟制的侵害。至于行为人是采取了欺骗、隐瞒申报通过海关，还是直接绕开海关，其行为在侵害海关监管的问题上并无二致。

这里还值得思考的一个问题是，走私毒品入境与走私毒品出境之间的法益侵害是否存在区别？如果仅仅把走私毒品罪的侵害法益视作对海关监管秩序的侵犯，二者侵害的法益没有区别。但是，如果走私毒品罪的侵害法益还包括人民健康的话，二者在此法益侵害上却明显存在不同。因为，将毒品走私入境，是对我国人民产生了一种健康的危险，而将毒品走私出境，很难说对我国人民的健康存在危险。从刑法的保护功能来看，刑法是对本国人民和本国国境以内的人的保护，而不是一种国际主义意义上的保护。世界上很多国家都只是运用刑法对入境毒品的行为进行规制，而放弃对出境毒品的行为进行规制，或者区分其严重

---

① 张明楷：《论走私、贩卖、运输、制造毒品罪的几个问题》，《广东法学》1994 年第 4 期。
② 蔺剑：《毒品犯罪的定罪与量刑》，人民法院出版社 2000 年版，第 174 页。

程度而进行惩罚。如日本刑法就只规定了输入毒品的犯罪，并以刑法的规范目的出发，认为："为了防止对公共保健卫生产生危险的目的，判断输入毒品的行为何时产生了这种危险，从而确定既遂时期。"①

从总体上看，三十年来我国禁毒刑事司法适用是以严打毒品犯罪的目的和理念为指导的，这种严打思想是一种支配性的思想，影响到了定罪量刑的斟酌，也影响到形态的认定。但是，在这种严打主导的背景下，特别是1997年刑法将罪刑法定原则确立为我国刑法的基本原则以来，对毒品犯罪的严打路径开始有了一些松动，这种松动体现在严打毒品与罪刑法定之间的妥协和冲突之中。

第二节　禁毒刑事司法适用的路径重建

刑事司法适用的重要性和必要性来源于刑事立法的抽象性和概括性，把抽象性和概括性的法律规范适用于个案的过程是一个需要解释和涵摄的过程，司法适用正是实现这个从普遍规范到个案事实的对应和融合的过程。我国禁毒刑事立法的条文具有有限性和概括性，而毒品犯罪领域的现实则具有丰富性和复杂性。因此，要对纷纭复杂的毒品犯罪个案准确地适用刑法，更需要司法活动的谨慎和公正作为保障。禁毒刑事司法的中心环节即是对毒品犯罪行为的定罪量刑的刑事判决，其他环节如侦查、起诉、执行或者是刑事判决的前提，或者是对刑事判决的执行。因此，禁毒刑事司法适用的路径重建应当以合法性和合正义性以及尊重人的尊严为依据。

一、禁毒刑事司法适用的合法性

（一）何谓合法性

刑事司法适用是一种国家权力的行使，是一种国家统治的实现方式，无论是禁毒领域，还是其他犯罪领域的刑事司法适用，都是一种国家权力的表达，而国家权力总是有合法性的需求。马克斯·韦伯指出："一切经验表明，没有任何一种统治自愿地满足于仅仅以物质的动机或者以价值合乎理性的动机，作为其继续存在的机会。毋宁说，任何统治都企图唤起并维持对它的'合法性'的信仰。"②马克斯·韦伯所称的合法性是一种实质上的合法性，是一种以社会大众

① 张明楷：《未遂犯论》，法律出版社、成文堂1998年版，第188页。
② ［德］马克斯·韦伯：《经济与社会》（上卷），林荣远译，商务印书馆1997年版，第239页。

认同为内核的合法性，这种合法性的获取是国家统治的正当性源泉，也是国家统治权力实现的重要保障。如美国学者阿尔蒙德所言："如果某一社会中的公民都愿意遵守当权者制定和实施的法规，而且还不仅仅是因为若不遵守就会受到惩处，而是因为他们确信遵守是应该的，那么，这个政治权威就是合法的……正因为当公民和精英人物都相信权威的合法性时要使人们遵守法规就容易得多，所以事实上所有的政府，甚至最野蛮、最专制的政府，都试图让公民相信，他们应当服从政治法规，而且当权者可以合法地运用强制手段来实施这些法规。"[①]与作为政治权力意义上的合法性相对应的是一种法律意义上的合法性，这种合法性产生于罪刑法定原则和人民主权原则。因为，在法治社会，法律是整个社会最高的行为准则，这种准则不仅是针对公民的，也是针对国家的。或者说，国家和公民通过协商形成的法律是约束公民和国家行为的唯一准则，也是限定国家权力行使边界的准则。

法律意义上的合法性与政治意义上的合法性相比，前者很大程度上是后者的基础和前提，后者则可以为前者的实现提供更为充分的保障。前者更多是一种形式意义上的合法性，而后者则是一种实质意义上的合法性。法律意义上的合法性实际上是对罪刑法定原则的坚持。罪刑法定原则出于保障公民自由的角度，要求国家刑事司法权的发动必须限定在法律有明确规定的范围之内。具体而言，法律意义上的合法性包括两个方面的内容，即无法律则无犯罪和无法律则无刑罚。所谓无法律则无犯罪是指，"即使一个举止行为可以处在很高等级的社会危害性和刑法必要性上，但是，只能在国家事先通过的法律已经明确宣布的情况下，才允许对其加以刑事惩罚。"[②]所谓无法律则无刑罚是指"不仅一种确定的举动行为是否应当受刑事惩罚的情形，必须在这个行为实施前在法律中加以规定，而且刑罚的种类和其可能的严厉程度，也必须在行为实施前在法律中加以规定"[③]。也即是说，罪刑法定原则所要求的合法性是对立法者和司法者行为的限制，不仅要求立法者明确界定国家刑罚权的范围，同时也要求司法者在解释法律时，必须依据一定的法则，具体化立法者的抽象法律条文。[④]

（二）合法性在禁毒刑事司法适用中的体现

禁毒刑事司法适用作为具体解决毒品犯罪个案的定罪量刑活动，其必须坚

---

① ［美］G.A.阿尔蒙德：《比较政治学：体系、过程和政策》，曹沛霖等译，上海译文出版社1987年版，第35—36页。

② ［德］克劳斯·罗克辛：《德国刑法学总论》，王世洲译，法律出版社2005年版，第77—78页。

③ ［德］克劳斯·罗克辛：《德国刑法学总论》，王世洲译，法律出版社2005年版，第78页。

④ 郑逸哲：《罪刑法定主义七十年》，载《刑法七十年之回顾与展望纪念论文集》，元照出版公司2001年版，第96页。

持合法性的原则，也就是说，确定一个行为是否构成毒品犯罪，构成何种毒品犯罪，适用何种法定刑幅度，都应当严格依据法律进行认定。具体而言：

1. 程序合法

所谓程序合法，是指禁毒刑事司法适用的过程中应当按照法律规定的程序进行，不得出于任何功利目的或其他目的废弃或违背法定程序。因为，相对于实体规范的不可捉摸性和多元性，程序实际上是提供了一种可以验证的标准，更容易在刑事司法权的执行者和相对人之间取得共识。如有论者指出："程序提供了一种冲突双方更容易接受最终结果的方式。通过以一种公众认为公平的方式作出决定，当政者可以获得对这些决定的更大的认可，这就使得决定涉及的各方更容易服从。"[①]在禁毒刑事司法适用中，程序的合法具体表现在从侦查、起诉、审判、执行整个过程都要严格依据刑事诉讼法的规定。因为，在刑事司法的运行过程中，强大的国家权力可以调动各种资源对个体自由进行限制、对个体的财产进行查封，这些权力的发动和运行如果没有法律的约束和限制，则必定会发展为权力的滥用，进而侵犯公民的自由和人格尊严。如有学者指出："没有一个正当法律程序来规范国家权力，政治文明是不可能形成的。……通过程序来规范国家权力，意味着国家行使权力必须遵循法律预设的方式、步骤、时限。国家权力的正当性不仅仅通过实体法上的规定体现出来，更重要的是通过正义的程序来表达。政治文明的形成是一个吐故纳新的过程，正义的程序将引导政治逐渐摆脱专制，从而回应现代社会中公民对基本人权的祈望。"[②]当看得见的程序被束之高阁，留下的就只有强权狰狞的面孔。因此，在禁毒刑事司法的使用过程中，确保侦查机关和司法机关在刑事诉讼法的轨道中行使权力，是刑事法治的首要要求。

首先，在毒品犯罪的侦查环节，应当切实贯彻依法侦查的理念，并严格执行。目前，我国对毒品犯罪的侦查活动中，多有不严格遵守刑事诉讼法的情形。如诱惑侦查的广泛使用、行政手段的刑事侦查化、搜查的任意化、管辖的随意化等。以管辖的随意化为例，我国刑事诉讼法规定的刑事案件的管辖原则是以犯罪地原则为主，被告人居住地原则为辅。但在司法实践中，能够对毒品犯罪进行侦查和管辖的不仅包括犯罪行为发生地和被告人居住地的公安机关，还包括犯罪预谋地、毒资筹集地、交易进行地、运输途经地以及毒品生产地，也包括毒资、毒赃和毒品藏匿地、转移地、走私或者毒品贩运目的地、被告人常住地和户籍所在地，

① 宋冰：《程序、正义与现代化》，中国政法大学出版社 1998 年版，第 376 页。
② 章剑生：《政治文明与程序正义》，《江海学刊》2004 年第 4 期。

还包括其临时居住地的公安机关。尽管上述管辖是司法解释的扩大解释所规定的，但是，这种无边无际的管辖规定几乎使任何一个公安机关都具有在任何地方侦查毒品犯罪案件的可能性。因此，在我国毒品问题比较严重的某些边境地区，甚至会有来自全国各地的公安机关人员在蹲点守候毒品犯罪行为人。① 这种现象的背后也折射出毒品犯罪管辖的随意性。更值得注意的是，诱惑侦查、秘密监听等方式作为毒品犯罪的重要侦查手段，迄今为止在刑事诉讼法中并未有明确规定。之所以在毒品犯罪的侦查阶段会有诸多与刑事诉讼法不尽一致的情况，就在于严打毒品犯罪的目的思维压制了正当合法程序的坚持。但是，试想一下，如果被抓获的毒品犯罪行为人知道与其进行毒品交易的另一方是警察或特情人员，特别是作为卖方的是警察或特情的情况，如何获取行为人对于执法行为的正当性和合法性认可？当侦查权在严打毒品的宏大叙事下，不再固守刑事诉讼法的边界，而突破或违背刑事诉讼法中对侦查方式、侦查程序的规定，这无疑是用违法的方式对待违法行为，是违背刑事法治的基本原则的。

其次，在毒品犯罪的审判过程中，也应当严格遵守刑事诉讼法的规定。毒品犯罪的审理过程，是依据案件事实确定罪与非罪、此罪与彼罪、罪轻罪重的重要环节。依法审理毒品犯罪的程序合法性表现在：充分保障被告人的辩护权；公开审理；非法证据排除等。在我国禁毒刑事审判实践中，特别成为问题的是非法证据排除不能依法落实。我国刑事诉讼法第 43 条规定："审判人员、检察人员、侦查人员必须依照法定程序，收集能够证实犯罪嫌疑人、被告人有罪或者无罪、犯罪情节轻重的各种证据。严禁刑讯逼供和以威胁、引诱、欺骗以及其他非法的方法收集证据。"第 162 条规定："在被告人最后陈述后，审判长宣布休庭，合议庭进行评议，根据已经查明的事实、证据和有关的法律规定，分别作出以下判决：（一）案件事实清楚，证据确实、充分，依据法律认定被告人有罪的，应当作出有罪判决；（二）依据法律认定被告人无罪的，应当作出无罪判决；（三）证据不足，不能认定被告人有罪的，应当作出证据不足、指控的犯罪不能成立的无罪判决。"从有利于被告人的角度解释上述条文，则上述条文规定了我国的非法证据排除原则，即是说，凡是以刑讯逼供、威胁、利诱、欺骗以及其他方法收集的证据不应当作为定罪的依据。但是，在实践中，很多时候，即使人民法院已经确认取证程序不符合法律，也回避或默认该证据的合法性，只是在量刑时予以酌情考虑。如毒品犯罪审理中，线索的来源是否为不合法的监听、是否存在犯意引诱型的诱惑

① 如四川在线的报道，四川警方在 2009 年年底曾经以某贩毒团伙的毒品贩运目的地在成都为管辖依据，长途跋涉近 2 000 公里，在云南边境守候并查获大量毒品。见 http：//sichuan.scol.com.cn/fffy/content/2010－06/24/content_920510.htm？node＝894，2010 年 10 月 2 日。

侦查、证据的收集方法是否严格符合刑事诉讼法的规定等,即使有证据证明存在违法取证的情况,也很难在审理中作为非法证据予以排除,进而否定犯罪事实的存在。这就进一步纵容了非法取证现象,也使刑事程序的合法性处于岌岌可危的状态。因此,人民法院在审理毒品犯罪的过程中,应当把法律作为唯一的根据,在法律的范围内进行证据的审查和甄别,坚决排除非法证据,以实现人权的保障和程序的法治。因为,从尊重人权的角度来看,当司法程序无法做到让有罪的人有罪,让无罪的人无罪,次优的选择就应当是让无罪的人不被定罪,即使部分有罪的人也未被定罪。如有学者所言:"迄今为止,人们认为无罪的人被宣布无罪,比有罪的人被宣布有罪对社会来说更为重要。在程序方面降低被告的法律保护程度,其危险在于对一切被告的法律保护都会被削弱。……真正的公平审判程序,不仅要求罪犯被宣布为有罪,而且还要求在发现其犯罪后,以一种明确无误的方式宣布其有罪。"①

2. 不得类推

不得类推是罪刑法定原则对刑事司法适用中法律适用的限制,作为司法机关在适用法律时,必须在法律的范围内进行适用,而不得超出法律的规定。但是,法律的含义并非是全然明晰的,其也需要司法机关在适用的过程中进行解释。如有学者所指出的:"法律上所描述之用语并非仅限定于一种,且法官并非仅依据一种文义,适用于具体之事实。在适用之过程中,法官所为之解释乃为不可避免之事,因而用语可能存有多数解释之情况下,法官应该从当中选择最为合理之解释以为适用。盖因法律之意义与内容,在其制定之同时,无法全数清楚地得知,嗣后,必须透过判例等手段而使得其意义与内容更加丰富。"②尽管司法适用允许对法律进行解释,但是为了确保国民的可预期性,司法适用中的解释不得超越有悖国民可预期性的范围,否则就是罪刑法定原则所禁止的类推解释。因此,禁止类推实际上是为司法机关适用法律所划定的边界或范围,如德国学者罗克辛所言:"立法者通过法律条文的文本,规定了一个将由法官加以具体填补的规则性框架。在这里,这个规则性框架的范围,是由法律文本可能的口语化词义加以标定的,同时,法官在这个框架内部,在考虑了最相近的文字意思、立法者当时的想法和法律的系统性联系,根据法律的目的进行解释。……与此相对的是在法律的规则范围之外进行的找法活动,就是说,那是一种不能再被刑法条文可

① [英]彼得·斯坦、约翰·香德:《西方社会的法律价值》,王献平译,中国法制出版社2004年版,第118—119页。

② 黄朝义:《罪刑法定原则与刑法之解释》,载《刑法七十年之回顾与展望纪念论文集》,元照出版公司2001年版,第132页。

能的文字意思所包含的解释，是一种为刑罚提供根据的类推，因此是不能允许的。”[①]禁止类推可以为司法适用划定合法性的边界，只要没有超越法律条文可能含义的解释，就不属于类推解释，就具有合法性。至于其是否合理，则是司法适用正义性的问题。

在禁止类推和允许解释之间的界限一般就是法律条文的可能含义，法律条文的可能含义是一般人能够预期的含义，能够确保公民对刑法预期的实现。具体到禁毒刑事司法适用中，不得类推就是要求适用刑法追诉毒品犯罪时，无论出于何种考虑都不得超越刑法条文的可能含义。如刑法第 347 条第 2 款中规定的“武装掩护走私、贩卖、运输、制造毒品的”条文，对该法律条文中的“武装掩护”应该如何解释才算不违背不得类推原则呢？一般而言，对于武装掩护的理解是指使用或装备武器掩护的行为，但是，什么样的物体可以被视为武器呢？从武器的文义来看，武器一般是指直接用于杀伤和破坏的作战器械和装置。从其核心含义来看，枪支、爆炸物、刀具等应当属于武器，但是，携带硫酸等化学品或砖头、石块、树枝等物品是否属于武器呢？笔者认为，把硫酸等物质解释为武器还属于武器的可能语义，因为从口语含义的角度来看，武器既可以指机械性作用的工具，也可以指化学性作用的工具。因此，把武器解释为硫酸等化学物质不属于类推解释。同样，砖头、石块、树枝等物质也具有日常意义上的危险性和伤害性，解释为武器也符合禁止类推的原则。只不过，是否要在武器的可能含义内进一步甄别，使用时依据合理性或正义性的要求，将携带砖头、树枝不理解为符合立法者目的的“武装掩护”，是法官在合法性限度内的自由裁量范畴。当然，把行为人随身携带的皮鞋、书本解释为武器就超出了法律条文的可能含义，属于类推解释，尽管在实质意义上，皮鞋的攻击性和伤害性未必比一个小石块更小，但是却超出了武器这个法律语词的日常含义，而属于禁止的类推解释。因此，不得类推的原则实际上是一种形式上的安定性的捍卫，而非是一种实质上的比较和推演，只有形式上的安定性才能更好地保障公民的自由和权利。

二、禁毒刑事司法适用的正义性

在合法性边界之内，禁毒刑事司法适用就进入了自由裁量权的范围，自由裁量权并非是一个无边无际、没有约束的权力行使过程，而是一个受到正义原则约束和限制的过程。比如，一个人民法院对两个其他情节相同的行为人的量刑如下：一个行为人贩卖海洛因 50 克，被判处死刑，另一个行为人贩卖海洛因 1 000

① ［德］克劳斯·罗克辛：《德国刑法学总论》，王世洲译，法律出版社 2005 年版，第 85 页。

克，被判处有期徒刑 15 年。从合法性的角度来看，两个判决都具有合法性，但是，这两个判决未必符合正义的原则。因此，从这个意义上说，禁毒刑事司法适用在形式合法的基础上，行使自由裁量权还应当符合正义的要求。另外，禁毒刑事司法适用中的正义原则不仅可以约束侦查阶段，也可以约束定罪量刑阶段。

1. 何谓正义原则

在客观意义上，正义是指符合道德的行为的正确结果。如古希腊哲学家乌尔比安所言："正义是赋予每个人权利的、稳定而持久的意志。"[①]但是，正义本身是一个具有多义性的词语，在其一般含义上，正义的核心是平等。亦即是说，正义是指相同的事物应当受到同等的对待，不同的事物则应不同地对待。[②] 但是，以平等为核心的正义原则只是一种形式上的正义，是假定任何人都因为其身体和灵魂的自然本质以及不可侵犯的尊严而完全平等。依据这种形式上的平等原则，每个人在分配时不需要考虑其贡献或需求都可以获得相等的份额。当然，这种完全不考虑实质内容的正义只是在权利的分配上具有意义，在根本上无法实现事实上的平等。因此，"所有人完全的社会平等也会如同'过大'的社会差别和对立一样，与正义背道而驰。"[③]为使正义在法律上具有价值和意义，德国学者拉德布鲁赫在确认正义的核心为平等的基础上，为正义注入了实质的内容，他认为，正义具有三个层次的表现：平等（狭义的正义）；合目的性（社会或共同福祉正义）；法律安定性。其中，平等是正义的形式，合目的性是正义的内容，而法律安定性则是正义的作用。[④] 从罪刑法定原则的严格意义上来说，法律安定性是正义的边界，特别是对于刑事司法适用而言，法律的安定性是合法性的具体指向，其通过合法性为正义划定了大致的边界。也就是说，在刑事司法适用中，正义只能在法律安定性的范围内发挥作用，而不能突破法的安定性寻求实质上的正义。

具体而言，正义原则表现为两个方面：

（1）平等原则

作为形式正义存在的平等原则首先是指"一种行为原则，按照这项原则，必须以同一种方式来对待同一个基本范畴的所有的人。"[⑤]因为，形式上的平等是个体面对法律时的唯一姿态，也是法律具有概括性、普遍性的理论根据。如古希

---

① ［德］伯恩·魏德士：《法理学》，丁小春等译，法律出版社 2003 年版，第 160 页。
② ［德］考夫曼：《法哲学》，刘幸义译，法律出版社 2004 年版，第 228 页。
③ ［德］伯恩·魏德士：《法理学》，丁小春等译，法律出版社 2003 年版，第 164—165 页。
④ ［德］考夫曼：《法哲学》，刘幸义译，法律出版社 2004 年版，第 229 页。
⑤ ［德］H.科殷：《法哲学》，林荣远译，华夏出版社 2002 年版，第 155 页。

腊哲学家乔奇姆所言:“例如,如果一个小偷是位绅士,受害者是位乞丐(城邦内下等阶层的成员之一),这种等级差异与法律无关。……法律所关心的一切就是眼前的这两人,一方获得了不公正的利益,而另一方受到了不公正损害。因此,这里存在着不公,需要补救,有一种不平等,必须予以平等化。”[①]形式平等是一种法律意义上极其重要的平等,其以个体本质的相同推导出个体权利和法律地位的相同。但是,完全无视个体差异的形式平等在法律权利和法律程序之外,其应用则显得比较苍白。因为,平等的标准本身存在一定的模糊性,如果在所有的场合都把每个人作为相等的对象平等对待,则又会僵化、封闭平等原则的第二层含义——对不平等之事物或对象给予不平等的对待。设想一下,一个快满18周岁的人和一个刚满18周岁零1天的人相比,前者无论如何不能适用死刑,而后者则可能因为与前者有着相同严重的罪行而被处以死刑,这是一种平等还是不平等呢?当然,出于合法性的考虑,我们对平等的界定应当限定于合法性范围内。无论是作为平等对待相同事物的正义,还是不平等对待不相同事物的正义,都更多只是一种理念上的平等。但是,平等原则可以提供我们一种视角,即运用平等原则来认识和界别明显的、严重的不平等,因为,对于何谓明显的不平等达成共识,要比何谓平等达成共识更容易一点。假定,在限速80公里的公路上,行为人以81公里的时速运行,这种违法行为受到200元的罚款处罚,因为法律规定超过限速但不满限速的150%时罚款20至200元,与时速119公里运行却被处以20元罚款的行为人相比,我们可以依据平等的原则达成共识——上述两种处罚尽管具有合法性,但是明显违反了平等原则,因而是不正义的。从这个意义上说,平等原则的价值在于其提供了一把标尺,能够检测出显失公平的情形,却很难清晰而准确地量定平等的情形。

(2) 合目的性原则

合目的性是在合法性的限度内,对正义进行界定的实质性标准,也是为了弥补形式平等无法触及或实质证成的区别对待情形。因为,每个人得到自己应当的份额这样一种形式正义的命题的解决,还有赖于按照一定的实质标准进行。但是,形式上的平等性是合法性范围内当然的前提,区分对待是一种衡平的正义,需要合目的性进行证成。具体而言,合目的性是指在法律的适用过程中,当法律条文或语词存在多义性时,可识别的规范目的通常占据优越地位。所谓规范目的,是指立法者期望通过法典或具体的法律条文实现的保护利益或价值取

① [美]理查德·A.波斯纳:《法理学问题》,苏力译,中国政法大学出版社2002年版,第393—394页。

向。那么,如何寻找规范目的呢?德国学者齐佩利乌斯认为,在通常情况下,法律出台前的历史及其发生史为探求该法律所要实现的目的提供了重要的线索。如果在法律制定之前记载相关考虑的材料当中表达了具有多数公认力的正义观念和法律政治目标,则可以将其作为选择某一种解释的重要论据。有关法律目的的线索也可以在法律的序言、法律的上下文等地方寻求。此外,规范目的也具有时代性,当规范目的随着时代精神发生变化之后,可以依据占据主导地位的社会伦理观念对规范目的进行有限的修订。① 如刑法的规范目的就在于保护法益,在保护法益这样一个统一的规范目的之下,刑法具体罪刑规范的具体规范目的一般都指向具体的法益保护。

但是,在具体刑法条文的适用过程中,可能会面对多种规范目的存在的情形,该如何进行权衡规范目的的冲突呢?齐佩利乌斯进一步指出:"法应实现这样的目标,即促成特定法益的维护或实现,并满足对以此种法益为基础的利益(需要)。从而,(在解决法律问题之时)首先应尽可能全面地了解所涉及的各种法益;对于这些法益,所考量之决定可能对于其中一方会产生积极的效果,而对于另一方会产生消极的效果,然后分别确定这种效果对于各有关法益之'可欲性'或'不可欲'性。这一过程应以尽可能具有多数公认力的方式进行。"②如走私毒品罪的走私行为,刑法规制毒品走私行为,牵涉到两种规范目的,一为保护人民健康,二为保护国家对外贸易管制秩序。当行为人携带毒品已进入法律和地理上的境内,但是处于等待海关检查之前主动交代犯罪事实的时间段内,能否认定为犯罪中止?对该种情形的认定,就需要权衡上述两种规范目的。因为,行为人已经事实上入境,其携带毒品入境的行为已经对人民健康产生了抽象的危险,但是其正处于等待海关检查的状况又很难说其已经侵犯了国家对外贸易管制秩序,那么如何确定其是否处于犯罪既遂的状态呢?很明显,对于走私毒品罪而言,其具有更广泛公信力的侵害法益是人民健康,刑法规制走私毒品行为的规范目的中具有重要性的也应当是保护人民健康,因此,当行为人已事实上携带毒品入境,则应当依据其对人民健康所造成的抽象危险确定为既遂,自然没有成立中止的余地。

2. 禁毒刑事司法适用中正义原则的具体应用

在合法性的范围之内,适用禁毒刑事法律应以正义原则为指导,先进行形式平等上的建构,再依据规范目的对平等性进行正当性修正。

---

① [德]齐佩利乌斯:《法哲学》,金振豹译,法律出版社 2009 年版,第 71—73 页。

② [德]齐佩利乌斯:《法哲学》,金振豹译,法律出版社 2009 年版,第 85—86 页。

（1）正义原则在毒品犯罪侦查阶段的适用

正义原则在毒品犯罪侦查阶段的适用主要表现为选择性执法的排斥和过度滥用侦查权的排斥。就选择性执法的排斥而言，以盘查和搜查的发动为例，公安机关在进行盘查和搜查时，应遵循形式平等的原则，对具有相同违法行为的犯罪嫌疑人应当平等对待，不能无正当理由地任意选择盘查对象。比如，在同一辆车上，只要求持有外省身份证的乘客下车接受检查，并搜查行李，这就是一种违背形式平等原则的盘查、搜查方式。如英国学者所指出的："法律制度的内部公平要求，不论具体情况如何，对于具有相同的特点、根据这些特点法律将他们划分为同一类型的人，法律在适用时不能有所例外。在刑法的适用方面，这一点尤为重要。例如，如果关于惩罚偷窃行为的法律公平适用，那么，警察在追捕这个或那个嫌疑人时就应一视同仁，对这个或那个嫌疑人的犯罪事实进行认定的程序也必须明明白白的一样严格。在最终定罪之前，不得考虑任何个人方面的因素。"①公安机关以日常经验中获取的认识——外省人携带毒品的可能性更大作为选择性执法的前提，这是一种不合乎平等原则和法治原则的片面认识。因为，衡量一个行为人是否具有违法犯罪嫌疑，是需要针对特定的执法相对人通过具体的观察而得出是否合理的怀疑，而非是一种生活经验上的概率问题。即使按照概率的角度来思考，也应当是法律上的概率。

如美国联邦最高法院在 Reid V. Georgia 一案中即认为，警察不得仅仅因为某人行为符合"毒品走私者轮廓"②，即当然构成发动盘查的合理怀疑。合理的怀疑必须是个别化的，在特定案件必须有具体的怀疑，才能成立合理怀疑。③ 因为，法律赋予警察盘查的权力只是一种手段，是一种实现更大多数个体自由的手段，其根本目的还是为了通过盘查实现对违法犯罪行为的控制，进而保障或实现更大的自由。因此，盘查本身的正当性必须来源于其实现了更大的自由保障，也就是说，其以最小的侵犯公民自由和隐私的方式，保障和实现了更大的自由。作为国家而言，就是要在打击违法犯罪与保护公民隐私和自由之间实现一种平衡。

---

① ［英］彼得·斯坦、约翰·香德：《西方社会的法律价值》，王献平译，中国法制出版社 2004 年版，第 107—108 页。

② 所谓"毒品走私者轮廓"，是指执法机关依据其过去的执法经验，统计归纳毒品走私者常有的行为特质，若有人符合此行为特质，则可能为毒品走私者。在 Reid V. Georgia 一案中，被告人的下列行为符合"毒品走私者轮廓"：(1) 被告自毒源地出发；(2) 到达机场的时间非常早(因为警察较少)；(3) 企图向警察隐瞒与他人同行的事实；(4) 除肩包外别无行李。但是美国联邦最高法院认为，上述事实不构成不合理怀疑，对被告的盘查、扣押为非法行为。因为除了第(3)项以外，其余的各项事实，与一般旅行者的行为类型完全符合，而第(3)项事实，仅为警察有嫌疑的预感，并无任何特殊意义。参见王兆鹏：《美国刑事诉讼法》，北京大学出版社 2005 年版，第 246—247 页。

③ 王兆鹏：《美国刑事诉讼法》，北京大学出版社 2005 年版，第 246 页。

如果过度地倾向于打击违法犯罪，则会淡化乃至虚无化盘查和搜查发动的实质标准，使盘查和搜查的发动处于任意的状态，这实际上是一种对个体自由和隐私漠视的制度安排。当然，如果过度地保护个体自由和隐私，设置过于严苛的盘查、搜查发动标准，则又不利于打击违法犯罪。因此，遵循形式平等的原则，辅之以正当性发动理由的司法审查程序，把警察的盘查和搜查限定在对行为人有违法犯罪嫌疑的合理怀疑基础之上，才是警察权力合法性和正义性的保障。

此外，控制下交付或诱惑侦查等毒品案件中，警察对破案时间的任意选择也可能有悖于正义原则。在已经发现毒品犯罪后，在具备破获可能性的情况下，警察对案件进行延伸的范围可能会使原本停止在犯罪未完成形态的毒品犯罪变成犯罪既遂形态。当然，如果所有同类案件都进行延伸，并不违背形式平等原则。但是，如果是否延伸取决于警察的任意决定或者说无正当根据的随意决定，则可能产生不平等执法的正义危机。因此，必须建立对上述任意侦查行为的实质性限制机制，运用平等原则进行形式上的限制，任何突破形式平等原则的侦查行为或侦查方式都必须由警察进行实质上的合目的性的正当性说明。

(2) 正义原则在毒品犯罪定罪阶段的适用

禁毒刑事司法的中心环节——毒品犯罪的定罪阶段通过对证据的认定和事实的证明，对被告人作出是否有罪、此罪彼罪的终局性决定。因为，我国禁毒刑事立法关于罪名的规定比较概括和抽象，这就赋予了法官更大的自由裁量权。在合法性的边界内，正义原则主要表现为对法官自由裁量权的限制。与刑事立法的粗疏和概括相比，刑事审判才是实现立法最终对公民产生效力的环节。因此，即使立法存在概括和不周延之处，公正的司法也可以有效甄别正义的法律，在法律的范围内，以正义的目光审视事实与法律，作出符合正义原则的裁决。如有学者指出的："不公正的立法固然是一种弊害，但是，在未经最终适用于具体个案的处理之前，那弊害还只是潜在的，或者只是表现在一种符号意义上的；而一个以追求社会正义为存在基础的合理的司法官僚阶层却可以将立法上的弊害降至可能的最低限度。"[①]或者说，在相同的刑事立法基础上，定罪过程的正义与否，往往是法律威信是否得以建立的重要前提，也是能否准确合理适用刑罚的基础。

毒品犯罪定罪上的自由裁量权应当受到正义原则的限制。毒品犯罪刑事审判中定罪的过程主要包括犯罪事实的发现和法律规范的发现。毒品犯罪事实的发现过程与其他犯罪相比，最大的特殊之处在于，用以认定事实的证据往往比较

---

① 贺卫方：《司法的理念与制度》，中国政法大学出版社 1998 年版，第 3 页。

单薄。因为，毒品犯罪所具有的瞬间性、无直接危害后果性、隐蔽性决定了证据收集比较困难，而且这种取证的困难还衍生出非法取证方式，且其还在一定程度上存在。因此，在依据合法性原则对证据进行甄别后，应当对证据进行组合和分析，构建符合内心确信的案件事实。如我国台湾地区学者所言："发现实体真实，包含正反两种涵义：对于无辜的被告，只当裁判结果确认并开释无辜时，才是发现了实体真实，也才是实体正确；反之，对于真正的犯人，只当裁判确认其犯罪事实并依照刑法施加处罚时，才是实体真实与正确。所以，发现实体真实的完整意义是毋枉毋纵，开释无辜，惩罚罪犯，并不能将之片面地理解为有罪必罚。此种力求发掘犯罪事实真相，既不容罪及无辜，亦不许犯人逍遥法外的想法，导源于正义的观念，因此，也称为正义原则。"①从某种意义上说，对毒品犯罪案件事实的认定，需要一种客观中立的事实重塑，而非一种先入为主的有罪推定思维，在证据无法充分形成事实确信时，则不应当认定犯罪事实的存在，并以此武断地判定事实存在。如我国毒品犯罪案件中的箱包带毒行为，在审理过程中最成为问题的是其主观明知是否存在。从正义的原则来看，对该主观明知的举证责任在公诉方，这是刑事诉讼法中对所有犯罪举证责任的规定，不能因为主观明知难以举证就将证明不主观明知的责任转移给被告人，这有悖于法律的平等适用。此外，在公诉方无法提供充分证据对被告人的主观明知进行证明之时，审判者则应当居于中立的地位，将心比心地还原案件事实，看能否排除合理的怀疑，当怀疑无法被合理排除，则应当否定犯罪事实的存在。而且，这种合理怀疑的程度或者说事实认定的标准不仅要具有正当理由的说明，还应当得到一致性的适用。比如，相同的一个合议庭对两个证据相同的毒品犯罪案件分别作出犯罪事实有和无的认定，却没有任何正当性理由的说明，这就是一种有悖于正义原则的裁判。

在认定犯罪事实后，法官还需要发现与事实相应的法律规范，这个发现的过程实际上是一种解释法律规范的过程。如行为人携带手电筒运输毒品与行为人携带铅笔刀运输毒品，是否符合刑法中的"武装掩护"呢？在确定行为人实施了上述事实的基础之上，就需要发现该事实究竟是适用运输毒品罪的基本法条还是"武装掩护"的加重法条？正义原则对于发现法律规范的过程而言更具有重要性。因为，发现法律规范作为对法律规范进行的甄别和解释，在法律语词可能含义的边界内，很多时候仍具有多种可能性，这就需要法官进行选择和权衡，以发现法律语词的最恰当含义，然后进行法律规范与案件事实的比对。这个"最恰当"的含义就是正义原则适用的过程。如上述的携带手电筒和携带铅笔刀行为，

① 林钰雄：《刑事诉讼法》(上)，中国人民大学出版社 2005 年版，第 7 页。

从“武装”的语词可能含义来说，都属于武装的范畴。但是，从合目的性的角度来看，对于“武装”的多种可能含义则应当进行限制和收缩。从刑法设立“武装掩护”加重情节的立法目的来看，乃是认为在运输毒品这种抽象危险行为基础上，一旦附加了持有武器这种抽象危险行为，则会使运输毒品行为更可能实现和完成，同时也增加了一种新的抽象危险——持有武器行为。那么，作为抽象危险行为的持有武器行为应当是具有明显的、重大的杀伤可能性的工具，其实质标准应当是明显的、重大的伤害可能性，这种可能性来源于一般生活经验的概括和归纳。因此，从这个意义上说，携带手电筒、铅笔刀的行为应当根据合目的性标准排除出“武装掩护”的范畴。申言之，在毒品犯罪的定罪阶段，发现法律规范应当以刑法规制毒品犯罪的保护法益为基本径路，往返顾盼于事实和规范之间，寻求最为恰当的法律规范以对应案件事实。

(3) 正义原则在毒品犯罪量刑阶段的适用

量刑是指在认定犯罪的基础上，对于是否适用刑罚、适用何种刑罚的裁量过程。罪刑法定原则限定了量刑的边界，即在法定刑幅度内斟酌适用，这个斟酌的过程是法官自由裁量的过程。但是，法官在量刑上的自由裁量并非是无节制的，应当要受到正义原则的限制。在毒品犯罪的量刑过程中，正义原则对法官在自由裁量的范围内的限制具体表现为：

其一，同等情节适用同等刑罚。同等情节适用同等刑罚是对平等原则的贯彻，也是对个人尊严的尊重。因为，从个体和国家的关系来看，相对国家和法律而言，每个个体都被预设为是平等的，法律的区别对待是形式平等的例外，是需要实质、正当理由予以证成的矫正正义。因此，在没有充分的理由证成差异性刑罚适用的正当性之前，对于相同的情形给予相同的刑罚是正义的形式要求，也是唤起公众对司法认同的重要依据。如康德认为：“公共的正义可以作为它的原则和标准的惩罚方式与尺度是什么？这只能是平等原则。根据这个原则，在公平的天平上，指针便不会偏向一边。……这就是报复的权利。……他是支配公共法庭的唯一原则。根据此原则可以明确地决定在质与量两方面都公正的刑罚。所有其他的标准都是摇摆不定的，出于其他方面考虑的标准，都不包含任何与‘纯粹而又严格的公正判决’一致的原则。”[①]当然，康德所主张的绝对的刑罚适用是建立在个体无论具有何种不同，在法律评价上都应当具有抽象和具体的同等性，也就是说，除了其犯罪行为，其他任何情节都无损于其刑罚适用上的平等性。但是，刑罚适用上抹灭一切个体的差别除了能在理念上维护个体的抽象平

① [德]康德：《法的形而上学原理》，沈叔平译，商务印书馆1997年版，第165页。

等，在具体平等的方面，却有可能形成更大的事实上的不平等。如行为人家庭极为贫困，出于以贩养吸的目的，以市价贩卖10克毒品，与行为人为追求享乐而贩卖10克毒品相比，二者在犯罪行为的方式和法益侵害程度上都具有一致性，在相同的法定刑幅度内确定具体刑罚时究竟是区别对待更正义还是同等对待更正义呢？因此，形式平等对量刑的限制是一种理念和原则的限制，是一种推定和预设的限制，如果确实具有更合刑罚目的性的实质理由，则应当承认这种实质标准对形式平等的修正，以求符合"相同情节相同刑罚"的反面含义——"不同情节不同刑罚"。

其二，不同情节不同刑罚。不同情节不同刑罚是实质的平等原则，是实质刑罚正义的体现。问题在于，在毒品犯罪的量刑过程中，何种情节可以作为实质标准并进而矫正形式平等原则呢？除了法定情节之外，更值得思考的是哪些酌定情节可以成为刑罚适用的实质参考标准。笔者认为，还是应当回到合目的性角度进行考虑。在对毒品犯罪进行刑罚的自由裁量时，主要考虑那些影响到侵害法益程度的情节，如毒品的纯度、毒品距离终端消费市场的远近等。就毒品的纯度而言，在相同数量的情形下，纯度越高的毒品自然能产生对于人民健康更大的抽象危险。就毒品距离终端消费市场的远近而言，越接近吸食者的毒品犯罪行为，距离人民健康的危险就越迫切。因此，牟利多少、运输路途远近等因素则不应当成为酌定的量刑情节，因为，是否牟利、运输多远对于刑法规制毒品犯罪的保护法益——人民健康并不产生直接的影响。另外，从刑罚的预防目的角度来看，毒品犯罪行为人的主观恶性、犯罪动机等影响再犯可能的情节也可以作为实质标准对形式平等进行修正。

总之，在禁毒刑事司法适用中，司法者应当以正义原则为指引，以人道主义为内核，以罪刑法定为边界，摒弃偏见，回归常识，客观中立地定罪量刑，才能获取社会的认同和公众对司法权威的服从，也才能从根本上推进刑事法治和刑事正义的实现。

第五章　陷阱抑或曙光

——犯罪化与合法化之间的博弈

自1979年刑法制定以来，围绕毒品尚未得到有效遏制的问题，存在两种截然不同的观点。第一种观点认为，应当进一步延伸刑事管制的范围，将吸毒行为进行犯罪化，运用刑罚手段覆盖毒品的种植、制造到最终消费的整个过程；第二种观点认为，毒品作为一种具有依赖性的特殊商品，应当对其进行合法化或部分合法化。上述两种观点在我国改革开放以来的30年禁毒实践中，都或多或少影响了我国的禁毒政策、禁毒法律的制定、运行和实施。回顾30年间的中国禁毒，在犯罪化与合法化之间的博弈和角力背后，折射出的却是家长主义与个人主义的立场选择、权力与权利之间的暧昧界限。因此，毒品问题在一定程度上已不是一个法律问题，更是一个政治、社会、经济问题。因此，对于30年禁毒中的合法化与犯罪化思潮进行深入探讨，有助于揭示纠结其中的各种利益、各种理念，也有助于思考我国禁毒刑事规制的未来走向。

第一节　吸毒行为犯罪化的进路与辩驳

一、犯罪化的基准

犯罪化是相对于非犯罪化而言的概念，是指将原本不是犯罪的行为在法律上作为犯罪，使其成为刑事制裁的对象。[①] 将一种行为作为犯罪处理，是国家权力的最强烈表达，体现了国家对个体行为的最大干涉和限制。但是，法治社会的理念却要求任何对公民行为的刑事干涉都应当进行形式上的合法和实质上的证成。形式上的合法性是罪刑法定原则的应有之义，只有刑法明文规定的犯罪行为才可能受到刑事处罚。实质上的证成则是国家目的的要求，国家是为了保护和促进公民的自由、发展而存在的，而对某种行为的犯罪化则是对公民自由和权利的一种限制或禁止，必须证成这种禁止或限制是服务于国家的目的，也就是

① ［日］大谷实：《刑事政策学》，黎宏译，法律出版社2000年版，第85页。

说，对某种行为的犯罪化有助于更大程度、更大范围地实现国家对公民自由、权利的保障。如果没有这样一种正当化的证成过程，则违背了法治国理念和人民主权原则，是一种专制国家的武断干涉行为。因此，犯罪化的基准可以认为就是犯罪化的正当化理由，不同的正当化理由背后实际上是不同价值立场的表达，具体表现在刑法中，犯罪化的基准就是犯罪本质的问题。也就是说，一个行为究竟是出于何种特征而被作为犯罪进行惩罚？在此问题上，最重要的对立在哲学基础上表现为家长主义与个人自治之间的对立，在犯罪本质上表现为伦理维持与法益侵害之间的对立，在价值立场上表现为道德至上与自由至上的对立。

（一）家长主义与个人自治

家长主义，亦称父权主义，指“国家立于知识与伦理的优越性，以具有先见之明的保护者之姿，透过强制、干涉的方式，来保护个人的利益”。[①] 家长主义思想建立在这样一种假设之上：国家有责任、有能力引导公民按照国家设置、期望的方式生活。在法律领域的家长主义具有三个特征：其一，法律家长主义的目的是为了相对人的福利、需要和利益，具体可分为两种情形，一是阻止他自我伤害，二是增进其利益；其二，法律家长主义的措施必然是不同程度地限制相对人的自由或权利。这就是所谓的国家或政府的“强制”；其三，法律家长主义的措施在客观上亦产生有利于公共利益的效果。法律家长主义与公共利益或公共福祉和社会连带之间存在“剪不断，理还乱”的关系。有些法律或政策的规定，从社会的角度来看是公共福祉，从个人的角度来看，则是家长主义的。[②] 但是，家长主义与个人自治之间总是会存在一定的冲突，在冲突产生之时，如果以更周全的保护社会利益或社会道德为由，对个人自由进行限制，这种方式本身可能引发对极权主义的焦虑。因为，国家作为道德、国家利益、社会利益的最重要解释和界定者，国家权力本身就存在着滥用的可能性，一旦把国家干涉公民自由的标准确定为道德、国家、社会利益这样一些模糊而宏大的标准，则可能诱发国家过度的家长主义热情，从而过度地介入个人生活和个人自由。

特别是对于具有完全自主决定能力的成年人，国家即使是处于更周全保护其个人利益的考虑，能否运用强制手段，特别是刑罚手段，干预或介入个人对其自己生存样态和生活方式的选择，这不得不说是个问题。如密尔指出：“人类之所以有理有权可以个别地或者集体地对其中任何成员的行为自由进行干涉，唯一的目的就是自我保护。权力能够违背文明共同体任何成员的意志而对他进行

① 王皇玉：《刑罚与社会规训》，元照出版公司 2009 年版，第 133 页。
② 孙笑侠、郭春镇：《法律父爱主义在中国的适用》，《中国社会科学》2006 年第 1 期。

正当干涉的唯一目的，便在于防止他对于他人的伤害。他自己的利益，不论是物质的还是道德的，都不足以成为充足的理由。他不能因为那样做对他来说是明智的，或者甚至是正确的，而被强迫去做或者不做某事。……要使强迫正当，必须是它想要加以威慑的他的行为将会对他人产生祸害。任何人的行为，他对社会负有责任的部分只能是那些与他人相关涉的行为。在仅仅涉及自身的部分中，他的独立性是绝对正当的。对于他自己，对于他自己的身心，个人便是最高统治者。"[①]密尔的理论基础在于国家并无超出个人权利、个人自由保障之外的独立于个人的特殊目的和功能，因此，国家的存在和国家权力的范围应当限定在个人自由的保护，而不是要求或强制个体按照一种规定的"幸福"或"道德"的生活方式生活。

在家长主义与个人自治的权衡之中，必须明确的是，作为现代国家的合法性来源就在于公民的授权，这种授权是一种消极性的自我保护授权，而非一种积极性的自我实现授权。因为，从历史经验来看，把个体对于国家的授权限定在保护个体免受侵害的范围之内，更有利于公民的权利免受国家权力的过度干预。而作为自我实现而言，其在很大程度上取决于个体的自我理解和自我定位，很难有普遍性的标准和样本作为指导原则，况且，提供这种标准或样本的国家权力容易被统治者滥用，进而使法律成为强制推行道德的工具。因此，尽管在某些场合，家长主义可能确实能够实现对个体利益的更大保护，但是，特定场合以个人自治为成本实现的个体更大利益并不能解决个体自治对于个体多样性和个体自由的普遍保护和尊重。

（二）刑法上的必要性与谦抑性原则

一个行为是否能够进入刑事立法视野成为犯罪，还需要检讨其必要性是否存在，并在确认必要性的基础上，比照刑法的谦抑性原则进行评估和衡量。但是，刑法上的必要性存在伦理维持和法益保护两种学说，学说的争点在于严重道德违反行为是否可以作为犯罪规制，即使其不具有法益侵害性。当然，从人民主权和依法治国的理念出发，刑法的功能应当是限缩的，而非扩张的，而且把伦理维持作为刑法的必要性标准，基于伦理本身的含混性和不明确性，是不利于限制国家权力、保护个体权利的。因此，把刑法发动的必要性确立为法益保护，更符合刑法的保障功能，也符合法治国家的根本宗旨。那么，刑法既不应当单纯保护道德，也不应当单纯保护秩序，而是将自身的保护对象限定在对法益的保护上。因为，单纯违反道德的行为，事实上是一种有悖于统治者对道德的叙事或定义的

---

① ［英］约翰·斯图亚特·密尔：《论自由》，于庆生译，中国法制出版社2009年版，第14页。

行为，更多只是一种对于思想性目标的攻击或背离，对于其他个体、社会和国家的有价值的利益并不存在侵害。同样，单纯违反秩序的行为，因为"这类规定保护的不是已经存在的财富，而是仅仅用于支持维护公共秩序和福利任务的法规，所以应当作为在道德上无色彩的不服从行为，也就是单纯的违反秩序行为，仅仅使用非刑事惩罚的手段加以制裁"①。此外，对于和社会一般观念相比具有明显、严重背离的反道德行为，在欠缺法益侵害的场合，也不应当将其作为刑法发动的必要性条件。因为，即使是重大道德背离行为，也是符合个人自由和个人尊严的，而利用刑法强制推行道德，则不符合多元社会中思想的多元性和价值的多元性。

当某种行为具备了刑法发动的必要性，也就是具有了某种刑法关心的法益侵害，则需要根据刑法的谦抑性进行进一步的甄别。刑法的谦抑性包括刑法的不完整性、补充性和宽容性。所谓不完整性，是指刑法并不介入社会生活的每个角度；所谓补充性，是指刑法应当是保护法益的最后手段，或者说不得已的手段；所谓宽容性，是指刑法对于已经构成犯罪的行为，可以根据社会秩序的维护需要，斟酌决定处罚或不处罚。② 特别是作为刑法谦抑性的核心——刑法的补充性，在犯罪化的过程中具有更加重要的意义。因为，刑法作为最严厉的社会控制手段，不可避免在发动和实施的过程中会带来一定的负面价值，这种负面价值也就是刑法发动的社会成本。为了克服和减少刑法实施的负面成本，则应当把刑法作为最后的手段，不得已的手段，只有在穷尽其他社会控制手段也不能有效控制的情况下才能运用刑法。因此，刑法的谦抑性就意味着并非所有具有刑法必要性的行为都应当进行犯罪化并惩罚，而是有选择地限缩刑事法网的范围。具体而言，这种谦抑性还可以表现为犯罪化成本与收益的衡量，包括刑法手段与其他社会控制手段的效益比较，也包括不同刑罚手段的效益比较。只有其他手段在充分发挥的情况下仍然不能实现控制的高效益，而刑法手段则可以实现较高的效益，方可以进行犯罪化。

二、吸毒行为犯罪化的依据何在

（一）吸毒行为犯罪化的主要学说及初步辩驳

自 20 世纪 90 年代以来，我国出现了吸毒犯罪化的呼声。支持吸毒行为犯罪化的观点一般认为，将吸毒行为犯罪化一方面是其具有严重的社会危害性，另

① ［德］克劳斯·罗克辛：《德国刑法学总论》，王世洲译，法律出版社 2005 年版，第 13 页。
② ［日］大谷实：《刑事政策学》，黎宏译，法律出版社 2000 年版，第 85 页。

一方面，将吸毒行为犯罪化可以遏制或阻止吸毒行为的蔓延。如有论者指出，在我国的司法实践中，吸毒在客观上为走私、贩卖、运输、制造等毒品犯罪提供了基础，同时也成了诱发盗窃、抢劫、诈骗等刑事犯罪的重要原因。[①] 另有论者指出，未将吸毒行为规定为犯罪不利于禁毒斗争。因为，法律没有规定吸毒罪则无法使吸毒者在心理上产生法律威慑力，对于社会上一些意志薄弱的人无法起到警戒、预防的作用。不仅不利于全面贯彻禁毒的立法精神，而且不利于法律条文的内部协调统一，同时也不适应同毒品犯罪作斗争的需要，不利于国际间反毒品的合作。[②] 还有论者认为，我国已批准了《经〈修正1961年麻醉品单一公约议定书〉修正的1961年麻醉品单一公约》、《1971年精神药物公约》、《联合国禁止非法贩运麻醉药品和精神药品公约》等禁毒国际公约，那么，"根据《联合国禁止非法贩运麻醉药品和精神药物公约》第3条第2款的规定，各缔约国应在不违背其宪法原则和法律制度基本概念的前提下，采取可能必要的措施，在其国内法中将违反《1961年麻醉品单一公约》、《经修正的1961年麻醉品单一公约》、《1971年精神药物公约》的有关规定，凡故意占有、购买麻醉药品或精神药物以供个人消费的行为，确定为刑事犯罪。我国既然加入了上述国际公约又没有对该条款作出保留，那么我国就有义务履行通过立法将吸毒规定为犯罪的国际义务。而反观我国现行禁毒立法，吸毒非犯罪化的立法处置显然违背了我国所应承担的国际义务，这对于提高我国禁毒工作的国际声誉是不利的。"[③]概括起来，支持吸毒行为犯罪化的依据主要包括三个方面：吸毒行为具有严重的社会危害性；吸毒行为犯罪化有利于遏制吸毒行为的蔓延；吸毒行为犯罪化是我国的国际义务。但是，从法益保护的刑法目的观来看，决定一种行为是否进行犯罪化的首要依据是要考察其侵害了何种法益，只有具有法益侵害的行为才有必要进行犯罪化。从这个意义上来说，上述支持犯罪化的三个论据中，只有第一个论据可能与法益侵害性具有关联性。

吸毒行为犯罪化有利于遏制吸毒行为的蔓延这样一种论证路径，是一种严刑威慑的思维模式，不能作为犯罪化的正当依据。

首先，吸毒行为是一种自主决定的具有依赖性的行为，要实现彻底的戒断是很困难的，特别是在毒品可以方便获取的环境中。那么，在吸毒者可以获取毒品的环境下，即使是犯罪化甚至是严刑峻罚，也未必能够获取有效减少或遏制吸毒行为的实证效果。如美国学者帕克所指出的："严厉的惩罚对那些生活在贫民窟

---

① 杨鸿：《毒品犯罪研究》，广东人民出版社2002年版，第284页。

② 崔敏：《毒品犯罪发展趋势与遏制对策》，警官教育出版社1999年版，第320页。

③ 魏东、邓立军：《吸毒行为犯罪化：比较研究与立法借鉴》，《犯罪与改造研究》2003年第9期。

中的一贫如洗、精神空虚的人也不起作用，他们的生活朝不保夕，无所打算，喜悦和满足瞬间即逝，或者根本就不存在，如果他确实停下来想一想，那么他就会得出这样的结论，即无论发生什么都不会比他目前这种状态差到哪里去。”[①]我国有学者也认为，尽管我国从 20 世纪 80 年代以来，对吸毒成瘾者采取了性质和方式类似于刑罚手段的劳动教养或强制戒毒措施，但是，这种类刑罚的特殊强制措施的效果也只是体现在强制羁押期间。一旦吸毒者走出劳教场所或强制戒毒场所，基本上都会复吸，到现在强戒后的复吸率也维持在百分之九十五左右。[②] 因此，可以推测的是，劳动教养和强制隔离戒毒都无法有效阻止吸毒行为的话，刑罚也无法对吸毒行为形成有效威慑的情况下，对吸毒行为进行犯罪化的依据是可疑的。

其次，对于吸毒行为的规制，可以通过行政手段进行有效解决，运用刑罚手段解决不符合刑法的补充性原则。吸毒行为的产生，有其非常复杂的经济和文化原因，针对这些原因的解决手段，更有利于控制和减少吸毒行为。如教育手段，拓宽美沙酮等毒品替代品的应用范围、免费自愿戒毒制度等，都能在一定程度上减少吸毒行为以及吸毒行为衍生的间接危害。假设，美沙酮等毒品替代品的维持治疗能够在全国普遍推广，并取消经济状况、户籍等人为因素的限制，任何公民只要是吸毒人员均能够就近安全、免费获得美沙酮，则可以有效解决鸦片类毒品吸食者购买毒品的经济压力，大幅度减少为筹措毒资引发的财产性犯罪，同时也能够有效地减少吸食不安全毒品所带来的因杂质、成分不明所导致的健康风险。

最后，从犯罪化的成本来看，现有刑事司法资源根本无法完成惩罚吸毒行为的任务，这就会导致法律时效和法律信仰的解构。因为，在无法充分发动刑事司法资源对于发现的吸毒行为进行全面刑事惩罚时，对吸毒行为进行犯罪化只会导致选择性执法成为对吸毒行为的主流执行方式，从而使法律的确定性和执法机关的公信力处于岌岌可危的状态。

(二) 吸毒行为社会危害性的质疑

支持吸毒行为犯罪化的观点一般把毒品犯罪的侵害法益界定为国家对毒品的管制，并以此路径出发，认为吸毒行为和走私、贩卖、运输、制造毒品罪一样，都侵犯了国家对毒品的管制。但是，“国家对毒品的管制”只是一种理念上的禁止，是一种法律拟制的秩序，与法益本身并无关联，可以说，管制本身并不是适格的

---

① [美] 哈伯特 L.帕克：《刑事制裁的界限》，梁根林等译，法律出版社 2008 年版，第 337 页。
② 夏国美：《社会学视野下的新型毒品》，上海社会科学院出版社 2009 年版，第 188 页。

法益,而是法益原则所排斥的秩序。因为,从管制的含义来看,只是表达了一种国家禁止的姿态和意愿,并无法揭示国家之所以要禁止某种行为的原因,而这种原因才应当是法益。从论证逻辑上,把国家禁止毒品的现实状态作为国家禁止毒品的原因,是一种欠缺正当性叙事的为了禁止而禁止的武断宣告,是一种以义务违反为内核的犯罪本质观的自然流露。

所谓义务违反的犯罪本质观,是一种与法益侵害相对的犯罪本质观,其建立在父权主义、国家主义的基础之上,强调国家利益的独立性和优越性,忽视个体权利和利益的保护。如德国学者所言:“国家不再表现为构成国家之个体的算术式集合,而是表现为个体、团体和阶级的结果、综合和联合,他们都具有了自己的生命、自己的目的、自己的需求和利益,而根据其广度和长度,所有这些又超越了个体、团体和阶级的生命,而且扩展延伸至过去、现在和未来的世世代代人的身上。”①把对国家毒品的管制制度作为毒品犯罪的客体,是一种预设了国家具有超越个人性和优于个人性前提的思想的延伸。但正如德国刑法学大师李斯特所云:“一切法律均是为了人的缘故而制定的。制定法律的宗旨就是为了保护人们的生存利益。”②任何刑罚都是对个人自由或权利的剥夺或限制,必须要有充分的理由或严格的依据,不然刑法的补充性和不充分性无法体现,甚至会沦人纯粹作为压制工具的境地。因为我国是社会主义国家,所有权力都属于人民,人民才是国家和社会的主人。所以,对于任何个人的自由的限制和剥夺更必须具有充分的理由和依据。也正基于此,必须与义务违反论这种有极权主义作支撑的犯罪本质观划清界限。③

至于吸毒行为犯罪化学说关于吸毒行为的具体社会危害性描述则只是一种衍生危害,并非吸毒行为本身的侵害性所致的危害,不能够作为吸毒行为的侵害法益。如诱发犯罪、社会财富减少等问题都不是吸毒行为所导致的直接法益侵害,吸毒行为只不过成了上述行为的一种可能的诱因或动机,如同追求享乐、炒股炒楼一样,都会诱发犯罪或导致社会财富的减少,甚至进一步衍生社会治安不稳的结果。但是这样一种作为诱因的可能性与损害后果之间的关联是一种政治叙事,而非一种法治国意义上的刑法正当化证成。正如卖菜刀给别人的行为也可能诱发故意杀人行为,但是不能认为卖菜刀的行为因为其可能导致杀人行为的发生而具有严重的社会危害性,甚至应当作为杀人行为的支撑行为要对杀人的后果承担刑法上的责任。

---

① [德] G.拉德布鲁赫:《法哲学》,王朴译,法律出版社 2005 年版,第 166 页。
② [德] 李斯特:《德国刑法教科书》,徐久生译,何秉松校,法律出版社 2000 年版,第 3 页。
③ 高巍:《贩卖毒品罪研究》,中国人民公安大学出版社 2007 年版,第 52—53 页。

三、吸毒行为与“自伤不罚”

从刑法的行为方式上判断，吸毒行为可以归类为自伤行为。因为行为人明知其吸食毒品的行为会对自身健康造成伤害，仍然实施这样一种行为符合故意自我伤害的行为方式。自伤行为是对行为人之个人法益的自我侵害，在没有同时侵害其他法益的时候，能否对其进行犯罪化呢？

(一)“自伤不罚”

自伤不罚原则源于个人主义和个人自治的思想。因为，刑罚权是为了保护个体自由和个体尊严而存在的，个体的自由和个体的尊严在根本上表现为个体自主决定自己的生活、自主处置自己的权利，如财产、健康、生命等个人赖以存在的基本权利的处置方式应当属于个体，否则的话，个人自由和个人尊严就成为一句空话。个人自治的思想脉络可以追溯到康德的个人自律原则。康德曾经指出：“人是一个具有实践理性能力的存在者，一个意识到他的选择是自由的(他是一个人)的存在者。在他的自由意识中，在他的情感中，他是理解他所受到的公正或不公正以及他给予别人的公正或不公正的；因此，他认为自己是应当服从义务法则的，不管他对义务法则的了解是否清晰。”[①]在康德看来，个体的自律是一种个体对道德法则的服从，而道德法则即为个体内在的尺度，是个体发自内心的自愿遵守的准则。因为，与他律相比，个体的自律准则在各种准则或秩序中具有最高位阶的地位。因此，康德指出：“道德法则不表示别的，只表示纯粹实践理性的自律，也即表示自由的自律，这种自律本身就是一切准则的形式方面的条件，一切准则唯有在这个条件下才能符合最高实践法则。……意志的自律是一切道德法则所依据的唯一原理，是与这些法则相符合的义务所依据的唯一原理。反之，任意选择一切的他律不但不是任何义务的基础，反而与义务原理，与意志的道德性，相互反对。”[②]

因此，在不涉及对他人侵害的场合，个体处置自己的健康甚至是生命，如果是出于发自内心的自愿行为，也是一种服从内心的自我决定，只不过这种决定是一种非理性的自我否定行为。但是，从康德学说的引申含义出发，自杀、自伤等行为，尽管违反了个人在道德上的对己义务，至多也只能给予道德上的责难，原则上不能运用法律进行惩罚。首先，法律尽管能够通过其强制力强迫个体履行一定的义务，但这种外在强制力却无法强制行为人内心形成自愿履行这种义务

① [英]韦恩·莫里森：《法理学》，李桂林等译，武汉大学出版社2004年版，第149页。

② [德]康德：《实践理性批判》，关文运译，商务印书馆1960年版，第34页。

的个人自律信念。其次，刑罚对个体行为的干预只能在个体对他人的行为造成侵害的时候，才具有正当性。[①] 因为只有侵害他人才是一种罪行或罪恶，也只能因为这种罪恶本身才能进行惩罚，因为这种对他人的侵害破坏了他人的自主而违背了对他人的义务。如康德所指出的："法院的惩罚绝对不能仅仅作为促进另一种善的手段，不论是对犯罪者本人或者公民社会都是如此。惩罚在任何情况下，必须只是由于一个人已经犯下了一种罪行才施加于他。因为一个人绝对不应该仅仅被作为一种手段去达到他人的目的……刑法是一种绝对命令。不能根据法利赛人的格言'一个人的死总比整个民族被毁灭来得更好'，于是要求犯罪者爬过功利主义的曲径去发现有些什么有利于他的事，可以使他免受公正的惩罚，甚至免受应得的处分。如果公正和正义沉沦，那么人类就再也不值得在这个世界上生活了。"[②]因此，从自律原则引发出的自伤不罚原则禁止惩罚单纯的自伤行为，把刑法惩罚自伤的边界限定在同时损害他人的范围之内。

申言之，自伤不罚原则不仅因为符合个人自律和个人自治而具有道德上的正当性，而且，从法益侵害的角度来看，其处置的是自己的法益，这种对于自己法益的自愿处分，是个体对自己法益的刑法保护的放弃，国家在原则上没有权力介入个体自治的领域，这也是对个人自由和个人尊严的尊重。此外，"从刑事政策的观点来看，处罚自杀或自伤之人，并不会因为处罚的存在而吓阻其自杀或自伤的动机。即使个人果真放弃自杀或自伤之行为，绝大多数是基于其他动机或理由，鲜少是因为受慑于刑法处罚规定。"[③]因为，一个人出于自杀或自伤的目的，其内心对于刑罚的制裁往往已无所畏惧，或者说，当行为人对于自己的生命权或健康权都执意放弃，刑罚对其的威慑基础自然也就消失了。在现代社会，最严厉的刑罚手段不外就是剥夺生命和剥夺自由，当惩罚的强度注定低于自杀或自伤行为时，威慑的效力自然就趋于模糊和暗淡。

（二）"自伤不罚"视野中的吸毒行为

从吸毒行为的本质来看，其就是一种自伤行为，即行为人认识到毒品对自身健康的危害性，但坚持吸食毒品，如同行为人吸烟、酗酒一样，都是一种自我伤害身体的行为。从法益侵害的角度来看，刑法保护的健康法益已为行为人自主放弃，只要这种放弃是基于自主决定能力状态下的决定，其行为就欠缺刑法发动的必要性。特别是对于吸毒成瘾的个体，其自主决定能力在一定程度上因为毒品的生理依赖性和心理依赖性而可能有所降低，这种因毒品导致的决定能力减弱

---

① 王皇玉：《刑罚与社会规训》，元照出版公司2009年版，第129页。

② ［英］韦恩·莫里森：《法理学》，李桂林等译，武汉大学出版社2004年版，第155页。

③ 王皇玉：《刑罚与社会规训》，元照出版公司2009年版，第129—130页。

或丧失更使毒品吸食行为的主观故意也变得模糊，其道德上的内在义务的违反也无从认定，这样的话，对这些严重依赖毒品的行为人连道德谴责也没有正当依据。如有学者指出："许多人认为吸毒是一种不良行为，是道德衰败、意志力薄弱的表现，随着现代科学的发展，对药物依赖（吸毒）和发病机制不断深入，科学界对吸毒行为的疾病观念已成共识，认为虽然最初吸毒是个人自愿选择的行为，一旦成瘾就发展成一种慢性复发性脑病。同许多其他慢性疾病如高血压、精神分裂症、抑郁症一样，药物依赖的病因和发病机制十分复杂，是社会、心理和生物学因素共同作用的结果，虽然社会环境、家庭背景、生活方式、心理因素和人格特征在这些疾病中起着重要的作用，但生物学因素如遗传、神经递质、神经核团、神经内分泌等在吸毒中的作用同样不可或缺。"①因此，在某种意义上，严重依赖毒品的吸食者已成为病人，是需要治疗的对象，而非谴责或惩罚的对象。

对于初次或偶然使用毒品，未达到上瘾程度的行为人，根据自伤不罚的原则，对其的惩罚根据只能是在自伤的同时，对于他人也具有伤害性。这就是"他伤不法"或"危害原则"的应有之义。如密尔所指出的："当一个人之行为的任何部分只要对他人的利益造成了有害的影响，社会便有对它的裁判权。"②"他伤不法"是一种指向法益保护的刑罚发动原则，因此，对他人的伤害既包括对他人个人法益的侵害，也包括对超个人法益的侵害。如我国刑法规定的战时自伤罪，即是属于行为人在自伤行为的同时，也侵害了国家法益的情形，国家运用刑罚手段对战时自伤行为的惩罚正是着眼于其对国家法益的侵害，因为这种自伤行为对于国家安全和领土完整构成了一种抽象的危险。

有德国学者正是从吸毒行为对超个人法益的侵害角度立论，试图证成吸毒行为犯罪化的正当化依据。论者认为，个人因为吸毒所造成的身体和健康的伤害，将衍生出个人生产力以及生存能力的丧失的问题。因为，个人生产能力和生存能力的丧失，一方面会进而造成社会整体的生产力与生存能力降低乃至消失，另一方面也会造成其他健康人口沉重的负担。因此，可以认为吸毒行为侵害了"国家维持一个有生存能力的社会，以及一个健康的公民状态之利益"。③ 我国也有学者从民族存亡的高度论及吸毒的危害性，"毒品的泛滥不仅仅危害个人和家庭，它还危害社会健康的肌体，事关国家和民族的安危。因为，任何社会，一旦毒品泛滥，这个国家的人力孱弱、国力匮乏，就将失去抵制列强入侵的能力；同时，如果一个国家的吸毒问题得不到有效的控制而不断蔓延，那么这个民族不用

① 林化宾：《痛击毒魔——禁毒理论与实践》，上海社会科学院出版社 2006 年版，第 47 页。
② ［英］约翰·斯图亚特·密尔：《论自由》，于庆生译，中国法制出版社 2009 年版，第 115 页。
③ 王皇玉：《刑罚与社会规训》，元照出版公司 2009 年版，第 141 页。

任何外力征服就可能会自己垮掉,毒品将导致家破国亡决不是危言耸听。”[①]民族存亡是一个政治叙事的概念,其可能涉及的具体法益为国家法益,也就是国家对于社会共同生活的功能和存续能力这种利益的保护。无论是国家维持一个有生存能力的社会的利益,还是国家健康机体的存续利益,都是一种超个人的法益,而且处于超个人法益与社会伦理之间的模糊地带。因此,对于这种极具抽象性和精神性的超个人法益的保护,刑法需要极其慎重,否则就很容易脱离刑法的法益保护边界,从而进入社会伦理维持的领域。

国家运用刑法对于社会和个体的保护,通常是应当集中于个人的基本权利和基本利益,并在此基础上审慎甄别和权衡超个人法益的保护范围。特别是社会有机体健康或国家生存能力这样距离个体核心权利比较遥远的利益或价值,是经历了层层想象和推定而形成的具有精神化特征的利益,更需要谨慎对待。如有学者所指出的:“想象法益由于常与侵害或行为客体脱离,或是行为客体不确定,或又是根本欠缺行为客体,故其概念之内涵较不易掌握。前段所述想象法益之概念,受到批评之处,在于定义空泛,或者是看不到受害人的踪影。故有关保护想象法益之刑事立法,宜审慎为之,俾免危及罪刑法定原则及法安定性,而丧失立法之正当性。”[②]因为,当大量的想象性的宏大法益成为刑法发动的基础时,则无法在法益与伦理甚至是专断的精神利益之间划出哪怕是一条大概的边界。那么,刑事立法的发动自然无法限定在保障个体自由和权利的范围之内,会对法治国理念下公民对个体行为的危害性产生混淆甚至是虚幻的判断,不利于扩大个体的自由和权利,更不利于有效遏制国家发动刑罚推行某种没有具体内含的价值或精神利益。

因此,即使承认超个人法益的存在,也应当将对其的刑罚保护限定在这种超个人的想象法益与个体的具体法益存在密切的关联之范围内。如德国学者所指出的:“刑法在什么范围内处于这样一种境地,需要以其传统法治国的自由的全部手段,其中也包括法益概念,来克服现代生活的风险(例如以核材料的、化学的、生物的或者遗传技术方式造成的风险)。这个问题经常被否定,并且要求考虑排除产生这种风险的社会原因的必要性,所以,人们在这个领域内,肯定无法完全放弃刑法的干涉。但是,在运用刑法与风险作斗争时,必须保护法益关系和其他法治国的归责原则。在无法做到这一点的地方,刑法的干涉就必须停止。

① 向春玲:《从民族生存高度认识毒品危害》,《文汇报》2006年6月26日。
② 高金桂:《利益衡量与刑法之犯罪判断》,元照出版公司2003年版,第45页。

'为刑法提供的空间，仅仅是能够把风险决定看成是具体正义之处。'"[1]因此，社会机体健康和社会生存能力这样的想象性的超个人法益的保护，只能在其与个人法益具有密切关联性之处进行保护。

那么，这种密切关联性是否可以在吸食毒品行为中得以发现呢？从个人吸食毒品的目的和动机来看，一般是为了逃避社会和现实，或者是出于好奇和追求沉醉感，行为人对自己行为、对社会生存能力和社会机体健康的认知，或者模糊，或者缺失。而追求沉醉感或愉悦感是属于人的生物本能范畴，每个人对于欣悦的追求都是一种价值上中性无色的行为，只是这种追求不得以伤害他人为条件。正如懒惰、颓废、沉迷电玩一样，都是一种行为人的自主选择，可能都会在某种想象中对于国家和社会的生存能力造成可能的影响，但这种影响是现代社会所必须承受的。因为，从人民主权的立场上看，是人民选择了国家，而非国家以一种模型塑造人民。

此外，就社会生存能力和社会机体健康而言，作为个体是否有法律义务约束或改造自己的行为方式和生活方式，去附和、促进社会生存能力和社会机体的健康，也值得思考。善良的生活、积极的生活只是一种道德上的要求，是一种父权主义思想对公民生活的支配思维。但是，刑法是一种外在的强制，不应深入到行为人的意念和内心世界去强迫行为人成为一个对社会有益的人，刑法只能把自己的触角限制在行为人的行为对他人有害的范围内。不然，就混淆了道德与刑法的边界，也在事实上使刑法陷入了一种无法有效实施的境地。如有论者认为："我们在道德上或可呼吁个人应该尊重自己的主体性，不要从事使自己主体性与自我决定能力丧失的非理性行为，要使自己'活得像个人'。然而在法律的领域中，尤其是在刑法领域中，要求'人应该使自己活得像个人'的命题，却无法作为一个强制规范的前提要件。因为每一个人的人生观、价值观均不相同，所追求的幸福、快乐也不相同。因而对于如何才算是'活得像个人'的定义，也不可能一致。从而，如果在刑法中规定一个人在行使自由权的时候，应该加以保护、爱惜自己生命、身体、健康的方向为之，否则刑法将介入并加以处罚，则这样的规定，不仅会面临到对'自由'、'健康'等概念该如何下定义的问题，更与自由法治国所追求的价值秩序，亦即尊重个人人格自由发展的诉求相违背。"[2]

况且，即使认为吸毒行为确实可能使其亲属感到痛苦，也为国家增加了负担，但这种负担和痛苦与作为个人法益的具体利益之间并没有密切的关联性，不

---

① ［德］克劳斯·罗克辛：《德国刑法学总论》，王世洲译，法律出版社 2005 年版，第 19 页。
② 王皇玉：《刑罚与社会规训》，元照出版公司 2009 年版，第 138 页。

能以这种痛苦和负担的存在作为惩罚发动的现实法益。因为,一方面,就个人而言,是否感受到他人行为所衍生的情感上的痛苦,并不是一个刑法发动的正义标准。因为个体在生活中本就应该接受一些痛苦。就国家而言,施加刑罚并不是为了赤裸裸的情绪的满足。[①] 另一方面,社会机体健康和国家生存能力都具有强大的代偿性,并处于一种变动不居的状态。部分个体基于其个体自主决定的行为在静态上看,可能会影响社会集体的健康和社会生存能力,但是社会的不断运动和变化却可以平衡这种影响,或者说,这种影响就是社会发展中的无法选择的组成部分。正如处于通货膨胀的社会形势下,公民不约而同去银行提款导致银行崩溃的行为可能会对社会生存能力和社会共同体的健康造成巨大的伤害,但是这种伤害是社会的一种自我调节形式,不能因此对于提款行为进行危害社会生存能力的宏大叙事,并进行刑事惩罚。

因此,吸毒行为并不具有可验证或可规制的超个人法益的侵害,也不具有对个人法益的违法性的侵害行为,为维护法治国理念和法益保护原则的普遍性,不应当对其进行犯罪化规制并进行惩罚。

第二节　毒品合法化之图景与想象

20 世纪 80 年代以来,毒品问题在我国死灰复燃,并迅速成燎原之势。尽管我国先后通过提高刑罚、扩大毒品犯罪范围、开展禁毒人民战争等方式在一定程度上遏制了毒品的更大范围扩张,但毒品在我国不断蔓延的趋势并未得到有效遏制。同样,在世界各国,毒品的蔓延随着新型毒品的不断出现和科技手段的普及化也不断扩大范围。一方面,各国动用了强大的禁毒力量,对毒品从制造、生产、贩运、消费等整个过程进行非常规的管制和打击,另一方面,毒品的传播却未能够得到有效控制。因此,一些国家和学者开始反思严刑峻罚的禁毒政策是否具有正当性和有效性,并从不同角度提出或尝试进行毒品非犯罪化或合法化。从某种意义上,全球严禁毒品的世界性共识逐渐开始消解,这就使在全球化背景下我国毒品问题的解决呈现出更复杂和更艰难的趋势。因为,全球化背景下的跨国人员、物资、信息、资源的普遍流动,使得任何一个国家在其他国家毒品非犯罪化或合法化的情况下,要实现本国人员和本国领土上的毒品根绝更加困难。

---

① 黄荣坚:《刑罚的极限》,元照出版公司 1999 年版,第 16 页。

一、毒品合法化的图景

(一) 概念辨析

所谓合法化,不仅包括原属于犯罪行为变更为合法行为的情形,也包括原属于行政不法的行为变更为合法行为的情形。与之相近的概念为非犯罪化,所谓非犯罪化,是指“将迄今为止作为犯罪加以处罚的行为不作为犯罪,停止对其处罚,因此,它包括变更从来都是作为犯罪科处刑罚的现状,而代之以罚款等行政措施加以处罚的情况”[①]。因此,非犯罪化的前提是指有原本作为犯罪的行为存在,非犯罪化的方式包括两种:一为原属于犯罪的行为变更为行政违法行为;二为原属于犯罪的行为变更为合法行为。就毒品的非犯罪化或合法化而言,并非是一个僵化、固定的概念,而是一个多样性的包含多种方式的概念。从管制的方式来看,既包括使毒品成为合法的商品,进入自由市场自由交易的激进合法化路径,也包括实行严格的毒品专卖制度,运用行政手段监管毒品的生产、销售行为。从管制的毒品种类范围来看,有部分合法化与全部合法化之分,前者指对部分毒品种类进行合法化,后者则指对所有毒品一视同仁的合法化。从管制的行为方式范围来看,既包括对在维持其他毒品关联行为犯罪化的同时,将吸毒行为进行合法化或行政管制化的观点,也包括对所有毒品犯罪行为进行合法化或行政管制化的观点,还包括严格限制毒品关联行为构成犯罪的范围的观点。从非犯罪化的类型来看,可区分为取缔上的非犯罪化、审判上的非犯罪化和立法上的非犯罪化三种类型。出于论述的方便,本文所称的毒品合法化既包括狭义的毒品合法化,也包括毒品的非犯罪化。

(二) 毒品合法化的历史沿革

现代意义上的毒品合法化思想起源于20世纪60年代的美国嬉皮士运动,嬉皮士运动是一种消极反抗主流价值观的社会运动。嬉皮士运动与青少年在越战的压力和刺激下,反思和逃避主流社会价值观念的思潮有关,而以大麻为代表的毒品则成为反抗社会、政府管制的一种象征性物质在嬉皮士运动影响下的青少年中迅速得以扩张。如美国学者麦格劳特林指出:“透过嬉皮士运动的中介,大麻烟从一个低等阶层的瘾品脱胎而成为中产阶级与上流社会的瘾品。”[②]因为,大麻的吸食逐渐成为美国一部分资产阶级的生活方式,而这些资产阶级在美国主流文化和政策制定过程中具有一定的话语权,这就促使美国政府不得重新

---

① [日]大谷实:《刑事政策学》,黎宏译,法律出版社2000年版,第88页。

② [美]戴维·考特莱特:《上瘾五百年——瘾品与现代世界的形成》,薛绚译,上海人民出版社2005年版,第41页。

审视严刑峻罚的禁毒政策。

1962年9月，美国司法部长罗伯特·肯尼迪主持召开“毒品滥用白宫会议”，开始从公众健康导向角度思考吸毒问题，尝试进行毒品贩卖者和毒品成瘾者之间的区分。1965年3月8日，约翰逊总统批准了《1965年药品滥用管制修正案》，对危险药品的非法使用进行严格管制，但与以往不同，该法案未将管制易于滥用物质的权力交由联邦麻醉品管理局，而是将之交由联邦食品和药品管理局。这一决定标志着联邦政府对于麻醉药品的管制逐渐脱离单一化的执法和惩罚模式，转向以预防和治疗为主的模式。1966年11月8日，约翰逊总统批准《1966年麻醉品成瘾康复法》，对于吸毒成瘾者进行了有节制的非犯罪化尝试。该法案规定：(1) 允许对确认的成瘾者免予起诉，易之于36个月以内的民事关押，在治疗成功完成后可以撤销刑事指控；(2) 授权司法部长决定成瘾者是否可以通过治疗康复，是否给予定罪者治疗而不进行监禁；(3) 允许未被刑事指控的成瘾者自愿选择进入联邦医院进行治疗；(4) 授权公共卫生署长建立门诊病人毒品治疗项目，帮助州和地方政府开发治疗项目；(5) 修正了不允许给予吸毒再犯的缓刑和假释的规定。①

尽管20世纪60年代美国出现的毒品合法化尝试是一种有节制、不彻底的尝试，但是却推动了对严刑峻罚的单一禁毒模式的怀疑和反思。围绕禁毒政策的正当性、毒品真实危害性、毒品与个体权利的研究逐渐展开并不断深入，特别是对大麻这种软性毒品的危害性和管制政策的批评和研究开始普遍出现。1962年，“肯尼迪总统毒品滥用特别小组”否定了大麻与性滥交之间的有限联系，并指出大麻与性犯罪及其他犯罪之间的联系也是极其有限的。1963年，“麻醉品和毒品滥用总统咨询委员会”就积极建议区分大麻与其他毒品，并认为官方和科学界缺乏准确的科学知识，公开批评严刑峻罚的大麻管制政策。接着，部分新闻媒体和卫生部门的专家和官员也开始呼吁反思大麻管制政策的正当性。如联邦食品和药品监督管理局专员戈达德即指出，大麻并没有人们认为的那样危险，使用大麻不仅不会导致堕落，也不会影响大脑细胞和成瘾，更不会引向海洛因成瘾。②

1972年，在合法化运动的推动下，美国大麻和麻醉品滥用委员会得出结论：州法和联邦法律应当允许大麻合法化。委员会的成员一致同意在家中拥有少量的大麻不应该再作为犯罪处理。此时，美国已有11个州政府认为大麻合法，其

---

① 张勇安：《美国大麻政策研究》，东方出版中心2009年版，第162—167页。

② 张勇安：《美国大麻政策研究》，东方出版中心2009年版，第172—174页。

人口数目已超过全美人口的三分之一。但是,合法化的步伐在 20 世纪 70 年代中期遇上了强大的阻力,阻力主要来源于吸毒青少年的父母,这个群体得到了美国毒品滥用协会和联邦毒品管理局高层官员的支持,并成立了数千个协会和组织,阻止毒品合法化的进一步实施。因此,"零容忍"和"使用者有责任"的论调重新支配了禁毒政策,通过 1984 年至 1988 年先后颁布的《全面控制犯罪法》、《反毒品滥用法案》、《反毒品滥用修正案》,包括大麻在内的毒品的持有、交易、种植等行为的惩罚力度被大大提高,甚至"共谋"和"企图"实施上述行为也被作为完整的行为进行惩罚。① 至此,美国的毒品合法化运动在立法和政策上走向失败,但是其对毒品政策的思考方式和研究路径不仅在美国理论界和舆论界生根发芽,还漂洋过海走出美国,影响到了其他国家的毒品政策。

(三) 毒品合法化的现实图景

从立法和政策角度来看,自 20 世纪 70 年代以来,肇始于美国的毒品合法化运动在美国之外的国家和地区却有一定的市场,并在一定程度上推进了立法和政策上的毒品合法化。

最早进行毒品合法化立法的国家是荷兰,荷兰于 1976 年制定法律规定,持有 30 克以下的软性毒品不予处罚,同时,政府允许部分咖啡馆零售少量软性毒品。之所以荷兰在欧洲大陆率先采取有限制的毒品合法化政策,与其宽容的社会文化和传统有关,也与严刑峻罚的禁毒政策收效甚微的现实有关。如有学者认为,因为 16 世纪、17 世纪爆发在荷兰的天主教与新教之间的残酷教派冲突的教训,使宽容成为荷兰人民生活中最为基本和重要的原则。在宽容原则的影响下,荷兰人民普遍认为,人们自己会找到对自己有利的生活和处事方法,政府不能作何种事物对个体好坏的最后判断。② 此外,荷兰政府也认为,无论采取如何严厉的禁毒政策,毒品也不可能实现根除,这是一个无法否认的现实。如荷兰政府向欧洲毒品与吸毒成瘾者监察中心提交的《2000 年荷兰毒品形势报告》中所指出的:"基于承认毒品不可能消灭的现实,荷兰政府强调对个人及其周围环境以及社会作为整体进行预防、治疗并减少损害。"③

因此,荷兰政府把毒品政策的目标确定为"保护个人使用者的健康,以及这些使用者周围的人和全社会的安全",在司法实践中坚持:使个人使用毒品不再是一种犯罪行为。同时积极宣传吸毒的危害,把毒品细分为软硬两种。保证不把任何毒品使用者入狱,为他们提供戒除毒瘾的帮助,而不是压制和处罚他们。

---

① [美] 艾里克·施洛瑟:《大麻的疯狂》,王青山译,社会科学文献出版社 2006 年版,第 27—30 页。
② 韩烨:《毒品合法化有助于反毒?》,《中国新闻周刊》2000 年 6 月 17 日。
③ 阿地力江·阿不来提:《毒品刑事治理探讨》,《刑事法评论》2008 年第 22 卷,第 570—571 页。

着力于控制毒品的走私、加工和种植。[①] 可以说，在不对根绝毒品抱有希望的情况下，荷兰政府选择了宽容对待毒品使用和销售的政策，把毒品的吸食作为个人自主选择的范围，不再使用强制力量干预个体吸食毒品的行为，这是一种不得已的减少危害的政策。

从荷兰的软性毒品吸食合法化政策实施以来的效果来看，依据荷兰卫生部的数据，在毒品的有限合法化后，经常使用大麻的人数量上升，但是开始使用的年龄逐渐下降，这与其他没有合法化的国家一样。总部设在葡萄牙的欧洲毒品和吸毒者检测中心的调查也显示，在青春期第一次尝试之后，荷兰长期的大麻吸食者开始稳步下降。此外，吸食海洛因的人口正在收缩、老龄化。过去10年，荷兰首都阿姆斯特丹几乎没有新增海洛因吸食者。荷兰已成为欧洲瘾君子最少的国家。因为，"大麻几乎满足了所有的好奇心"，阿姆斯特丹大学毒品研究中心主任彼得·科恩说，在阿姆斯特丹，超过75%的大麻使用者没有再去尝试一次硬毒品。大麻现在甚至对阿姆斯特丹25—35岁的年轻人失去了吸引力。"因此，我们可以说，大麻不是酗酒，它只是人生的阶段性现象而已。"[②]因为荷兰的毒品合法化措施取得了积极的效果，在荷兰国内出现了进一步拓宽毒品合法化的呼声，2010年，荷兰前内政大臣 Frits Bolkestein 和前卫生大臣 Els Borst 认为，荷兰政府目前用于治理犯罪案件的总财政支出的一半和毒品犯罪有关。如果在政府的严格监控之下实行毒品生产和销售合法化将可大大减少政府对警察和政法部门的开支。他们在一份发表于《NRC 商报》的意见书中表示，毒品生产和销售合法化可使政府节省1亿5千万欧元。荷兰一些重要政客和专家们也在这份意见书上签名以此表示对其观点的支持。[③]

1994年开始，瑞士开始实施"海洛因计划"，该计划的出发点为减少和降低严厉禁毒政策下因毒品价格高昂而导致的财产犯罪，进而促进社会治安的好转和市民安全感的提高。"海洛因计划"通过向符合条件的毒品瘾君子免费发放毒品，以实现国家对毒品吸食者的控制和矫治。自计划实施以来，在人口只有700万的瑞士，有大约1万5千人接受政府的戒毒治疗，或者接受免费发放的海洛因，或者接受海洛因替代品——美沙酮治疗，占全国吸食硬性毒品的总人数3万人的一半。据瑞士学者研究，在实施该计划开始的其后6个月里，典型的与毒品

① 韩烨：《毒品合法化有助于反毒?》，《中国新闻周刊》2000年6月17日。
② 徐德华：《有限度合法化：控制毒品的可能出路》，《安庆师范学院学报》2008年第10期。
③ 《荷兰前大臣注重所有毒品合法化引争议》，见 http://www.rnw.nl/chinese/article/101644，2010年12月18日。

犯罪有关的犯罪，如抢劫、抢夺手袋、入室盗窃和从汽车里盗窃等，下降了80%左右。[①] 2008年11月30日，瑞士举行全民公决，通过一项新法案，全面执行"根据处方，合法使用海洛因"的规定。[②] 该项法案实际上是在肯定"海洛因计划"的同时，把毒品成瘾者正式归入病人的范畴，而不再作为道德上或法律上存在过错的罪犯对待，这是一种事实上硬性毒品使用的合法化。

与瑞士相邻的德国，长期以来对毒品的生产到使用整个过程都实行严格的管制。但是，自20世纪80年代以来，不加区别的惩罚政策开始有了一些松动。1982年制定的《麻醉品法》在提高毒品犯罪法定刑的同时，对于自愿接受治疗的吸毒者则采取了有条件的非犯罪化，该法第35条规定，毒品犯罪行为人只要其本身具有使用毒品并上瘾的情形，可以在刑罚执行前先接受戒毒治疗。毒品使用者通过戒毒治疗后，毒品依赖性有明显好转的可以减刑。[③] 另外，如果吸毒者还可以证明其近3个月以来一直在接受法定的治疗措施，则可以不被起诉。20世纪90年代，德国立法中没有进一步的毒品合法化措施，到了2000年3月28日，第3次修订的《麻醉品法》规定，各州可以建立毒品消费场所，在这里毒品瘾君子有机会获得非医生处方的毒品。[④] 这表明德国的毒品合法化步伐正在加快，特别是对毒品使用者的规制已很清晰地从惩罚转向了治疗和矫治。

在葡萄牙，毒品合法化虽起步较晚，但步伐很快。2001年，葡萄牙颁布法律，规定个人吸食和持有供个人吸食的毒品，包括大麻等软性毒品和海洛因等硬性毒品，都不再视为犯罪。自合法化政策实施以来，葡萄牙的吸毒青少年人数呈下降趋势。据Cato研究所于2009年4月份发布的研究报告显示，葡萄牙的毒品吸食量远远超过欧盟和美国。但是，随着毒品持有合法化，葡萄牙的吸毒者中15岁以上的人数所占比率是欧洲国家中所占比率最低的，仅为10%。而美国的吸毒者中12岁以上的人数就占39.8%。在美国，大多数毒品吸食者吸食可卡因，而葡萄牙的大多数毒品吸食者却只吸食大麻。Cato的研究报告还表明，在2001年至2006年之间，葡萄牙吸食非法毒品的初中生的比率从14.1%下滑到10.6%，高中生所占比率也在下滑。吸食海洛因的16至18岁的人数也从2.5%下降至1.8%。1999年至2003年，吸毒人群中新感染艾滋病毒的人减少了17%。由吸毒引起的死亡人数减少了一半以上。此外，戒毒治疗人数从6 040

---

① 徐久生：《德语国家的犯罪学研究》，中国法制出版社1999年版，第286页。

② 高轶军：《瑞士新法规定：海洛因可根据处方合法使用》，见 http://www.chinanews.com.cn/gj/ywdd2/news/2008/12-01/1468844.shtml，2010年9月2日。

③ 高巍：《论德国禁毒法的基础理念》，《学术探索》2006年第6期。

④ 阿地力江·阿不来提：《毒品刑事治理探讨》，《刑事法评论》2008年第22卷，第571页。

人上升到14 877人。[①] 此外,西班牙、意大利、卢森堡、比利时等欧洲国家也实行了和葡萄牙相似的毒品合法化政策。其中,意大利将个人持有毒品根据其目的区分为两种形式,只是对"为第三人使用而持有"的行为进行刑罚惩罚,而对"为个人吸食而持有"的行为不进行处罚。卢森堡则于2001年开始对为个人吸食的消费、运输、持有、获得毒品行为进行了全面的非犯罪化。

在欧洲以外的国家中,也有部分国家进行了不同程度的毒品合法化实践。2009年8月20日,在毒品问题极为猖獗的墨西哥通过了一项法律,规定人少量持有大麻、可卡因、海洛因及其他毒品将不再受到刑事追诉,并明确了不同种类毒品合法持有的限额。其中,大麻的"个人使用"最大限额为5克,可卡因为0.5克。其他毒品的最大限额,海洛因50毫克、冰毒40毫克以及致幻迷药0.015毫克。[②] 秘鲁则允许持有三分之一盎司(8克)的大麻用于个人使用,个人使用少量大麻等软性毒品,不仅不会作为犯罪处罚,也不会遭到罚款等行政处罚。其他进行毒品合法化实践的国家还包括澳大利亚、哥伦比亚、阿根廷、乌拉圭等。

二、毒品合法化的理论依据

毒品合法化思想是在功利主义基础上,对以惩罚为主导的禁毒政策的一种批判和反思。因为,严刑峻罚的禁毒模式推行多年,并未取得减少和遏制毒品使用的效果,反而在一定程度上衍生了更多的社会问题。如美国学者帕克概括了美国在过去40多年里,实施严刑峻罚的禁毒政策在美国所造成的后果:(1) 数万人因此遭受严厉的刑事惩罚,而其中绝大多数人是使用者而不是非法贩卖者;(2) 形成了一个规模庞大、利润可观的毒品及其他违禁物的非法交易市场;(3) 这个非法交易市场对有组织犯罪集团的成长和繁荣起到重要作用;(4) 吸毒者为了得到用于支付非法市场上高价毒品的费用而犯下大量的贪利性犯罪,如入室盗窃、盗窃、盗窃车辆以及其他性质的盗窃罪;(5) 数十亿美元和很大一部分执法资源被耗费在刑事程序过程的各个阶段;(6) 因为对毒品犯罪进行调查的巨大困难,警察部门使用了大量令人不安的、违规的侦查手段,如违宪的搜查和抓捕、警察圈套、电子监视,而且已经习以为常;(7) 执法的对象主要针对城区贫民,尤其是黑人和墨西哥裔美国人;(8) 使对毒品使用的原因、后果以及诊治的研究变得毫无意义;(9) 医学职业已被迫忽视其减轻人类痛苦的这一传统

---

① 《葡萄牙毒品合法化降低吸毒率》,见http://www.bianews.com/news/64/n-84764.html,2010年9月11日。

② 张亚琴、党建军:《墨西哥通过新法 持少量毒品合法》,《广州日报》2009年8月22日。

定位;(10) 一个庞大的执法官僚体制维护着现有既得利益,有效地阻碍着哪怕是最轻微的变革;(11) 信赖刑事制裁的立法已经自动地、不假思索地将其适用范围从毒品扩展到大麻,扩展到大量新近出现的对大脑有影响的药品,由此也进一步恶化了原有的问题。[①] 此外,禁毒经费的大量增加和禁毒机构的极速膨胀,使国家不断增加对禁毒的投入,却没有看到禁绝毒品或者说有效控制毒品的目标有实现的可能性。随着科学界对毒品危害性的深入研究,毒品与道德的关联性也失去了科学的基础。因此,在对禁毒政策的怀疑和反思之中,毒品合法化成为一种有力的观点。具体而言,毒品合法化的依据有以下几个方面:

(一) 无效的禁毒政策

毒品合法化理论认为,以刑罚手段为主的禁毒政策,在世界范围内,其对于毒品的控制都收效甚微。以美国为例,自 20 世纪 70 年代尼克松政府实施全面、严厉的禁毒政策以来,美国的毒品问题并未见明显好转,反而呈进一步恶化之势。

一方面,美国禁毒政策日趋严厉。1969 年 7 月,在尼克松就任总统 7 个月后,美国政府就开展了声势浩大的以打击大麻贩运为主要目的的“中断非法买卖”行动,关闭了美国与墨西哥的 2 500 英里边界,并在边境进行密集的搜查。接下来的里根总统在复制尼克松的“中断非法买卖”行动的同时,进一步不加区别地对不同种类的毒品一律加以重刑惩罚,并推动立法授权政府可以查封任何与毒品相关联的财产,并将这些没收所得的财产拍卖后在各政府机构中进行分配。最具标志性的事件发生在 1988 年 5 月,美国海岸警卫队在一条游艇上发现了 0.1 盎司的大麻后就没收了这条价值 250 万美元的游艇。到老布什时期,布什政府的毒品控制政策制定办公室主任威廉·本尼特认为,毒品已成为对美国人民的最大威胁,因此在毒品问题非常严重的情况下,缉毒官员不应被“合法、公正”等所谓的民主观念所束缚,而应当采取更为强硬的毒品政策。他主张要一视同仁地打击一切使用毒品的行为,不因是偶尔使用或嗜毒成瘾而有所区分,并可以对毒品贩子处以死刑。[②] 但是,另一方面,严峻的禁毒政策却收效甚微,甚至在一定程度上使毒品问题愈演愈烈。据 2008 年 8 月 3 日出版的西班牙《起义报》报道,美国是世界上最大的毒品消费国,共有 7 200 万美国人(占 12 岁以上美国人的 34%)曾经某次服用过毒品;41%的青年上中学时服用毒品,47%的预科学生服用毒品。62%的中学生去过贩卖毒品的中心,而 2002 年这一比例仅为 44%;预科学生 28%去过贩毒中心,比 3 年前增加 9%。8 至 12 岁的儿童(100

---

① [美] 哈伯特 L.帕克:《刑事制裁的界限》,梁根林等译,法律出版社 2008 年版,第 329—330 页。

② [英] 理查德·达文波特-海因斯:《搜寻忘却的记忆——全球毒品 500 年》,蒋平等译,译林出版社 2008 年版,第 398—424 页。

万)在他们的学校里看到贩卖毒品。美国人消费的可卡因占世界产量的三分之一。此外,美国也是世界上最大的非法毒品市场。在美国毒品交易的利润每年高达800亿美元,当局仅没收了1%的毒品。每年有2万名美国人死于吸毒,有数万人被送进监狱。美国还是世界上最大的大麻生产国,已经不需要哥伦比亚的大麻。联合国控制毒品计划署在哥伦比亚的代表也认为美国是世界上最大的大麻生产国。到2000年12月美国有7 000个非法的毒品加工厂。美国每年生产358亿美元的大麻,成为国内最赚钱的作物,超过玉米和大豆。玉米的产值为230亿美元,大豆的产值为176亿美元。①

在其他实施以刑罚为主导的禁毒政策的国家,禁毒政策对于遏制毒品的效果也不明显。如德国学者所指出的,近年来,尽管德国政府和警方针对德国境内的非法毒品交易或者说毒品犯罪日益严重的情况,采取了一系列的措施,取得了一些成效,但是从总体上说,德国警方的缉毒工作犹如西西弗斯的苦役。② 在采取合法化措施之前,瑞士也多年承受着毒品泛滥的压力,并曾希望运用严厉的禁毒措施解决毒品问题,但是瑞士最后不得不承认,依靠禁毒来解决毒品问题是无望的。③ 我国也有学者指出,至20世纪末,我国禁毒政策在实施近20年以来的情况是:历经严打,毒品贩运却有增无减;厉行强制戒毒,而吸毒人数持续上升;毒品新种类不断涌现,且传播极快。④ 为何严刑峻罚的禁毒政策不能有效遏制毒品泛滥呢?美国学者帕克就美国在严厉惩罚下大麻吸食仍迅速增长的现实分析道:“首先也是最明显的,它证明(如果需要进一步证明的话)刑事制裁对控制众多双方交易的行为的无效性。同解决卖淫、赌博等不道德的违法行为的执法努力不同,对吸食大麻行为的打击既不是偶尔的,也不是轻微的,联邦政府和各州政府官员已经做出最大的努力来控制大麻的进口和随后的分发行为。……但是,这种问题就像古希腊神话中蛇怪的头,斩掉后又长出来。施加非常严厉的刑罚也没什么作用。对这一点也是可预期的。严厉的惩罚并不能遏制那些职业化组织对市场的供应,对那些铤而走险的受雇者来说,风险越大,报酬越多。对那些精于计算风险的人来说,虽有严厉的刑事惩罚,但不具备被发现的确定性并不

---

① [西班牙]安德雷乌·马蒂:《美国是世界最大毒品市场和头号洗钱大国》,魏文译,《起义报》2008年8月3日

② “西西弗斯的苦役”是一个记载于荷马史诗的神话故事,是指毫无意义、毫无效果的事情。西西弗斯触犯了众神,诸神为了惩罚西西弗斯,便要求他把一块巨石推上山顶,而由于那巨石太重了,每每未上山顶就又滚下山去,前功尽弃,于是他就不断重复、永无止境地做这件事。诸神认为再也没有比进行这种无效无望的劳动更为严厉的惩罚了。西西弗斯的生命就在这样一件无效又无望的劳作中消耗殆尽。

③ 徐久生:《德语国家的犯罪学研究》,中国法制出版社1999年版,第284页。

④ 崔敏:《毒品犯罪发展趋势与遏制对策》,警官教育出版社1999年版,第383页。

构成威慑。”[①]申言之，一方面，吸食毒品的行为的产生有着多方面的原因，既包括社会因素、经济因素，还包括文化因素和生物因素。在诱发吸毒行为产生的社会、经济、文化、生物因素无法有效消除的同时，单纯依赖严刑峻罚控制毒品贩运和使用是很难取得成效的。另一方面，在需求稳定或上升的趋势下，再严厉的惩罚也不能对那些铤而走险的毒品供应者形成有效的威慑。因为，毒品犯罪的查获率在现有司法体制和司法资源状况下无法实现根本性的提升。

（二）危险的禁毒政策

围绕毒品的控制，在毒品本身的危害性之外，严厉的禁毒政策也创设了一系列新的危险，如法律正义和威信的丧失、诱发财产犯罪和暴力犯罪、诱发司法腐败等。

1. 法律正义和威信的丧失

在毒品危害的宏大叙事引导下，以严刑峻罚为特色的禁毒政策过度强调目的的正当性，在严打毒品犯罪的背景下一定程度上忽视了手段的正当性和手段的必要性。世界上大多数国家都以美国模式为榜样，在“毒品战争”中大量采用非常规的侦查手段，并在司法、舆论上强化和渲染毒品的严重危害性和反道德性，运用重刑和隔离等手段排斥和控制毒品。如任意盘查和搜查的普遍使用、诱惑侦查和控制交付的滥用、选择性执法和严苛的刑罚适用、查封和没收的随意性等。有英国学者指出，很多非常规的手段在毒品犯罪控制的适用源于美国 20 世纪 20 年代禁酒时代，在 20 世纪 60 年代由美国的毒品执行机构将其带入欧洲，“这些手段包括管制非法药品寄售传单的散发、诱买和逮捕策略、秘密监视以及通过减刑或豁免起诉将毒品交易商变成情报员（告密者）。在欧洲大陆大部分地区盛行的民法惯例反对这些手法——与英国普通法不同——60 年代很多欧洲警察和法官都认为这些手段是不能被接受的，除非是由情报机构执行。那些有过秘密监视其公民的独裁式国家对美国使用密探的做法特别敏感。尽管这样，但是到 20 世纪 80 年代大多为 DEA（美国毒品侦缉管理局）所迫切需求和使用的调查策略被欧洲负责毒品执法的警察采用，尽管用的是不同方式。澳大利亚、比利时和德国也效仿美国模式；法国和意大利对此反响不是很大。欧洲法院和立法机构支持那些调查策略的变换。”[②]但是，这类特殊侦查措施和严刑威慑模式在毒品犯罪控制中的普遍应用却使法律的正义价值变得模糊不清，也使社会

① ［美］哈伯特 L.帕克：《刑事制裁的界限》，梁根林等译，法律出版社 2008 年版，第 336—337 页。

② ［英］理查德·达文波特-海因斯：《搜寻忘却的记忆——全球毒品 500 年》，蒋平等译，译林出版社 2008 年版，第 406 页。

对司法公信的怀疑不断上升。

美国的部分地区，对毒品犯罪的超常规侦查手段和刑罚适用已到了无以复加的程度，使罪刑均衡原则、公平正义原则几乎处于边缘化的地步。阿拉巴马州塔斯卡卢萨县的一个卡车司机，因为向一名州毒品探员购买40磅的大麻而被判处终身监禁。在阿拉巴马州的鲍德温县，一名叫雷蒙德·波普的佐治亚居民，被当地的治安官诱骗到鲍德温县购买低价大麻，当其购买了27磅大麻后被逮捕并被判处终身监禁。1992年，在俄克拉荷马州的塔尔萨市，一名叫拉里·杰克逊的居民在其朋友家的公寓被捕，因为警察在其右脚边的地板上发现了少许大麻，重量大约为0.16克，随后杰克逊被以持有大麻的重罪判处终身监禁。同样，对于毒品犯罪关联的财产的没收也是极为严苛的，如果在住宅院内种植了一颗大麻，就可以没收这座住宅。对于毒品罪犯，除了高额的罚款、监禁和没收财产外，还可能丧失460多项的联邦补助。比如，学习贷款、执业执照、驾驶执照，联邦福利补助和食品补助等，但是，构成杀人罪、强奸罪、猥亵儿童罪的罪犯却仍然可以享受上述补助。① 明显违背罪刑均衡和正义原则的毒品政策，在武断推行严刑峻罚的同时，也使正义和司法的公信力处于困境。如有学者指出："在一个惩罚大麻罪犯比惩处谋杀犯还要严厉的社会，很容易造成人们和社会的精神变态。"②

此外，在毒品使用人数不断上升、监狱却人满为患的情况下，捉襟见肘的司法资源在事实上也无法进一步提高执法的确定力，这就造成了选择性执法的现实，而选择性执法则使严厉惩罚的威慑力大幅降低，不能有效阻止毒品犯罪行为人的犯罪行为。如英国学者即指出："如果国家强制力所支持的法律并不要求大多数人的尊敬，如果相当一部分人准备违反法律并情愿接受给予他们的惩罚，那么，国家的权力也就不起什么作用了。在1983年《赌博、游戏与彩票法》使赌场合法化之前，在大街上打赌是违法的。但这种现象在许多地区如此普遍，法律对它的强制禁止根本不可能。对违法赌博行为进行正式的起诉越来越少了，因此对这种行为的处罚往往成为武断专横的事情。受到追究和被定罪的人对所受的惩罚更加愤恨不已，因为他们清楚地知道更多的人干了同样的事而根本没有受到任何惩罚。许多地区大部分人都有意违法，因此，法律惩罚已形同虚设。虽然法律确实命令一切人都必须尊重它的权威，但是，只有法律强制力对大多数人都将成为现实这个事实，才能使人们树立起'法律可信'、法律应当受

---

① ［美］艾里克·施洛瑟：《大麻的疯狂》，王青山译，社会科学文献出版社2006年版，第30—34页。

② ［美］艾里克·施洛瑟：《大麻的疯狂》，王青山译，社会科学文献出版社2006年版，第87页。

到尊重的观念。”[①]当法律的正义变得黯淡，当司法的公信布满尘灰，毒品犯罪却屡禁不止，这就不得不让人思考社会从以正义和公信为代价的禁毒政策中获得了什么，是否具有必要，是否真有价值，这种思考的深入就产生了毒品合法化的思想。

2. 禁毒政策诱发犯罪

毒品合法化理论认为，与毒品处于自由交易的原初状态相比，与其说管制状态下的毒品本身可以诱发财产犯罪和暴力犯罪，还不如说是禁毒政策可以诱发犯罪。因为，当毒品不能通过自由市场进行交易和获取时，唯一获取毒品的渠道就是黑市或者说地下交易。而在吸毒者的毒瘾无法有效控制的情况下，对毒品的需求往往处于一种稳定的状态，受供给影响较小。那么，就形成了这样一种循环：禁毒政策越严厉，毒品价格越高，毒品纯度越高，毒品犯罪利润越高，吸毒者支付的对价也越高。当吸毒者支付的对价过高时，正常收入又不能满足其购买毒品的需要，就容易在毒瘾的驱动下实施各种犯罪活动以获取毒资。同时，严厉管制下毒品价格的高昂也会诱惑更多的人参与毒品供给，而在毒品供需的地下交易市场中，法律并不能维持正当、公平的交易秩序，这就给有组织犯罪、集团犯罪等留下了控制毒品黑市的空间，更容易形成暴力方式对毒品黑市的控制。

美国学者帕克认为，将毒品交易这样一种自愿交易的行为作为犯罪处理，实际上是通过提高卖方的风险来限制毒品这种有争议的商品的供应，从而通过管制提高了毒品的价格。其出发点可能是认为，毒品价格过高则会压制需求，从而减少毒品的需求。但是，从经济学的弹性需求理论来看，只有具有较高弹性的需求才会在价格增加的情况下实现需求总量的减少。对于毒品、盐、药品等没有弹性的需求，人们往往不会因为其价格的增加而减少需求，起作用的就不是供需弹性了，而是犯罪关税，也就是说，当我们对那些没有弹性需求商品的贩卖行为认定为非法时，结果就是保护了那些愿意违法的从业者的垄断利益。因此，禁毒政策越趋严厉，毒品贸易越集中到那些最勇敢的冒险者手中，并形成强大的犯罪集团或垄断寡头。[②] 如美国学者波斯纳即指出，毒品交易犯罪的主要原因有二：其一，刑事处罚将毒品的价格提高到了毒瘾者难以支付的水平以致不得不以犯罪增加其收入；其二，由于毒品非法偷运者无法使用合法手段而被迫使用暴力以履行其契约。[③] 反之，如果将毒品合法化，则会使毒品的价格迅速下降，犯罪成本

---

① ［英］彼得·斯坦、约翰·香德：《西方社会的法律价值》，王献平译，中国法制出版社 2004 年版，第 75 页。

② ［美］哈伯特 L.帕克：《刑事制裁的界限》，梁根林等译，法律出版社 2008 年版，第 275—276 页。

③ 吴金勇：《毒品可以成为合法商品？》，《经营者》2006 年第 6 期。

大幅降低，吸毒者为了购买毒品而实施的犯罪行为也会大大减少。“吸毒者可以按照政府规定的低廉价格得到毒品，他们就不必为了买毒品而被迫沦为妓女或掠夺他人财物、盗用公款和犯罪活动以支撑其吸毒习惯；与毒品有关的犯罪大幅度降低之后，将会使执法人员腾出手来去集中力量打击社会中的‘真正的犯罪’。”①从逻辑上说，毒品合法化之后确实可以带来毒品价格的大幅下降，从而减少吸毒者为获取毒资所引发的犯罪，进而使社会治安趋于好转。但是，这个逻辑推论的前提在于毒品使用是否会导致暴力等犯罪的增加，比如说，某些毒品是否具有攻击性或暴力性。如果毒品本身没有医学上的可验证依据指向其具有暴力性的话，则毒品合法化是可以减少部分犯罪的。

3. 禁毒政策诱发司法腐败

严刑峻罚主导下的禁毒政策在提高了毒品价格的同时，也增加了毒品犯罪的利润，同时也使执法、司法官员处于巨额的不法利益的包围中，必然会诱发执法、司法官员腐败行为的发生。如有学者指出，西方毒品政策的一个重要结果就是腐败，尽管腐败被揭露时，通常把它归因于毒品，但实际上是严格管制的禁毒政策所诱发的。在美国的佐治亚州，五年多的时间内，有 32 位县长因毒品犯罪而入狱。在英国伦敦，有许多警察被发现有毒品犯罪行为，有些警察直接出售毒品，有些警察则栽赃给一些人，然后指控其“拥有毒品、打算出售”。论者认为：“警察的这种腐败对降低公众对警察的认可影响很大，而且它可能已造成警察水平普遍低下。”②在墨西哥，贩毒者通过内部渗透的方式，操纵或拉拢政界和工商界的现象非常普遍。据法国学者考证，墨西哥的警察不仅单纯受贿，还直接参与恶性犯罪。其中，联邦警察有半数人从毒品走私中得到好处，或者是接受贿赂，或者倒卖可卡因。在各个州中，由于警察收入不高，更容易屈从于毒枭的压力，从而成为“穿警服的犯罪会员”。1993 年至 1995 年间，有百分之十的联邦警察因为与毒品卡特尔勾结而被解雇。1997 年 2 月，墨西哥全国反毒品走私研究所(INCD)主任赫苏斯·古铁雷斯·雷伯略将军就因为与胡亚雷斯卡特尔有染而被逮捕，该机构的 1 200 名雇员全部被解雇。③ 类似的司法腐败案件在采取严厉禁毒政策的其他国家也多有发生，与社会制度并没有直接的关联，即使在民主国家，在强大的利益驱动和毒品犯罪的隐蔽性掩饰下，因毒品引发的司法腐败也屡见不鲜。

---

① 阿地力江·阿不来提：《毒品刑事治理探讨》，《刑事法评论》2008 年第 22 卷，第 559 页。

② [英] 罗伊·波特、米库拉什·泰希：《历史上的药物与毒品》，鲁虎等译，商务印书馆 2004 年版，第 269—270 页。

③ [法] 蒲吉兰：《21 世纪的黑金》，贾春娟等译，社会科学文献出版社 2006 年版，第 260—262 页。

（三）高昂的禁毒政策

严厉的禁毒政策需要强大的财政经费作为支撑，包括禁毒机构的扩大、禁毒人员的增加，司法资源的耗用等。据相关资料显示，自尼克松时代以来，美国联邦政府的禁毒预算从每年 1 亿美元增加到现在的每年 155 亿美元，40 年来，美国禁毒经费的总投入超过 1 万亿美元，其中，有 4 500 亿美元用于关押涉毒罪犯，2009 年，美国有一半的联邦囚犯涉毒；1 210 亿美元用来逮捕 3 700 多万名非暴力毒品罪犯，其中 1 000 万人由于私藏大麻获罪；490 亿美元用于国内边境线上的毒品堵源截流；330 亿美元用于禁毒宣传和毒品预防支出；200 多亿美元用于打击毒品犯罪团伙。[①] 但是，如此巨额的禁毒投入，除了带来禁毒机构的急速扩张和监狱中毒品罪犯的人满为患，并未能有效解决毒品问题。而且，侧重于刑罚惩罚的禁毒政策往往着眼于切断毒品的供应环节，对于毒品消费控制的投入则明显不足，这也不符合禁毒的效益原则。有学者指出，从减少危害、控制消费的角度来说，相同的禁毒经费如果能够投入到戒毒和矫治之中，则可以比打击和惩罚创造更高的禁毒效益。而美国长期以来的联邦禁毒预算有大约 70%被用于禁毒法律的执行，而不是用于毒品的预防与对成瘾者的治疗。相反，若采用另外的毒品政策，将战争式禁毒政策的费用用于治疗和预防则能收到更大的边际效益。美国一家研究机构（rand corporation）发现，如果对可卡因成瘾者提供矫治与治疗，15 年内只需 3 400 万美元即可将美国的可卡因消耗量减少 1%，而若依靠国内执法机构完成此目标则需要 2.46 亿美元。如果靠海岸警卫队动用飞机来完成这一任务则需要 3.66 亿美元；如果像哥伦比亚那样四处搜索并试图铲除毒品的种植，将需花费 7.83 亿美元才能收到同样效果。[②] 但是，如果推行毒品合法化，或者取消毒品的刑罚惩罚模式，通过对毒品的严格管理，运用税收等手段控制毒品，则不仅可以大幅度减少禁毒经费的投入，还可以取得更大的效益。如哈佛大学经济学家 Jeffrey A. Miron 即表示，毒品合法化带来的预算影响将是非常巨大的。他估计毒品合法化将为美国经济每年注入 768 亿美元，其中包括节省 441 亿美元禁毒执法经费，并从有监管的销售中取得至少 327 亿美元税收。[③] 如果放眼全球范围，每年用于逮捕、审判、起诉的毒品罪犯人数是惊人的，占用的财政支出也是惊人的，而且，这个过程还会一直持续下去。

---

① 《美毒品之战未达到预期目标》，见 http：//www.legaldaily.com.cn/gsjdw/content/2010－06/09/content_2166213.htm？node=8297，2010 年 8 月 12 日。

② 高艳东：《困境之中的毒品政策：战争、合法化还是容忍下的严格规制》，《犯罪学论丛》2004 年第 2 卷，第 290 页。

③ 《美国反毒品的出路：毒品合法化》，见 http：//cn. reuters. com/article/summitNews/idCNnCN040280720081204？pageNumber=2&virtualBrandChannel=0，2010 年 8 月 13 日。

三、毒品合法化的批评意见

毒品合法化思潮，触动了西方社会的敏感神经，也触及到了西方强大的禁毒机构和禁毒组织的切身利益，许多机构或个人对毒品合法化理论提出了尖锐的批评，主要的批评意见集中在以下两个方面：

（一）毒品合法化会使吸毒者大量增加

反对毒品合法化的观点有着一种源于直觉的推定，即是说，如果毒品合法化进入自由市场，则会使吸毒者更容易获取毒品，从而会导致毒品吸食者的大量增加。如有学者以西班牙为例，指出："在西班牙，合法化三年后，毒品消费的增加是引人注目的，甚至是触目惊心的，高达150%。最近统计标明，在12—26岁的青年中，有34%的人吸食某种麻醉品（吗啡、海洛因、哈希什或玛丽华纳）；更为严重的是这些人中有24%的人每天吸食硬毒品。从前，青年人还能说明他们吸毒的动机，现在甚至说不清为什么吸毒。"[①]2009年度的《世界毒品报告》也指出："自由的药物市场会使毒品大行其道，而受管制的市场会产生相应的黑市。合法化不是既能遏制黑手党式组织又能解决药物滥用问题的魔法棒。"但是，并没有明确而清晰的数据证成毒品合法化后必然导致吸毒者增加，所有反对毒品合法化的观点都建立在一种推定基础之上，只是这种推定似乎更符合常识。如美国学者Wilson所言："尽管没有人能明确肯定，但一定会有更多的人使用毒品。"[②]美国学者埃里克·古德一方面承认在合法化后吸毒人数变化的不可知，另一方面认为，正是这种结果的不可知性，使合法化的选择需要谨慎对待。而且，从美国禁酒令实施的历史以及毒品可得性与毒品使用之间的高度关联性不难推断，毒品合法化后吸毒者的增加是可以预期的。同时，那些原本就是吸毒者的人，在毒品合法化之后可能会增大吸食的剂量，进而成为社会的威胁和负担。[③] 即，虽然没有确定的证据表明毒品合法化后吸毒者必定增加这样一种判断，但是，做这样的尝试却是具有很大的风险的，而这种风险是社会和国家无法接受的风险，因此，不能进行毒品的合法化。

（二）毒品合法化会导致社会伦理的瓦解和崩溃

美国学者Wilson指出，特定毒品的大量使用对于使用者的人格有摧毁性，尤其海洛因、可卡因、克拉克(Crack)作用显著。毒品使用产生的愉悦和陶醉使

---

① 阿地力江·阿不来提：《毒品刑事治理探讨》，《刑事法评论》2008年第22卷，第561页。

② Michael Tonry, James Q. Wilson. Drugs and Crime[M]. Chicago: The University of Chicago Press, 1990: 525.

③ 张勇安：《埃里克·古德：〈政治与理性之间：毒品合法化之争〉》，《中国学术》2003年第3期。

很多使用者乐此不疲而忽视了作为一个普通人所应该具有的品德——节制、忠诚、责任、同情。另外，很多使用者的尊严、独立人格及劳动能力也被摧毁殆尽。① 在考虑到可能面对自由主义者“危害原则”的反驳时，Wilson 又提出，即使国家对于公民的人格形成没有责任，且只有在伤害他人时方可予以限制或惩罚，那么，毒品的依赖事实上伤害了其他人。他举例说：“一个沉溺于愉悦感的海洛因上瘾者、一个憧憬下一次高潮体验的克拉克（Crack）使用者、一个渴望从其抑郁中获得放松的可卡因吸食者——他们不可能是健康人、高效的工人、慈爱的父母、可信赖的邻居、勤奋的学生、安全的司机。还有，一些无辜者在不能自主选择的情形下被毒品直接伤害。如毒品依赖者母亲的婴儿会无辜承受痛苦和伤害。而社会则会承受更多的代价：低下的生产力、频发的事故、更高的保险费用支出、更大的社会福利花费以及低效的教育。”②从社会伦理维持的角度出发，毒品合法化后放任毒品对于公民人格的摧毁和影响，不利于社会的发展和进步。当然，这个观点的正确性取决于两个方面：其一，国家是否有权力以刑罚手段要求公民为善；其二，毒品是否确实对人格具有摧毁性。

四、博弈与争议中的中国路径

我国自 1979 年刑法制定以来，对于毒品犯罪化与合法化的争论更多地集中于吸毒行为是否需要入罪的问题之上，鲜有学者提出毒品合法化的观点，这与中国人脑海中深刻的鸦片战争情节有关。因为，鸦片战争在某种意义上，已成为一种“丧权辱国”的文化符号，而罪魁祸首则通常认为是鸦片的使用和传播。因此，在我国的语境下，毒品合法化，特别是彻底的毒品合法化缺乏舆论和民意的支撑。如有论者指出：“吸毒对人类的巨大危害是有目共睹的，中国在清朝时因为鸦片泛滥而导致国力衰退、民众沦为‘东亚病夫’的历史当是前车之鉴。”③具体而言，对于中华民族而言，毒品所带给民族的屈辱感长期支配着禁毒政策。一方面，社会上普遍存在着对毒品的恐惧感和不安全感，并与历史耻辱感相关联；另一方面，国家出于历史责任和道德义务，强化毒品与国家强大、民族兴盛等利益之间的联系，背后隐藏着对历史负责和对人民健康负责的父权思想，并有着维持公民劳动力与对社会的有用性的目的。因此，就我国而言，全面的毒品合法化是

① Michael Tonry, James Q. Wilson. Drugs and Crime[M]. Chicago: The University of Chicago Press, 1990: 523.

② Michael Tonry, James Q. Wilson. Drugs and Crime[M]. Chicago: The University of Chicago Press, 1990: 524.

③ 吴红霞：《浅析当前毒品“合法化”问题的发展趋势及其危害》，《公安大学学报》2002 年第 5 期。

没有民意基础的，国家也不可能背负忘却鸦片战争耻辱的负担，大力推行毒品合法化。但是，以毒品合法化的争论为切入点，反思并改进我国的禁毒宏观政策、刑事立法、刑事司法，则不无裨益。

其一，减少毒品需求，是禁毒政策的中心环节。因为，在需求稳定甚至上升的情况下，通过严刑峻罚控制或减少毒品的供给是一种代价高昂却收效甚微的举措。与切断毒品的供应相比，减少毒品的需求，对于实现社会危害的减少、控制毒品的滥用才是一种根本之策。因此，我国禁毒政策应当从重视毒品供应的切断转向重视毒品需求的减少，以更大的理性和更大的宽容对待吸毒者。

强制隔离戒毒是一种行政强制措施，旨在通过约束人身自由的方式，实现对毒品成瘾者毒品的戒断和人身危险的控制。但是，从实践来看，强制隔离戒毒并非一种非常有效的措施，在强制隔离戒毒结束后，复吸率仍然很高。因为，在毒品比较容易获取的时期，对于毒品的心理依赖更容易驱使吸毒者再次吸食毒品。如有论者指出，毒品本身具有某种药理特性，无论人们从什么角度使用它都会形成不同程度的依赖性，而人的生理中的基因差异，会导致某些人对毒品容易产生依赖的倾向，神经生化反应和中枢兴奋区对毒品依赖的催化作用，会使人产生难以自控的强迫性觅毒和吸毒行为。特别是戒毒者在生活中遇到挫折或精神上的打击时，容易产生精神失落和空虚，这就会引发强烈的毒品依赖心理。[①] 因此，在社会对吸毒者普遍存在偏见的情况下，吸毒行为在某种意义上与道德上的过错相关联，则吸毒者更加难以回归社会，更容易重新吸毒，缓解挫折感和压抑感。

那么，从切实减少社会伤害的角度来看，对于吸毒者的强制戒毒措施应当进行深入评估，完善戒毒机构的机制建设，尝试推行自愿戒毒的同时，拓宽维持治疗的范围。因为强制戒毒在某种意义上仍然是把吸毒者作为一种违法行为或者说道德上有过错的行为对待，如美国学者所言："如果普遍用民事拘禁来替代我们当前对付吸毒的主要模式，我们运用刑事制裁带来的负面后果并不会得以改善。大范围的对自由的剥夺情况将继续发生，只是现在是假给人错觉的矫治名义而不是惩罚的名义。毒品的黑市会继续保持繁荣，同时还鼓励了有组织的犯罪并促使毒品吸食者为维持他们的需求而实施财产性犯罪；法律执行的经济代价将持续巨大，符合警察工作标准要求的压力依然突出。除了名义之外，没有什

① 夏国美等：《社会学视野下的新型毒品》，上海社会科学院出版社 2009 年版，第 189 页。

么实质性的改变，这不过是不追求真正变革的一个借口。”[①]因此，应当减少或取消强制隔离戒毒，重点推广自愿、免费的维持治疗。如进一步扩大美沙酮等替代物的免费或低价提供范围，使吸毒者能够就近便利地获取维持治疗所需的毒品替代品，减少吸毒者重新吸毒所衍生的为筹措毒资而导致的犯罪，最大限度地减少吸毒行为对于社会的次生危害。

其二，保障吸毒者的权利。吸毒行为的产生有着非常复杂的社会、经济和文化原因，在社会处于变革时期，经济处于转型时期或者文化多元化时期，个体的价值观往往处于一种摇摆状态，这就容易导致吸毒行为的增加。以美国的大麻传播为例，在 20 世纪 60 年代，通过媒体对嬉皮士运动有利的报道，加上种族隔离制度、都市物质主义、反对越战的情绪的影响，嬉皮士的叛逆特质引起了年轻人的广泛效尤。而大麻则正好可以成为叛逆行为的多重价值的象征，从而在青年学生中风行。[②] 因此，毒品的使用与道德的关联性并非总是清晰的，而是需要在个案中予以细致甄别的。那么，对待吸毒者，则更应当将其当作病人，而非有过错的违法者或道德不良者对待，其经济、社会、文化权利也应当得到充分保障，才能实现吸毒者个人尊严和社会权利的保障，进而推进吸毒者重新融入社会，减少因社会或国家人为制造的隔离或歧视而诱发的吸毒者群体的边缘化和孤立化。因为，这种边缘和孤立更容易把吸毒者推到重新吸毒或叛逆社会的境地，从而不利于社会的稳定和秩序构建。

其三，推进毒品犯罪的轻刑化。毒品犯罪作为一种对人民健康具有抽象危险的犯罪，在法定刑的设置上竟然高于对个体健康的实害犯，这从刑罚均衡的角度以及社会大众的法感情角度来看都具有明显不合理之处。如德国立法机关在驳斥提高贩卖毒品等毒品犯罪的法定刑为最高刑的建议时所强调的那样：“在德国刑法中，无期徒刑属于对于犯罪人最严厉的处罚，德国刑法典中，仅针对谋杀罪(德国刑法第 211 条)设有无期徒刑之规定，然而贩卖毒品行为，即使是大量贩售毒品给他人，其目的显然仅是为了牟取利益，并无杀人的意思。即使贩卖毒品以牟利之行为，值得非难，也不应将其刑罚提升到与杀人罪等视之程度。因为如果只提高贩卖毒品罪的刑罚，而不调整其他犯罪的刑罚，将导致刑罚体系中既有的量刑结构发生价值失衡之情形。且在个案中，如果贩卖毒品之人果真有以贩毒行为做杀人手段的意思，则其处罚只需回到核心刑法，以谋杀罪的无期徒刑来

---

① ［美］哈伯特 L.帕克：《刑事制裁的界限》，梁根林等译，法律出版社 2008 年版，第 332 页。

② ［美］戴维・考特莱特：《上瘾五百年——瘾品与现代世界的形成》，薛绚译，上海人民出版社 2005 年版，第 41 页。

处罚，即已足够。没有必要将贩卖毒品行为的刑罚，提升到谋杀罪的层次。”①因此，对于毒品犯罪应当理性对待，以法益原则检讨其危害性大小，以罪刑均衡原则确定具体刑罚，最大程度地克制对死刑的运用，并减少重刑的适用，以保障毒品犯罪在刑罚体系中的适当位置。

① 王皇玉：《刑罚与社会规训》，元照出版公司 2009 年版，第 194—195 页。

参考文献

一、著作类：

[1] 陈兴良：《刑法哲学》，中国政法大学出版社 2000 年版。
[2] 陈志龙：《法益与刑事立法》，1990 年自版。
[3] 陈忠林：《刑事案例诉辩审评——贩卖制造毒品罪》，中国检察出版社 2005 年版。
[4] 成荫：《白色幽灵——中国毒品内幕》，光明日报出版社 1993 年版。
[5] 崔敏：《毒品犯罪发展趋势与遏制对策》，警官教育出版社 1999 年版。
[6] 崔庆森、陈宝树：《中外毒品犯罪透视》，社会科学文献出版社 1993 年版。
[7] 董玉整等：《毒祸论——毒品问题的社会透视》，中南工业大学出版社 1999 年版。
[8] 甘添贵：《罪数理论之研究》，中国人民大学出版社 2008 年版。
[9] 高金桂：《利益衡量与刑法之犯罪判断》，元照出版公司 2003 年版。
[10] 高铭暄、马克昌：《刑法学》，高等教育出版社、北京大学出版社 2007 年版。
[11] 高巍：《贩卖毒品罪研究》，中国人民公安大学出版社 2007 年版。
[12] 何秉松：《刑法教科书》，中国法制出版社 1994 年版。
[13] 贺卫方：《司法的理念与制度》，中国政法大学出版社 1998 年版。
[14] 胡云腾：《死刑通论》，中国政法大学出版社 1995 年版。
[15] 黄朝义：《罪刑法定原则与刑法之解释》，载《刑法七十年之回顾与展望纪念论文集》，元照出版公司 2001 年版。
[16] 黄荣坚：《刑罚的极限》，元照出版公司 1999 年版。
[17] 黄瑞、张明哲：《罗瑞卿传》，当代出版社 1996 年版。
[18] 蒋和平：《毒品问题研究》，四川大学出版社 2005 年版。
[19] 郦毓贝：《毒品犯罪司法适用》，法律出版社 2005 年版。
[20] 林化宾：《痛击毒魔——禁毒理论与实践》，上海社会科学院出版社 2006 年版。
[21] 林山田：《经济犯罪与经济刑法》，三民书局 1981 年版。

[22] 林钰雄:《新刑法总则》,中国人民大学出版社 2009 年版。
[23] 林钰雄:《刑法与刑诉之交错适用》,中国人民大学出版社 2009 年版。
[24] 林钰雄:《刑事诉讼法》(上),中国人民大学出版社 2005 年版。
[25] 林钰雄:《严格证明与刑事证据》,法律出版社 2008 年版。
[26] (清) 林则徐:《林文忠公政书》,中国书店 1991 年版。
[27] 蔺剑:《毒品犯罪的定罪与量刑》,人民法院出版社 2000 年版。
[28] 马克昌:《近代西方刑法学说史略》,中国检察出版社 2004 年版。
[29] 马模贞:《中国禁毒史资料》,天津人民出版社 1998 年版。
[30] 欧阳涛、陈泽宪:《毒品犯罪及对策》,群众出版社 1993 年版。
[31] 邱创教:《惩治毒品犯罪理论与实践》,中国政法大学出版社 1993 年版。
[32] 桑红华:《毒品犯罪》,警官教育出版社 1992 年版。
[33] 宋冰:《程序、正义与现代化》,中国政法大学出版社 1998 年版。
[34] 孙国祥:《刑法基本问题》,法律出版社 2007 年版。
[35] 王皇玉:《刑罚与社会规训》,元照出版公司 2009 年版。
[36] 王兆鹏:《美国刑事诉讼法》,北京大学出版社 2005 年版。
[37] 王振兴:《特种刑法实用》(3),三民书局 1986 年版。
[38] 王政勋:《刑法的正当性》,北京大学出版社 2008 年版。
[39] 夏国美等:《社会学视野下的新型毒品》,上海社会科学院出版社 2009 年版。
[40] 冼波:《烟毒的历史》,中国文史出版社 2005 年版。
[41] 熊永明、胡祥福:《刑法谦抑性研究》,群众出版社 2007 年版。
[42] 徐久生:《德语国家的犯罪学研究》,中国法制出版社 1999 年版。
[43] 许倬云:《历史大脉络》,广西师范大学出版社 2009 年版。
[44] 杨国桢:《林则徐传》,人民出版社 1981 年版。
[45] 杨鸿:《毒品犯罪研究》,广东人民出版社 2002 年版。
[46] 姚志辉等:《禁毒大视角》,中国人民公安大学出版社 2004 年版。
[47] 元照出版公司:《刑事特别法:特别刑法篇》,元照出版公司 2000 年版。
[48] 张国良等:《昆明警方对毒品的公开查缉与启示》,载罗秉森等:《禁毒问题研究》,中国人民公安大学出版社 2004 年版。
[49] 张明楷:《未遂犯论》,法律出版社、成文堂 1998 年版。
[50] 张明楷:《刑法分则的解释原理》,中国人民大学出版社 2004 年版。
[51] 张明楷:《刑法学》,法律出版社 2007 年版。
[52] 张勇安:《美国大麻政策研究》,东方出版中心 2009 年版。

[53] 钊作俊:《死刑适用论》,人民法院出版社 2003 年版。
[54] 赵秉志:《毒品犯罪研究》,中国人民大学出版社 1993 年版。
[55] 赵秉志、吴振兴:《刑法学通论》,高等教育出版社 1993 年版。
[56] 赵秉志、于志刚:《毒品犯罪》,中国人民公安大学出版社 2003 年版。
[57] 赵长青:《中国毒品问题研究》,中国大百科全书出版社 1993 年版。
[58] 赵长青、苏智良:《禁毒全书》(下),中国民主法制出版社 1998 年版。
[59] 赵翔等著:《毒品问题研究——从全球视角看贵州毒品问题》,中国人民公安大学出版社 2005 年版。
[60] 郑蜀饶:《毒品犯罪的法律适用》,人民法院出版社 2001 年版。
[61] 郑逸哲:《罪刑法定主义七十年》,载《刑法七十年之回顾与展望纪念论文集》,元照出版公司 2001 年版。
[62] 周其华:《全国人大常委会修改和补充的犯罪》,中国检察出版社 1992 年版。
[63] 诸羽:《割除毒瘤——共和国首次禁毒禁娼述实》,中央文献出版社 1999 年版。
[64] 祝铭山:《走私、贩卖、运输、制造毒品罪》,中国法制出版社 2004 年版。
[65] [美] G.A.阿尔蒙德:《比较政治学:体系、过程和政策》,曹沛霖等译,上海译文出版社 1987 年版。
[66] [德] G.拉德布鲁赫:《法哲学》,王朴译,法律出版社 2005 年版。
[67] [德] H.科殷:《法哲学》,林荣远译,华夏出版社 2002 年版。
[68] [美] O.瑞、C.科塞:《毒品、社会与人的行为》,夏建中等译,中国人民大学出版社 2001 年版。
[69] [美] Richard G. Singer、John Q. La Fond:《刑法》,中国方正出版社 2003 年版。
[70] [德] 阿图尔·考夫曼、温弗里德·哈斯默尔:《当代法哲学和法律理论导论》,郑永流译,法律出版社 2002 年版。
[71] [美] 埃尔斯特、[挪] 斯莱格斯塔德:《宪政与民主》,潘勤等译,三联书店 1997 年版。
[72] [美] 艾里克·施洛瑟:《大麻的疯狂》,王青山译,社会科学文献出版社 2006 年版。
[73] [英] 彼得·斯坦、约翰·香德:《西方社会的法律价值》,王献平译,中国法制出版社 2004 年版。
[74] [德] 伯恩·魏德士:《法理学》,丁小春等译,法律出版社 2003 年版。

[75] [日] 大谷实:《刑事政策学》,黎宏译,法律出版社 2000 年版。
[76] [日] 大塚仁:《刑法概说》(各论),冯军译,中国人民大学出版社 2003 年版。
[77] [美] 戴维·考特莱特:《上瘾五百年——瘾品与现代世界的形成》,薛绚译,上海人民出版社 2005 年版。
[78] [美] 道格拉斯·N.胡萨克:《刑法哲学》,谢望原等译,中国人民公安大学出版社 2004 年版。
[79] [意] 恩里科·菲利:《实证派犯罪学》,郭建安译,中国人民公安大学出版社 2004 年版。
[80] [美] 哈伯特 L.帕克:《刑事制裁的界限》,梁根林等译,法律出版社 2008 年版。
[81] [美] 哈佛法律评论编辑部:《残忍的和异常的刑罚条款与实体刑法》,孙潇洁译,载于《哈佛法律评论》(刑法学精粹),法律出版社 2005 年版。
[82] [日] 加藤克佳:《毒品犯罪的侦查》,载于[日] 西原春夫:《日本刑事法的重要问题》(第二卷),金光旭等译,法律出版社、成文堂 2000 年联合出版。
[83] [美] 杰罗姆·柯恩、赵秉志:《死刑司法控制论及其替代措施》,法律出版社 2008 年版。
[84] [德] 卡尔·拉伦茨:《法学方法论》,陈爱娥译,商务印书馆 2003 年版。
[85] [德] 康德:《法的形而上学原理》,沈叔平译,商务印书馆 1997 年版。
[86] [德] 康德:《实践理性批判》,关文运译,商务印书馆 1960 年版。
[87] [德] 考夫曼:《法律哲学》,法律出版社 2004 年版。
[88] [德] 克劳斯·罗克辛:《德国刑法学总论》,王世洲译,法律出版社 2005 年版。
[89] [德] 李斯特:《德国刑法教科书》,徐久生译,何秉松校,法律出版社 2000 年版。
[90] [美] 理查德·A.波斯纳:《法理学问题》,苏力译,中国政法大学出版社 2002 年版。
[91] [英] 理查德·达文波特-海因斯:《搜寻忘却的记忆:全球毒品 500 年》,蒋平等译,译林出版社 2008 年版。
[92] [英] 罗伊·波特、米库拉什·泰希:《历史上的药物与毒品》,鲁虎等译,商务印书馆 2004 年版。
[93] [德] 马克斯·韦伯:《经济与社会》(上卷),林荣远译,商务印书馆 1997 年版。

[94] [美] 欧内斯特·范·登·哈格、约翰·P.康拉德：《死刑论辩》，方鹏等译，中国政法大学出版社2005年版。
[95] [法] 蒲吉兰：《21世纪的黑金》，贾春娟等译，社会科学文献出版社2006年版。
[96] [法] 蒲吉兰：《犯罪致富——毒品走私、洗钱与冷战后的金融危机》，李玉平等译，社会科学文献出版社2002年版。
[97] [德] 齐佩利乌斯：《法学方法论》，金振豹译，法律出版社2009年版。
[98] [日] 松尾浩也：《日本刑事诉讼法》，张凌译，中国人民大学出版社2005年版。
[99] [美] 特拉维斯·黑尼斯三世、弗兰克·萨奈罗：《鸦片战争——一个帝国的沉迷和另一个帝国的堕落》，周辉荣译，三联书店2005年版。
[100] [日] 田口守一：《刑事诉讼法》，刘迪等译，法律出版社2000年版。
[101] [英] 韦恩·莫里森：《法理学》，李桂林等译，武汉大学出版社2004年版。
[102] [英] 维克托·塔斯洛斯：《刑事责任论》，谭淦译，中国人民大学出版社2009年版。
[103] [英] 约翰·斯图亚特·密尔：《论自由》，于庆生译，中国法制出版社2009年版。
[104] Charles R. Swanson, Neil C. Chamelin and Leonard Territo. Criminal Investigation[M]. New York: McGraw-Hill Companies, 1996.
[105] Michael Tonry, James Q. Wilson. Drugs and Crime[M]. Chicago: The University of Chicago Press, 1990.

二、论文类：

[1] 阿地力江·阿不来提：《毒品刑事治理探讨》，载《刑事法评论》2008年第22卷。
[2] 艾尔肯·沙木沙克：《新疆毒品犯罪现状及其防治对策探讨》，载《犯罪研究》2010年第3期
[3] 陈洪兵：《应防止吸毒行为变相犯罪化》，载《检察日报》2009年8月3日。
[4] 陈金钊：《法律解释学的转向与实用法学的第三条道路》(下)，载《法学评论》2002年第2期。
[5] 陈林林、许杨勇：《司法解释立法化问题三论》，载《浙江社会科学》2010年第6期。
[6] 陈兴良、周光权：《刑事司法解释的限度——兼论司法法之存在及其合理

性》,载《法学》1997年第3期。
[7] 杜云黔:《运输毒品被查获不应一概认定为非法持有》,载《检察日报》2005年7月14日。
[8] 甘桂平:《毒品犯罪问题浅谈》,载《法律科学》1991年第5期。
[9] 高峰:《比较法视野下的盘查措施》,载《现代法学》2006年第3期。
[10] 高贵君、王勇、吴光侠:《〈全国部分法院审理毒品犯罪案件工作座谈会纪要〉的理解与适用》,载《刑事审判参考》2008年第6期。
[11] 高巍:《略论运输毒品罪几个问题》,载《云南大学学报》(法学版)2009年第5期。
[12] 高巍:《论德国禁毒法的基础理念》,载《学术探索》2006年第6期。
[13] 高艳东:《困境之中的毒品政策:战争、合法化还是容忍下的严格规制》,载《犯罪学论丛》2004年第2卷。
[14] 高艳东:《运输毒品罪疑难问题研究》,载《广西政法管理干部学院学报》2004年第6期。
[15] 高艳东:《制造毒品罪疑难问题之解析》,载《江西公安高等专科学校学报》2004年第2期。
[16] 韩烨:《毒品合法化有助于反毒?》,载《中国新闻周刊》2000年6月17日。
[17] 胡志磊、张剑平:《论贩毒预谋案》,载《云南法学》1996年第1期。
[18] 黄祥青:《浅析贩卖、运输毒品罪的既遂和未遂》,载《政治与法律》1999年第3期。
[19] 蒋兰香:《论选择性罪名》,载《河南政法管理干部学院学报》2001年第1期。
[20] 蒋涛:《罪刑法定下我国刑事司法解释的完善》,华东政法大学博士论文,2008年。
[21] 李世清:《毒品犯罪的刑罚问题研究》,吉林大学博士论文,2007年。
[22] 利子平:《论刑法司法解释的依据》,载《南昌大学学报》2009年第5期。
[23] 林辉:《建国初期福建禁烟禁毒斗争研究》,福建师范大学硕士论文,2001年。
[24]《刘青山、张子善盗窃国家资财的罪行》,载《人民日报》1951年12月30日。
[25] 罗兰英:《建国初期四川的禁毒运动》,四川师范大学硕士论文,2002年。
[26] 马模贞、鞠志刚:《新中国建国初期的禁毒斗争》,载《中共党史研究》1991年第6期。
[27] 马松建:《论死刑政策与死刑司法控制》,载《刑法论丛》第16卷。

[28]《上海解放初期的禁毒运动》(下),载《档案与史学》1999 年第 4 期。
[29] 孙本鹏、王超:《试论诱惑侦查合法性的证明》,载《法律适用》2004 年第 7 期。
[30] 孙笑侠、郭春镇:《论政府对公民强制的爱——从中国实践看法律家长主义》,载《中国社会科学》。
[31] 王军、李树昆、卢宇蓉:《破解毒品犯罪法律适用问题》,载《人民检察》2004 年第 11 期。
[32] 王凯石:《论毒品犯罪中的诱惑侦查》,载《四川大学学报》2004 年第 3 期。
[33] 王凌:《国际禁毒公约与我国禁毒刑事立法的发展完善》,载《政法学刊》1996 年第 1 期。
[34] 魏春明:《毒品纯度与量刑问题研究》,郑州大学硕士论文,2004 年。
[35] 魏东、邓立军:《吸毒行为犯罪化:比较研究与立法借鉴》,载《犯罪与改造研究》2003 年第 9 期。
[36] 魏胜强:《司法解释的错位与回归——以法律解释权的配置为切入点》,载《法律科学》2010 年第 3 期。
[37] 吴红霞:《浅析当前毒品"合法化"问题的发展趋势及其危害》,载《公安大学学报》2002 年第 5 期。
[38] 吴金勇:《毒品可以成为合法商品?》,载《经营者》2006 年第 6 期。
[39] 吴情树:《论选择性罪名的立法基础》,载《河北科技大学学报》2009 年第 3 期。
[40] 向春玲:《从民族生存高度认识毒品危害》,载《文汇报》2006 年 6 月 26 日。
[41] 徐德华:《有限度合法化:控制毒品的可能出路》,载《安庆师范学院学报》2008 年第 10 期。
[42] 杨艳霞:《正当性刑法解释研究》,中国政法大学博士论文,2004 年。
[43] 杨毅伟:《我国反毒品政策之检讨》,西南政法大学硕士论文,2007 年。
[44] 姚慧祥:《吸毒者携带毒品运输行为的定性》,载《上海市政法管理干部学院学报》2001 年第 3 期。
[45] 游伟、鲁义珍:《刑法司法解释效力探讨》,载《法学研究》1994 年第 6 期。
[46] 游伟、谢锡美:《论犯罪特情侦查及其制度设计》,载《政治与法律》2001 年第 5 期。
[47] 袁彬:《我国民众死刑基本观念实证分析》,载《刑法论丛》第 16 卷。
[48] 曾粤兴、贾凌:《走私、贩卖、运输、制造毒品罪形态研究》,载《公安大学学报》2002 年第 2 期。

[49] 张华封:《如何确定毒品犯罪中量刑的毒品数量标准》,载《人民司法》1991年第12期。
[50] 张明楷:《论走私、贩卖、运输、制造毒品罪的几个问题》,载《广东法学》1994年第4期。
[51] 张旭、刘芳:《国际禁毒立法研究》,载《法制与社会发展》2000年第2期。
[52] 张亚琴、党建军:《墨西哥通过新法　持少量毒品合法》,载《广州日报》2009年8月22日。
[53] 张勇安:《埃里克·古德:〈政治与理性之间:毒品合法化之争〉》,载《中国学术》2003年第3期。
[54] 章剑生:《政治文明与程序正义》,载《江海学刊》2004年第4期。
[55] 赵永林:《谈谈贩毒犯罪》,载《法学杂志》1984年第6期。
[56] 周瑾:《诱惑侦查基本问题的研究》,西南政法大学硕士学位论文,2004年。
[57] [西班牙] 安德雷乌·马蒂:《美国是世界最大毒品市场和头号洗钱大国》,魏文译,载《起义报》2008年8月3日。
[58] [美] 莫伊塞斯·纳伊姆:《这个世界令人担忧(上)——国际刑警组织前总干事雷蒙德·肯德尔访谈》,载《国外社会科学文摘》2001年第5期。

图书在版编目(CIP)数据

中国禁毒三十年 ：以刑事规制为主线 / 高巍著 .—上海 ：上海社会科学院出版社，2016
(禁毒研究)
ISBN 978 - 7 - 5520 - 1637 - 6

Ⅰ. ①中… Ⅱ. ①高… Ⅲ. ①禁毒-法律史-研究-中国 Ⅳ. ①D922.144

中国版本图书馆 CIP 数据核字(2016)第 276808 号

中国禁毒三十年——以刑事规制为主线

著　　者：高　巍
责任编辑：应韶荃　袁钰超
封面设计：夏艺堂
出版发行：上海社会科学院出版社
上海顺昌路 622 号　邮编 200025
电话总机 021 - 63315947　销售热线 021 - 53063735
http://www.sassp.cn　E-mail:sassp@sassp.cn
排　　版：南京展望文化发展有限公司
印　　刷：上海景条印刷有限公司
开　　本：710 毫米×1010 毫米　1/16
印　　张：14
插　　页：1
字　　数：246 千字
版　　次：2017 年 3 月第 1 版　　2022 年 1 月第 5 次印刷

ISBN 978 - 7 - 5520 - 1637 - 6/D・410　　定价：39.80 元